白鹤梁题刻人物汇考

王晓晖 著

天津出版传媒集团

天津古籍出版社

图书在版编目（ＣＩＰ）数据

白鹤梁题刻人物汇考 / 王晓晖著. -- 天津：天津古籍出版社，2017.9
 ISBN 978-7-5528-0550-5

Ⅰ. ①白… Ⅱ. ①王… Ⅲ. ①历史人物－列传－中国 Ⅳ. ①K820.8

中国版本图书馆CIP数据核字（2017）第214507号

白鹤梁题刻人物汇考

王晓晖/著

出版人/张玮

天津古籍出版社出版

（天津市西康路35号　邮编300051）

http://www.tjabc.net

三河市冠宏印刷装订有限公司印刷

全国新华书店发行

开本 880×1230 毫米 1/32　印张 9.875　字数 213 千字

2017 年 9 月 第 1 版　2017 年 9 月 第 1 次印刷

ISBN 978-7-5528-0550-5　　定价：29.00元

2015年国家社科基金项目
《基于石刻文献的唐宋巴蜀水社会研究》
(15xzs002)阶段性成果

长江师范学院科研创新平台建设资助项目

前　言

一、白鹤梁简况

　　白鹤梁，是位于重庆市涪陵区城区长江边的一道天然石梁。白鹤梁全长约1600米，宽10至15米，距离长江南岸约100米，距离长江北岸约400米，自西向东延伸，呈一字形与江流平行，止于长江与乌江交汇处。在历史上，每逢长江枯水时节，白鹤梁就会露出水面。近年来，由于三峡大坝蓄水，白鹤梁已永沉江底，只有从白鹤梁水下博物馆才能看到石梁的一部分。1980年，白鹤梁题刻成为四川省重点文物保护单位，1988年，成为全国重点文物保护单位。

　　在白鹤梁上，有自唐代以来的题刻文献近二百段，除文字外，还有石鱼、观音像、白鹤图等造像。根据记载，题刻开始于唐代，至宋代形成高潮，宋代题刻占到白鹤梁题刻的绝大部分，此外元、明、清、中华民国及中华人民共和国成立后各有若干段，还有部分年代不详。这些题刻，大者两米见方，小者不足一平方尺，文字多者达二三百字，少者不足十个字。

　　题刻主要记录了自唐代广德年间以来，因长江水位下降而白鹤梁上所镌刻的石鱼露出水面的情况，实为长江枯水记录。题刻中有枯水水文研究价值的一百余段，记录了历史上七十余个年份的枯水水位，由此可见自唐广德年间以来千余年长江枯水水位统计和枯水现象发生的周期，对古代相关地区农业生产、长江航运等提供了有力的指导，也为今天长江水利、水电、航运及周边地区农业发展提供了可靠的科学依据。同时，题刻内容还涉及年号、人物、官称、诗歌等方面内容。

二、长江师范学院白鹤梁石刻文化研究中心简况

长江师范学院是白鹤梁所在地的唯一一所本科院校，长期以来对白鹤梁石刻文献极其关注。20世纪90年代以来，历史系、中文系的部分教师，对白鹤梁本体及白鹤梁与易理文化、石鱼文化等进行了探讨，形成了颇具代表性的研究成果。

在长期对白鹤梁进行关注和研究的基础上，2013年，长江师范学院历史学系向学校申请成立专门性的研究机构，2014年，白鹤梁石刻文化研究中心成为长江师范学院第一批科研创新平台之一，并在学校的经费和政策支持下，开始进行为期两年的第一期建设。

白鹤梁石刻文化研究中心建设是按照重庆市"十二五"文化发展规划中"一核两带多节点"总体构架的要求，依托全国重点文物保护单位"白鹤梁题刻"而打造的区域文化名片，也是长江师范学院科研创新平台建设和发展的基本呈现。

白鹤梁石刻文化研究中心积极进行基础研究和应用研究相结合的创新性综合研究，开展以白鹤梁为核心、围绕长江中上游地区的水事文献整理研究和社会文化研究，开展长江中上游地区墓志文献的整理和研究，开展长江中上游地区宗教类文献的整理

和研究,积极进行以石刻文化为核心的历史研究、文学艺术研究,旅游资源开发、成果创新应用。

  研究中心汇聚了一支年富力强、结构合理的研究队伍,取得了比较突出的成果,与本校两个市级重点人文社科基地、白鹤梁水下博物馆、周边区县文博单位形成了稳定的协同创新机制和多层次、多学科的集成优势。通过学校专项资金的支持,积极进行基础设施、文献资源、人才队伍和协同创新平台建设,在未来形成以长江中上游地区水事文献研究为特色,建成高水平的水事文献整理研究基地、提供文化资源的服务基地,为国内外人文社会科学相关研究提供准确、系统的数据库和高水平研究成果,为建成重庆市人文社科重点研究基地奠定坚实基础,逐步建成在西南地区乃至全国具有一定影响的石刻文献和文化研究的学术高地,为白鹤梁申报世界文化遗产提供学术支持,从而促进地方历史文化遗产保护与开发,为地方社会可持续发展提供智力支持,推动经济文化繁荣。

三、本书撰写基本原则

  白鹤梁题刻涉及人物众多,绝大多数为地方官吏。对相关人物的考察,早在清代姚觐元《涪州石鱼文字所见录》中就已经开始[①],陈曦震、曾超、王晓晖、黄海等也通过对白鹤梁题刻文献的整理和校注,对其中的人物进行考察,但限于体例,都比较简略,这

---

① (清)姚觐元《涪州石鱼文字所见录》,《石刻史料新编》第三辑一五,台北新文丰出版公司,1986年。

对充分利用相关资料带来了不便。① 另外,白鹤梁题刻中绝大多数内容都是人名,对人物事迹进行细致的考察,了解其活动,才能更好地理解白鹤梁题刻。因此,对白鹤梁题刻中涉及的所有人物进行考察,是充分利用白鹤梁题刻资料展开历史文化研究的重要基础。本书撰写中主要进行了以下工作:

1. 对人物的考察肯定其身份或活动。历史上重姓重名之人很多,这对我们进行人物考订有诸多不便,姚氏在其考察中就列出不少人物重姓重名二三人的情况,这表现出其对于学术考订的严谨性,但是我们利用资料的时候就会迷茫,还需要重新进行资料的搜集整理、严密的考订分析。因此,本书对人物的考订将通过前期的资料搜集整理分析,直接将认为准确的人物情况进行梳理、条列。如《吴革题记》所载涪州知州吴革,前人研究中多将其考订为在北宋末年抗金中死难、载于《宋史·忠义传》的华州人吴革。通过对两宋时期四个吴革进行资料的爬梳、整理、分析,白鹤梁题刻中所记载的吴革并非《宋史·忠义传》的华州人吴革,其在涪州知州任后,于南宋建立之初转仕江南,担任转运副使。②

2. 对个别人物进行剔除。由于现今白鹤梁题刻已经沉入江底,白鹤梁水下博物馆所保护的也只是题刻较为集中的一部分石梁,因此,在对白鹤梁题刻数目、内容的考订上出现一些不同的成果,个别非白鹤梁题刻的内容被记录在相关著述里。如何凤桐、曾超、王晓晖著述中收录的《郭德麟题记》《齐砺等题记》,通过相

---

① 陈曦震《水下碑林——白鹤梁》,四川人民出版社,1995 年。曾超《三峡国宝——白鹤梁题刻汇录与考索》,中国文史出版社,2005 年。王晓晖《白鹤梁题刻文献汇集校注》,天津古籍出版社,2015 年。黄海《白鹤梁题刻辑录》,中国戏剧出版社,2014 年。

② 本书附录有对吴革的详细考证。

关考察可见,两者都是江苏盱眙第一山宋代题刻,清代《盱眙县志稿》中就有明确记载,国家博物馆也收藏了清代学者顾广圻、瞿镛的拓本,加之对相关人物的考察,确定并非白鹤梁题记。在本书中,就剔除两则题刻所涉及的郭德麟、林嶫、齐砺、龚儒密、章斯才等人。而曾超著述中的《吴克舒题记》,是涪州北岩题刻,也不在考察之列。

3. 对以往题记中相关人物识读错误进行修订。清代姚觐元、陆增祥等学者对白鹤梁题记的辑录并非全部,到了现代,学者对题记进行辑录时,一是由于各种原因部分文字漫漶不清,二是主观判断,造成个别人名的误读。本文也对此进行修订。如《黄觉先题记》中"黄觉先",此前几乎所有辑录都将其录做"炎觉先",今根据《说文解字》对"黄"字的字形、字义的解释可纠正这个错误。①

为了阅读方便,本书对人物的考订遵循简单而翔实的原则,根据所能查到的文献进行直接叙述,明确标注文献的出处,尽量不用个人描述性的语言,以避免再次造成不必要的失误。对于不能直接证明是相关人物的材料,尽管相似,也尽量不列出,只将题刻中的人物姓名及其所出题刻列出,以免给读者造成不必要的麻烦,即"有疑则缺,以待能者"。

---

① (汉)许慎撰《说文解字》,中华书局,1963年,第25页。

目 录

绪论：长江中上游地区古代洪水枯水题刻的文献价值
.... 1

汇考正文 17

附录一 北宋涪州知州考略 227

附录二 南宋涪州知州考略 248

附录三 白鹤梁题刻所见北宋涪州知州吴革考辨 273

参考文献 287

后记 300

绪论:长江中上游地区古代洪水枯水题刻的文献价值

学界在对中国古代水事题刻的研究,尤其在北方地区"水利社会"的研究中已取得丰硕成果,而对于长江中上游地区的题刻研究较多倾向于水位、气候、灾害防治等自然科学领域。对古代时期长江流域洪水枯水的记录,特别是洪水及其灾害的记录,在历史典籍中并不缺乏,而存留于长江中上游地区的古代洪水枯水题刻,为我们保存了极其有价值的第一手数据。

一、洪水枯水题刻基本数据

长江中上游地区发现最早的洪水题刻是宋绍兴二十三年(1153),距今860年,最早的枯水题刻至少可追溯到唐广德二年(764),距今达1200余年。[1] 这些具有千年时间的洪枯水数据在

---

[1] 据《巴县志》金石篇记载:"晁公武丰年碑题记:昭德晁公武休沐日,率单父张存城、璧山冯时行、通泉李尚书、普慈冯樽,同观晋唐金石刻。唯张萱所称光武时题记不可复见矣。"可见,渝中区朝天门灵石在东汉光武帝时期(25—57)已经有了题刻,但无文字说明其对枯水的记录。其后晋义熙三年(407)灵石社日记未见枯水之意,唐天宝十五载(756)张萱灵石碑、乾元三年(760)王升灵石碑内容亦不得见,因此,只能以白鹤梁所记唐广德二年(764)为最早。相关记载可参见:(清)王尔鉴《巴县志》,早稻田大学藏本;(宋)陈思《宝刻丛编》,《历代碑志丛书》第一册,江苏古籍出版社,1998年。

国内外是罕见的。从题刻内容来看,描述洪枯水情况有详有略,大部分题刻有历史时期洪枯水的水位具体位置及发生时间。一般来看,洪水题刻大多较为简单,往往在水位最高处刻写"某年某月某日水涨至此",或具名,或不具名;枯水题刻往往文字较多,内容丰富。

如忠县忠州镇绍兴二十三年(1153)洪水题刻"绍兴二十三年六月二十七日水此";又如涪陵白鹤梁枯水题刻群,以"石鱼"为水标来描述江水位的高低,开宝四年(971)"江水退,石鱼见,下去水四尺",元祐元年(1086)题刻"江水至此鱼下五尺……"。

长江中上游地区的洪水题刻数目不少,涉及四川省苍溪、南溪、屏山、江安、宜宾、阆中、泸州、合江、纳溪、邻水、广安等地;重庆市巴南、江北、南岸、北碚、合川、永川、潼南、綦江、江津、长寿、涪陵、武隆、丰都、彭水、忠县、石柱、万州、云阳、巫山、奉节等地;湖北秭归、宜昌、江陵等地。洪水题刻清代以前较少,绝大多数集中在清代,其中清乾隆五十三年(1788)、咸丰十年(1860)、同治九年(1870)最多,仅同治九年洪水题刻的数目就超过了100段。对洪水题刻的辑录与研究相对不多,水利部长江水利委员会编著《长江三峡工程水库水文题刻文物图集》[①]和国务院三峡工程建设委员会办公室、国家文物局编《三峡湖北段沿江石刻》[②]对长江流域古代洪水题刻做了部分辑录,这些和传世文献中的记录,以及考古、调查中的辑录,在相关的研究成

---

① 水利部长江水利委员会《长江三峡工程水库水文题刻文物图集》,科学出版社,1996年。

② 国务院三峡工程建设委员会办公室、国家文物局编《三峡湖北段沿江石刻》,科学出版社,2010年。

果中都有所体现,主要集中在探讨洪水的灾害性影响和政府的防灾、救灾思想。

枯水题刻主要集中在今重庆市,有涪陵区白鹤梁题刻约180余段、江津区莲花石题刻约30余段、巴南区迎春石题刻约10余段、渝中区灵石题刻约10余段、江北区耗儿石题刻2段(后蜀、南宋)、丰都县龙床石题刻约70余段、云阳县龙脊石题刻约170余段,以及部分三峡湖北段题刻。与洪水题刻比较,枯水题刻内容较为丰富,因此研究相对较多,其中对重庆涪陵白鹤梁的研究颇为集中。宋代陈思《宝刻丛编》①,清代姚觐元、钱保塘《涪州石鱼文字所见录》②,清代王应元《涪州碑记目》③,清代陆增祥《八琼室金石补正》④,陈曦震、陈之涵《中国长江水下博物馆:白鹤梁题刻》⑤,陈曦震《水下碑林——白鹤梁》⑥,何凤桐《宋代长江水文题刻实录》⑦,是记载题刻内容较为全面的主要著作。曾超《三峡国宝——白鹤梁题刻汇录与

① (宋)陈思《宝刻丛编》,《历代碑志丛书》第一册,江苏古籍出版社,1998年。
② (清)姚觐元、钱保塘《涪州石鱼文字所见录》,《石刻史料新编》第三辑一五,台北新文丰出版公司,1986年。
③ (清)王应元《涪州碑记目》,《石刻史料新编》第三辑一五,台北新文丰出版公司,1986年。
④ (清)陆增祥《八琼室金石补正》,文物出版社,1985年。
⑤ 陈曦震、陈之涵《中国长江水下博物馆:白鹤梁题刻》,重庆出版社,2003年。
⑥ 陈曦震《水下碑林——白鹤梁》,四川人民出版社,1995年。
⑦ 何凤桐《宋代长江水文题刻实录》,《贵州文史丛刊》2002年1期。

考索》①一书考校了题刻文献并就相关问题进行了一定的探讨。近两年,又有黄海《白鹤梁题刻辑录》②、王晓晖《白鹤梁题刻文献汇集校注》③对白鹤梁题刻做了文字整理及相关校注。

总体来看,对洪水题刻的研究主要集中在特定历史时期洪水形成灾害及对社会生产的影响方面,对枯水题刻的研究较多集中在白鹤梁题刻及川江其他枯水题刻的本体研究上,侧重于题刻内容的表征,涉及人物的考察、官称的考校等方面,对这些题刻的文献价值的挖掘还远远不够深入,因此,有必要进行深入研究。

二、洪枯水题刻与政治史研究

长江中上游地区的洪水枯水题刻文献尽管内容有详有略,但是将其与中国历史的发展变迁联系起来,可以进行较为深刻的探讨和分析。

1. 官制名称及变化

白鹤梁题刻记载了自唐宋以来的大量官职名称,包含了不同的称呼,这对于我们研究唐宋以来各政权官制的构成、发展变化,尤其是地方官制的发展变化有重要的意义。

---

① 曾超《三峡国宝——白鹤梁题刻汇录与考索》,中国文史出版社,2005年。
② 黄海《白鹤梁题刻辑录》,中国戏剧出版社,2014年。
③ 王晓晖《白鹤梁题刻文献汇集校注》,天津古籍出版社,2016年。

从相关的文献中可以看到各种官称的记载,如宋代题刻中就有如下内容。文散官有银青光禄大夫、朝奉大夫、朝请大夫、朝散大夫、朝奉郎、宣德郎、迪功郎、奉义郎、通仕郎、奉议郎、将仕郎等;武散官有左班殿直、修武郎等;检校官有检校太子宾客、检校工部尚书;中央机构官名有监察御史、武骑尉、柱国、上柱国、左都押衙、巡检、司徒、行尚书库部员外郎、尚书主客郎中、尚书屯田员外郎、尚书虞曹外郎、都官郎中、屯田外郎、驾部员外郎等;地方官员名称有峡路诸州水陆计度转运使、转运使、观察使、团练使、刺史、知州、知军、知郡事、太守、郡守、殿直、郡从事、监征、督邮、州学教授、录事参军、司理参军、县令、县宰、县尉、供奉、监税、掌狱、主簿、从事、户掾、理掾、民掾、宪掾、教授、兵马都监、兵马监押等等。

宋初沿唐制,节度使、观察使、防御使、团练使、刺史等,都是实官,赴各州任职。宋太祖、太宗收藩镇之权后,以文臣京朝官知州、府事,以上诸使成为武臣遥领不赴任之迁转贵阶,或者为亲王、宗室所带之衔。文武散官阶、文臣本官阶、文臣寄禄官、武官阶等等,在题刻文献中都有反映。

宋代知州为一州之行政长官,全称为知某州军州事,习惯上又有郡守、太守、刺史、牧、州将等别称,白鹤梁题刻文献就反映出宋代涪州知州往往出现不同的称呼。

将录事参军称为"督邮",是宋代一个特例,这在题刻中也有反映。白鹤梁题刻《王蕃诗并序》载:"司马机才孺为涪陵督邮,实摄郡事。"司马机,字才孺,北宋政和二年(1112)以涪州录事参军身份摄郡事。督邮,这里指州录事参军,位序在诸曹参军之上。督邮原为汉代郡守佐官,掌纠举违法及狱讼等事,其执掌与录事参军事近。① 宋代遂有将州府录事参军称为"督邮"之例。将知州称为"五马",也在题刻当中反映出来。

2. 宋代川籍官员本地任职

北宋平蜀后,四川地区归于宋朝版图,成为宋朝统一南方的财源基地。前期,宋侧重于从富庶的蜀地征敛财物,忽略了对蜀地士人的团结和民众的安抚,造成社会的动荡不安。中期以后,宋朝调整了治蜀方略,大量任用蜀人,蜀地遂社会安定,人才辈出,蜀人遂成为北宋朝廷重要的政治力量,活跃于政治舞台。尤其诏令蜀人可以在蜀地为官,也对宋代蜀地的发展产生积极影响。

自宋太祖乾德三年(965)平蜀至宋真宗咸平三年(1000),宋初四川地区的武装斗争长达30余年,规模大,时间长,给北宋政府带来极大震动。宋初四川地区大规模的起义被镇压下去之后,"川陕(峡)选官多惮行"②,官员们心有余悸,惧怕到四川做官。

宋初四川人民的反宋斗争,调整了四川地主阶级和北宋中央王朝之间的关系,北宋政府认识到,在四川巩固统治,实现长治久安,必须依靠和团结四川的地方势力。太宗时期,因"上言者以为两川兆乱,职豪民啸聚旁户之由也",因此于至道二年(996)下诏"州县,责任乡豪更相统制,三年能肃静寇盗,民庶安

---

① 龚延明《宋代官制辞典》,中华书局,1997年,第546页。
② (元)脱脱《宋史》卷三〇七《凌策传》,中华书局,1985年,第10128页。

堵者,并以其豪补州县职以劝之"①。从而改变了宋代初期排斥、歧视四川地区地主阶级和知识分子的政策,开始注意联合和起用四川的地主阶级和知识分子,共同对四川人民进行统治。同样,利用四川士人出任四川地区的地方官员,也是充分利用他们对区域历史、地理、文化、语言、习惯等方面的熟悉。四川地区的地主阶级和知识分子也改变了不乐仕进的态度,积极地入仕做官,从而促进了宋代四川地区文化的发展,也使宋代四川地区人才辈出。

宋朝在鼓励四川地区士大夫入仕的同时,还逐步解除了蜀人不能在蜀地为官的禁令,用四川人来治理蜀中的臣民。天禧四年(1020)规定,官吏中川峡有科名历任无赃罪经举荐者,三任内许一任去本贯三百里外守官。其年老致仕者,"亦听还乡"。天圣八年(1030),宋朝正式允许蜀人在本地做官。史载:"集贤校理彭乘以亲在蜀,恳求便官,诏乘知普州。蜀人得乡郡,自乘始。"②

从题刻可以看到,北宋王朝善于利用熟悉当地风俗民情和语言习惯的四川人出任四川地区的官员,尤其是知州一级。姚涣,普州安岳人,治平元年前任涪州知州;郑顗,昌州大足人,元丰年间出知涪州;程敦书,眉州人,曾任涪、邛、普、雅诸州知州;涪州郡守朱永裔,阆中人;涪州郡守夏敏彦,眉山人;费琦,成都人,仁宗皇祐进士,神宗熙宁中通判蜀州、绵州,官至朝散郎。出任县一级官员的川籍仕人则更多。用蜀人来治理蜀地的政策,

---

① (清)徐松《宋会要辑稿》卷二一七七七《刑法》二之六,中华书局,1957年,第6498页。

② (宋)李焘《续资治通鉴长编》卷一〇九,中华书局,2008年,第2536页。

收到了很好的效果,他们爱家乡、知乡情、谙乡语,勤政安民,使宋朝在四川的统治更加巩固。到了南宋时期,这种现象则更加普遍。

这些四川人在当地为官,给两宋四川地区的稳定和发展都带来积极的影响。史书记载当时"赋无横敛,刑无滥罚,政无暴,民无党",政治统治较为清明。而百姓"力于农则岁丰,工于业则财羡。惟安和是恃,惟嬉游是图","士兵之籍于郡者,大率柔而多畏,冗而不足用",①骄纵横行的士兵也很少见到。社会秩序稳定,局面安定祥和。

3. 洪枯水记载与政权更迭

近千年的洪水枯水题刻文献,充分反映出长江流域历史时期的气候、环境变迁,由此进行规律性探讨,似乎可以了解到自唐代以来中国气候的变化。早在1907年,美国历史地理学家亨廷顿出版了《亚洲的脉动》一书,在其中特别援引中国古代的史实,来论证民族迁徙、社会动荡和气候波动之间的关联。② 1972年,竺可桢先生发表了《中国近五千年来气候变迁的初步研究》,充分利用了我国古代典籍与方志的记载以及考古的成果、物候观测和仪器记录数据,指出从仰韶文化到安阳殷墟的二千年间,黄河流域的年平均温度大致比现在高2℃,1月温度约高3—5℃;此后的一系列冷暖变动,幅度大致在1—2℃,每次波动周期历时约400年

---

① (宋)袁说友等编,赵晓兰整理《成都文类》卷二二《送张安道赴成都序》,中华书局,2011年,第460页。

② Ellsworth Huntington, The Pulse of Asia: A Journey in Central Asia Illustrating the Geographic Basis of History, Boston: Houghton – Mifflin Co., 1907.

至800年;历史上的几次低温出现于公元前1000年、公元400年、1200年和1700年;在每一400年至800年的周期中,又有周期为50至100年的小循环,温度变动的幅度0.5—1℃。从气候变化与相关朝代之间的对应关系来看,夏、商、西周、秦、汉、隋、唐等朝代总体上属于温暖期,从北宋开始,南宋、西夏、金、元、明、清的大部分时间属于寒冷期。①

由此我们可以理解,北宋以来,长江流域出现大量的枯水题刻,一方面与宋代士人及社会风气有关,另一方面,气候变化与人口迁移、民族关系的变动联系越来越密切,似乎已经引起人们的注意,我们可以推理,汉族的农业生产会受到气候变化的影响,而位于北方的少数民族的牧业生产也会受到气候变化的更严重影响,因此,游牧民族向东、向南的掠夺,汉族向东、向南的自然迁移将不可避免。此外,出于稳定生产和生活的目的,汉族和游牧民族之间的冲突也变得难以避免,自唐末以后,五代十国、北宋及南宋、辽、金、夏等先后并立,在北方黄河流域广大地区开展了持续争夺。虽然,有学者指出"朝代兴衰、更替的原因这一考古学家和历史学家们一直关注的重大问题不会轻而易举地被自然科学家们解决,而是需要不同领域的科学家对特定时段的气候变化、环境背景、政治格局、经济形态、文化基础等高度复杂的社会生态系统进行综合研究"②,但是除了传世史籍的记载,长江中上游地区两宋时期较为集中的枯水题刻给我们提供了一份珍贵的数据,用其作为研究唐宋时期复杂民族关系和政权更迭的资料,也没有不妥。

---

① 竺可桢《中国近五千年来气候变迁的初步研究》,《考古学报》1972年1期。
② 周力平《读〈Nature〉Yancheva等和张德二等论文有感》,《气候变化研究进展》2008年2期。

三、洪枯水题刻与经济史研究

洪水枯水题刻是人们通过观水、记水,进而很好地用水的重要活动。在传统农业社会中,水对农业生产影响极大,即使是在长江流域,旱情与江水低枯、洪灾与流水四溢,都会对农业生产产生影响,进而影响到地方的政治、经济等。

涪陵白鹤梁题刻中的民间传说"石鱼出水兆丰年"产生的具体年代已经无从稽考,但这种说法已经深入人心。唐代宗广德元年(763),涪州刺史兼涪州团练使郑令珪就在白鹤梁上留题,将石鱼出水与否作为年岁丰歉、收成好坏的征兆。在所有题刻中,明确将石鱼与年岁丰凶紧密联系的,经粗略统计约占全部题刻的近40%。每当"石鱼出水"就预示着丰年有望,故题刻中多以丰稔、丰年、丰登、年丰可占等文字来表达。其中,白鹤梁石鱼就来源于古代涪陵人民的具体劳动实践与积极探索,凝聚着古代涪陵人民水文观测的宝贵经验与智慧,所以石鱼报岁、预时、警示的功能十分强大。

长江水位、流量、流速、水温等水情变化引发"石鱼出水",必然引起涪陵及其周边地区的气温、降雨、植被、土壤含水量等发生变化,进而作用于周边的各种农业生产活动。

在农田水利基本建设方面,参考洪枯水题刻的记载,可进行江河溪流堤坝的建设、塘沱陂的开发、沿江河坡度舒缓地带农田的开发种植、沿江河地带城镇建设等等。在农事活动安排方面,参考题刻可以进行农作物的选择性种植。长江枯水现象的出现大约以十年为期,这样,在农作物的种植上,当地居民就会考虑适当扩大或缩小耐旱或耐涝作物的种植面积,以保证每年的丰收。

同样,长江水情变化还影响到收支分配等,最终影响庄稼的长势优劣、年岁的丰歉、人民生活的贫困与安康,从而形成对中国历史上经济和社会的巨大影响。

从枯水题刻的记载来看,作为白鹤梁最低水位标志的石鱼,它出现的年份实际上是枯水阶段的最后一年,此后长江的水位一般会逐年增高。因此,出现最低水位后,可以预计当年仲春以后的水位必然比往年同期有所提高,但又不会马上出现洪水。水位的变化很大程度反映在了降雨的增加上,而降雨的增加无疑是农业丰收的有利条件。新中国建立以来,已有3次(即1953、1963、1973年)"石鱼出水"的现象,并且当年的降雨充足,农业获得丰收。由此看来,石鱼题刻在某种程度上也是历史上长江上游农业丰收的记录。

四、洪枯水题刻与社会史研究

中华民族的文明史,从一定意义上说就是一部兴水利、除水害的历史。我国人民在对江河湖泊的不懈治理与开发保护的过程中,利用水事活动为中华民族创造了巨大的物质财富和宝贵的精神财富。水事活动是人与水打交道的行为过程,包括用水、治水、管水、护水、观水、记水、乐水等实践行为,也包括人们对水的认识、反映、表现等精神活动。在这种活动中,人们积累了经验,汇聚了智慧,形成了具有一定特点的思维方式和工作方式。水事活动影响着人们的思想观念和情感,蕴含着对水事活动的理性思考所形成的社会意识,形成巨大的精神财富。

洪水枯水题刻的形成并非一个简单的活动,而是人们对江河洪水枯水的理性思考的结晶,是对江河洪枯水频度等认识的历史积淀和现实活动,是运用概念、判断、推理等思维方式,探求事物内在的、本质的联系的活动,反映着一种社会意识。对洪水枯水题刻与社会意识、社会变迁的探讨,将进一步提高对唐宋社会史、文化史及三峡地区史的认识,而相关问题的探讨也会为今天的水利工作提供有益的借鉴。

近年来,随着中国社会史研究的深入,以分水、治水、管水、护水为主要表现的"水利社会"研究在"华北学派"和"华南学派"的大力推动下,取得了丰硕的成果。而以观水、记水来指导用水、进行洪水枯水题刻活动,进而与社会意识演变和社会变迁结合的研究还没有起步。

就目前的研究来看,对洪水枯水题刻的出现所蕴含的古人深刻的社会观念和社会意识,除了在"白鹤梁题刻"的研究中与涪陵易理文化的发展稍有结合外,很少能看到实质性的成果。将洪水枯水题刻与中国古代历史演变、文化发展、社会变迁结合起来综合认识的成果还比较少。

以题刻与社会观念凸显为例,从题刻的形成可以看水文记录与天人合一观念、人与自然和谐共处的希求,了解古代对水文记录的经验总结和规律性的认识等。

长江中上游地区的居民将江水枯而石现或者石鱼出现视为丰年之兆,这种朴素观察水文与气候、农事关系的习俗代代相传。晋义熙三年(407)二月八日《灵石社日记》就记载:"年丰气和,物宁其极。"[1]到了唐代,灵石题刻上都有兆丰年的记载,而白鹤梁所记郑令珪题记亦以"见鱼为丰年之兆"。自宋代往后,几大枯水题

---

[1] (宋)陈思《宝刻丛编》,《历代碑志丛书》第一册,江苏古籍出版社,1998年,第640页。

刻中，大量的内容都反映出每年正月前后，长江水位达到最低点，石鱼或现出水面，地方士人三五成群，郡守率幕僚同游江上，吟咏抒情，乘兴赋诗，镌刻纪事，为一时之风气。这种景象，充分反映出当地自官员到普通民众的所有人对这种活动的认识和重视，他们希望在那一年的正月石鱼出水，让他们的美好希求与自然变化达到同步，实现天人合一、人与自然和谐共处。通过长期持续不断的观水、计水活动，人们对水位的变化有了较为准确的认识，白鹤梁石鱼的位置所标示的高程就是明证。而大量洪水题刻对于洪水水位的标示，成为人们进行城镇、道路、码头等基础设施建设活动中重要的规律性认识。

从社会史研究的角度我们还可以看到题刻与社会群体认识的关系，从题刻内容分析士绅民众的思想道德、价值观念、行为规范；看题刻与儒家知识分子以天下为己任、以民生为视角的特点；认识到题刻与社会联系的体现，从题刻来分析国家、官府、民众与水文观测记录之间的联系；从而进一步认识唐宋时期官民之间的沟通联系等等，对这些问题的研究将极大地提高洪水枯水题刻的文献价值。

洪水题刻一般字数少，记载简单。枯水题刻往往内容较为丰富，且涉及人物较多。以白鹤梁为例来看，题刻中有不少题名者往往存在一定的血缘亲情关系，且标出题名者的郡望，这一类题刻可以称之为姓族题刻。据不完全统计，白鹤梁题刻共涉及如两宋皇族赵氏及黄、贾、濮、高、朱、文、晁、张甚至毌丘等不同地域的姓氏约50余个，共130余人。其中不乏历史文化名人，他们家世显赫，地位尊贵，其言论、行为、事迹为社会所高度关注。研究白鹤梁题刻的姓族，不仅对于深入考察白鹤梁题刻所体现和反映的姓氏家族文化有重要价值，而且通过挖掘历史时期这些家族的社会影响力,探究其对三峡地区政治、经济、社会、文化等方面的影响和贡献,具有重大意义。题刻文献还反映出古人的郡望。白鹤梁题刻涉及大约150余个地名,来自全国不同地区的官员及其亲属、幕僚等将不同地域的文化特色、生活习惯等带到了当地,因此不同地域文化的交融和汇合也在此表现出来。

对长江三峡地区唐宋时期为主的洪水枯水题刻进行搜集、整理、分类,可以看到题刻蕴含着深刻内涵,它凸显了观水、记水的社会观念,帮助我们认识古代农业社会中的社会群体,体现了社会各阶级、阶层之间的联系,表现出社会不同等级在水文观测、水资源利用中的地位和作用,彰显了水与古代社会文化发展变迁的密切关系。因此,通过认识题刻记录,把握古代社会的民本意识、忧患意识、群体意识、等级意识、发展意识、和谐意识,是将题刻文献的内涵进行进一步挖掘的重要任务。

五、洪枯水题刻与文化史研究

洪枯水题刻彰显了社会文化的变迁,表现为与水相关的社会文化,贯穿着社会文化教育、科学技术等,表现为水文观测能力的不断提高、题刻与地方社会经济文化发展的关系等等。为了增强对中国古代社会和文化的认识,从历史发展和社会关系的角度来探讨中国古代洪水和枯水题刻的出现及其所反映的内容,就成了十分有必要的工作。

以白鹤梁题刻来看,它不仅是中国,而且是世界上延续时间最长、文字数量和记录数目最多的枯水水文题刻,其历史、文化和艺术价值早已为世人瞩目。白鹤梁题刻具有极高的艺术价值,特别表现在书法和篆刻方面。白鹤梁题刻多出自历代文人墨客之手，以北宋著名文学家、书法家黄庭坚的"元符庚辰涪翁来"题刻最为著名。梁上还留有朱熹、庞恭孙、朱昂、王士祯等历代300多位文化名人的诗文题刻，其内容或诗或文，或纪事或抒情，有题名、题记、题诗等形式。从书法的角度看，篆书、隶书、楷书、行书、草书诸体皆备，虞体、褚体、颜体、柳体、欧体、赵体、黄体各派并存。题刻除汉字外，还有蒙古文字。图像则包括石鱼图、白鹤时鸣图、佛神像、秤斗图等，有线雕、浮雕，或图章镌刻，或运用汉代画像石刻，或仿造像碑等手法。题刻刻工精湛，是我国书法和篆刻艺术中的珍贵资料。近年来，对白鹤梁题刻的诗、书等文化艺术方面的探讨已经有了一些。

从科技史的角度来看，近年来长江流域水库、大坝的修建，都参考了历史时期洪水枯水题刻的记录，并形成了一定的成果，本文不再进行阐述。

总之，对长江中上游地区古代洪水枯水题刻文献价值的把握、利用和相关研究的开展，难度较大。首先要进行数据搜集与分类整理。一方面，需要对现存的不少题刻实物数据进行实地考察，由于时代久远，有些题刻字迹模糊不清，需要我们进行长时间的辨识、释读；另一方面，三峡大坝蓄水，大量的实物数据永沉江底，因此传世文献的辑录将非常重要。尽管目前已能搜集到不少清代以前江河治理和水文题刻等数据，但还不全面，需要在此基础上进行分类整理，做到论从史出。其次，要进行文献分析与综合研究，对相关的石刻文献、古代典籍和今人著述中的相关内容进行辨析，去粗取精，去伪存真。运用出土材料与传世文献相互印证，历史与逻辑相统一的方法，对涉及的相关数据进行分析和综合研究，弄清基本的史实，进而探寻其历史特征和发展变化的特点与规律,对题刻所反映各个方面的内容进行综合性研究,运用历史学、考古学、历史地理学、经济学、社会学的理论和方法,开展充分而全面的探讨。

长江中上游地区古代洪水枯水题刻,数量多,内容丰富,内涵深刻。但目前的研究在以质量为标杆的纯学术研究方面还明显不足,对多学科视角的综合性研究方面也存在不足。因此,对文献的搜集整理、分类介绍、特征总结,将为研究的进一步开展奠定良好的基础,同时结合传世文献、考古数据等对题刻文献的记载,进行多学科综合研究,将推动三峡地区史、巴蜀历史文化、荆楚历史文化、唐宋历史、中国水利史等相关研究的进步。

安　固　　　聂文焕题记　元至大四年(1311)

至大四年(1311)十二月,为奉训大夫、夔路万州知州、监管本州诸军奥鲁、劝农事。奉行省檄文,整治各路水站、赋役事。

奥鲁,古代蒙古语词汇。成吉思汗西征时,以中军的后方为大奥鲁,委派幼弟铁木哥斡赤斤留守。可见奥鲁是指军人外出征战时,留在后方的家属、辎重。蒙古灭金以后,在江淮以北逐渐形成具有汉地特点的奥鲁制度。军户都归各路奥鲁官府管领,凡签发丁壮,替换老弱,供应军需,赡养征戍军人老小,处理军户间的民事纠纷等,都由奥鲁官府直接管理,不受地方路府州县管辖。各路奥鲁官府自成系统,受枢密院节制。奥鲁官常常贪污受贿,放富差贫,压榨贫苦军户。

鉴于汉军奥鲁官府对中央集权和地方行政颇多障碍,至元元年(1264)以后,朝廷逐步改由地方路府州县长官兼领诸军奥鲁,管理军户。《元史·世祖纪》载:"诏各路府、州、司、县长次官兼管诸军奥鲁。"[1]

---

[1]　(明)宋濂《元史》卷十三《世祖纪》,中华书局,1976年,第437页。

白子才　　李公玉题记　南宋宝庆二年(1226)

蔡 忱　　杨元永题记　北宋崇宁元年(1102)

字节信,颍川(今河南许昌一带)人,崇宁元年(1102)涪州录事参军。

常 彦　　吴革题记　北宋宣和四年(1122)

云安人,绍圣四年(1097)为忠州临江县司理参军,①宣和四年(1122)为朝散大夫、通判涪州军州事。

常彦任涪州通判起于宣和二年(1120),《宋会要辑稿》载:"(宣和二年)十二月二十七日,吏部言,勘会涪州通判,昨奉御笔委王蕃奏举清强干敏官,具名闻奏。所准夔州运判王蕃奏举朝奉大夫常彦堪充上件差遣,其常彦于格应入。缘本官见年六十以

---

① (明)曹学佺《蜀中广记》卷十九《上川东道·重庆府》,景印文渊阁四库全书,第591册,台湾商务印书馆,1986年,第236页。

上,不任选阙,诏特差。"①可见,常彦于宣和二年由夔州转运判官王蕃奏举出任涪州通判,因年龄超过六十岁,本不在授选之中,但不以铨选司铨选注授的方式任命,而以皇帝特旨差遣。由此也可见,常彦最晚出生于宋仁宗嘉祐五年(1060)以前。

曹 绾　　吴革题记　北宋宣和四年(1122)

宣和四年(1122)修武郎、涪州兵马都监。

陈 似　　陈似题记　南宋建炎三年(1129)

字龚卿。《舆地纪胜》载:"(云安县)葆真阁,宣和壬寅(四年,1122)刑曹陈似建。拂云馆,刑曹廨舍之西,宣和甲辰(六年,1124)陈似有记。"②《全宋诗》有陈似《龙脊》一首:"峡水渊流测益深,砥平鳌脊介江心。簿书丛里逢休假,云水光中欣访寻。拂石四题鸡子卜,欹舟三听竹枝音。时和挝鼓同民乐,快喜春阳逐众阴。"为题云阳龙脊石所做。可知,宣和年间陈似为云安州刑曹参军。

建炎年间,陈似移任涪州,白鹤梁题刻中陈似自称为宪属,应当为涪州知州属官,或为参军一类。

---

① (清)徐松辑《宋会要辑稿》卷一〇六六五《选举》二九之一四,中华书局,1957年,第4701页。

② (宋)王象之《舆地纪胜》卷一八二《云安军》,江苏广陵古籍刻印社,1991年,第1232页。

| 崔 炜 | 赵子遹等观石鱼题名　南宋绍兴二年(1132) |

字叔明。

| 陈 革 | 赵子遹等观石鱼题名　南宋绍兴二年(1132) |

字子正。

| 种 佚 | 种慎思题记　南宋绍兴二年(1132) |
| | 李宜仲等题记　南宋绍兴二年(1132) |

字慎思,豹林人。豹林为山谷名,其地在今陕西西安南终南山麓。北宋时大儒种放曾隐居于此,种氏原为洛阳人,种放隐居豹林谷,后来其侄种世衡、种世衡之子种谔、种谔之侄种师道等皆为北宋将领。

| 种 法 | 种慎思题记　南宋绍兴二年(1132) |
| | 邓子华等题记　南宋绍兴十八年(1148) |

字平叔。从题记来看,与种佚为豹林同族。

| 蔡 惇 | 蔡惇题记　南宋绍兴二年(1132) |

字元道,莱州胶水人(今山东平度),题刻称其为东莱蔡惇。官至直龙图阁,绍兴年间卒于涪州。题记中自称为"太平散吏",

即是指闲散的官吏,有官阶而无职事的官员。

蔡惇著有《祖宗官制旧典》和《夔州直笔》。后避宋光宗赵惇讳,多称蔡元道。如《直斋书录解题》《郡斋读书志》《玉海》《宋史》《文献通考》中均记作蔡元道。

蔡惇生于仕宦之家,为北宋名臣蔡齐侄孙,翰林学士蔡延庆之子。蔡齐和蔡延庆,在《宋史》卷二百八十六《蔡齐传》有合传。据《宋史》记载可知:

蔡齐(988—1039),字子思,莱州胶水人。大中祥符八年(1015)举进士第一,景祐元年(1034)以礼部侍郎参知政事,后来因谗言被罢,出为颍州知州。宝元二年(1039)四月卒,年五十二,赠兵部尚书,谥文忠,又云忠肃。其人"在大位,临事不回,无所牵畏,而恭谨谦退,未尝自罚,天下推之为正人"①。

蔡延庆(1029—1090),字仲远,为蔡齐从子,其父蔡褒为蔡齐之弟。"始,齐无子,以从子延庆为后。既殁,有遗腹子曰延嗣。"②蔡延庆举进士,历通判明州、提点陕西刑狱。修起居注、知河中府、秦凤路转运使、知成都府、知渭州、知戎州。元丰二年(1079)知开封府,拜翰林学士,出知滁州、瀛洲、洪州、定州等。元祐二年(1087)拜工部侍郎,五年(1090)三月卒,年六十二。

《全蜀艺文志》有蔡惇之弟蔡怿所作《香积院行记》载蔡氏诸人较多,"东莱蔡怿乐道出帅泸南,子兴雅侍行。兄郡守惇元道、弟安度子宪、窊松年、侄兴宗伯世、兴诗仲志、兴礼仲圭、兴邦嘉

---

① (宋)欧阳修《欧阳文忠公集》卷三八,四部丛刊初编,第149册,上海书店,1989年,第252页。

② (元)脱脱等《宋史》卷二八六《蔡齐传》,中华书局,1985年,第9636页。

言、颍川赵昌弼子俊作别于此。建炎戊申四月九日。"①此为建炎二年(1128)所作,此年蔡惇为郡守。

蔡惇所著《祖宗官制旧典》,是研究北宋中前期官制的重要史料,也是研究中国历代官制和政治制度的源流变迁的重要辅助史料。北宋中前期,官制十分繁复,在中国古代历史上极为少见,而且至今所见相关资料分散而且多有阙载,由此更能凸显《祖宗官制旧典》的重要价值,相关辑佚非常重要。②

《祖宗官制旧典》一书,宋元以来典籍中出现不同的名称。尤袤《遂初堂书目》③中,著录题名为《官制旧典》。陈振孙《直斋书录解题》中称:"《祖宗官制旧典》三卷,直龙图阁东莱蔡元道撰。"④晁公武《郡斋读书志》则记载为"《祖宗官制旧典》二卷,右东莱蔡元道所编也"⑤。王应麟《玉海》中,称"《绍兴祖宗官制旧典》三卷,绍兴间蔡元道撰"⑥,较明确地指出该书的成书时间为绍兴年间。《宋史·艺文志》中载:"蔡元道《祖宗官制旧典》三卷。"⑦明代《文渊阁书目》⑧中,该书有两种题名,一为《宋官制旧

---

① (明)杨慎编,刘琳、王晓波点校《全蜀艺文志》卷六四,线装书局,2003年,第1791页。
② 张志勇《蔡惇〈祖宗官制旧典〉辑佚与研究》,河北大学硕士学位论文,2013年。
③ (宋)尤袤撰《遂初堂书目》,中华书局,1985年,第11页。
④ (宋)陈振孙撰,徐小蛮、顾美华点校《直斋书录解题》卷六《职官类》,上海古籍出版社,1987年,第178页。
⑤ (宋)晁公武撰,孙猛校正《郡斋读书志校正》,上海古籍出版社,1990年,第1119页。
⑥ (宋)王应麟《玉海》卷一一九,广陵书社,2003年,第2205页。
⑦ (元)脱脱等《宋史》卷二〇三《艺文志》二,中华书局,1985年,第5110页。
⑧ (明)杨士奇等《文渊阁书目》,中华书局,1985年,第173页。

典》,一为《宋祖宗官制》。《永乐大典》①中可见《宋官制旧典》《祖宗官制旧典》《祖宗官制》等不同题名。虽题名不同,但所涉内容和摘引文字行文风格都比较接近,应为同一书。

《夔州直笔》为蔡惇之作,今已无传。但其书中对宋太祖驾崩、太宗继位前后之事,多有记载,李焘引用颇多。今按时间顺序整理如下:

> 太祖以晋王尹京,对罢,宣谕曰:"久不见汝所乘何马,牵来一观。"遂传呼至殿陛下御马台,敕令晋王对御上马,太宗惶遽辞逊,乃密谕曰:"他日汝自合常在此上下马,何辞焉?"太宗骇汗趋出。命近侍挽留,送上马。遂再拜,乘马驰走,回旋于殿庭而出。太祖示继及之意也。(李焘指出:"按太祖继及之意,盖先定于昭宪榻前矣,今不取。")②

> 太祖召陈抟入朝,宣问寿数,对以丙子岁(开宝九年,976)十月二十日夜或见雪,当办行计,若晴霁须展一纪。至期前夕,上不寐。初,夜遣宫人出视,回奏星象明灿。交更,再令出视,乃奏天阴,继言雪下,遂出禁钥,遣中使召太宗入对,命置酒,付宸翰属以继位,夜分乃退。上就寝,侍寝者闻鼻息声异,急视之,已崩。太宗于是入继。(对这段记录,李焘随即表示不真实:"按惇所载,与文莹略同,但即以道士者为陈抟耳。抟本传及《谈苑》并称抟终太祖朝未尝入见,恐惇亦误矣,当是张守真也。")③

---

① (明)解缙等《永乐大典》(残卷)(卷二九七二,卷二〇四七九),中华书局,1986年,第1613页、第7727页。

② (宋)李焘《续资治通鉴长编》卷一七,中华书局,1979年,第373页。

③ (宋)李焘《续资治通鉴长编》卷一七,中华书局,1979年,第379页。

上疾大渐,大臣叩榻问候,乃以指点胸,又展五指,再出三指,以示丁谓等。时皇八弟燕王独存,仁宗先以建储,方年十三,观上意,盖有所属。章献隔帷见之,候大臣退,令近侍追之,传谕适来官家展五指,又出三指,只说三五日来疾势稍退,别无他意,谓等诺之。(李焘认为:"此事或政当此日,然疑不敢著。《邵氏闻见录》云:真宗大渐之夕,李文定与宰执以祈禳宿内殿,时仁宗幼冲,八大王元俨者有威名,以问疾留禁中,累日不肯出,宰执患之,无以为计。偶翰林司以金盂贮熟水,曰:'王所须也。'文定取案上墨笔搅水中,水尽黑,令持去。王见之大惊,意其有毒,即上马去。文定临事大抵类此。按当此时,文定贬斥久矣,或指他相,则不可知。又按《仁宗实录》:真宗崩,元俨以疾在告,特遣中使告谕,王扶疾至内庭,号泣见太后。既奉慰,遂庐于宫门之侧。如此,则真宗未崩已前,元俨固不留宿禁中也,恐邵氏误耳,今不取焉。")①

蔡兴宗

贾公哲等题记　南宋绍兴二年(1132)
蔡兴宗等题记　南宋绍兴五年(1135)

字伯世,为蔡惇之子,南宋重要的诗词评论家,杜甫诗集编辑、校正、注释的奠基者,撰有《重编少陵先生集》二十卷,集中附有《重编少陵年谱》一卷、《正异》一卷、《考异》一卷。历代著名的杜诗注本,如宋人赵次公《新定杜工部古诗近体诗先后并解》、郭知达《九家集注杜诗》、黄希黄鹤父子《补注杜诗》及清人仇兆鳌

---

① (宋)李焘《续资治通鉴长编》卷九八,中华书局,1979年,第2270—2271页。

的《杜诗详注》等,皆受蔡氏影响良深。①

晁公武《郡斋读书志》中,曾引述蔡兴宗为其父蔡惇《祖宗官制旧典》所撰的后叙:"《祖宗官制旧典》三卷,右东莱蔡元道所编也。其子兴宗叙于后,云追记祖宗旧典,凡设官任职治民理财之要,与夫分别流品,谨惜名器之道,合七十七门云。"②这一记载明确指出蔡惇与蔡兴宗的父子关系。

蔡氏与同出东莱的吕氏家族关系密切。《江西诗社宗派图》作者、江西诗派著名诗人吕本中,先世为东莱人,后家京师,故学者称之为"东莱先生"。据吕本中《师友杂志》载:"仲姑清源君嫁蔡氏,长子兴宗,字伯世。清源每使之从贤士大夫游,且令尊予,虽云太过,然使其子为善,可以为世法也。"③又,南宋时期最著名的理学大家、"婺学"的创立者吕祖谦,与朱熹、张栻齐名,同被尊为"东南三贤",其曾祖为吕好问、伯祖为吕本中,其在《东莱公家传》中也有记载:"(吕好问)女一人,适右朝奉郎蔡兴宗。"④可见,吕好问妹嫁给蔡惇,蔡兴宗为吕好问之婿;吕本中为吕好问长子,故蔡兴宗又为吕本中妹夫。吕氏官位显赫,学业上也颇有建树,登宋元学案者近20人,蔡氏与其联姻,可见蔡氏之学业亦有成就。

宣和元年(1119),蔡兴宗为唐州郡从事,《中州金石记》载桐柏县淮源庙有《蔡兴宗题名》:"宣和元年十二月庚子岁立春日,郡

---

① 杨经华《蔡兴宗籍贯、行履小考》,《中国典籍与文化》2009年4期。
② (宋)晁公武撰,孙猛校证《郡斋读书志校证》,上海古籍出版社,1990年,第1119页。
③ (宋)吕本中《东莱紫微师友杂志》,光绪二年陆氏十万卷楼刻本。
④ (宋)吕祖谦《东莱集》卷一四,景印文渊阁四库全书,第1150册,台湾商务印书馆,1986年,第130页。

从事蔡兴宗奉御名祝词,致祭于淮渎长源王庙下,其文右行。"①

蔡兴宗晚年游宦西蜀,主要在夔州、眉山一带。被尊为"巴渝第一状元"的壁山人冯时行,在绍兴中知眉州丹棱县时曾与蔡兴宗唱和而作《和蔡伯世韵二首》,从中已经可以看到蔡兴宗寄情山水,渐离俗世之意:

> 钜璞希音未易知,芒鞋竹杖只相宜。还收北伐六奇计,归作东游五胜诗。千里云山通梦想,十年笑语隔心期。拟凭浩荡长江水,日落烟寒寄所思。

> 中郎风调世间无,敢谓明时德不孤。扫地焚香诗得计,曲肱饮水道如愚。寄书只说游山好,临老都缘学佛癯。白帝一来真漫浪,时人无用便题舆。②

到了晚年,蔡兴宗已经将兴趣爱好转向佛教,早年的怀抱栋梁之器、意气风发已然不见。韩驹《赠蔡伯世》云:

> 君家夫人林下风,长斋绣佛鸣金钟。侍儿百指亦清净,凌晨梵呗声摩空。潭潭大第依乔木,日午卷帘按丝竹。古调犹歌于蔿于,丽词不唱新翻曲。有美一子天麒麟,孟嘉外孙见渊明。扫地焚香坐弦诵,不闻梵呗连歌声。俗子何由共杯酒,容我叩门呼小友。欲求百万钱买邻,倒囊只有诗千首。安得一把茆盖头,榆林从君父子游。敢期丝竹娱下客,但喜

---

① (清)毕沅《中州金石记》卷四,王云五主编《丛书集成初编》,商务印书馆,1936年,第100页。

② (宋)冯时行《缙云文集》卷三,景印文渊阁四库全书,第1138册,台湾商务印书馆,1986年,第869页。

白业同精修。秃襟短帽纷纷是,眼明见此褒衣士。和诗论道有余闲,为语故家遗俗事。①

此诗描述蔡兴宗及夫人、侍女、儿子等人物的行为,金钟、梵呗、焚香等佛事,明确表现出蔡兴宗晚年学佛的精神世界。

蔡兴宗和赵次公都是在杜甫诗校勘中做出较大贡献的人,但是,晁公武对他们两人都有批评,认为"两人颇以意改定其误字,人不善之。"②蔡兴宗著《杜诗正异》,更是受到南宋汪应辰的严厉批评:"此书诠次先后,考索同异,亦已勤矣。世传杜诗,往往不同,前辈多兼存之。今皆定从某字,其自任盖不轻矣?诗以气格高妙、意义精远为主,属对之间,小有不谐,不足以累正气。今悉迁就偶对……若他本不同,定从其一,犹不为无据,此直以己意所见,径行窜定,甚矣。其自任不轻也?"③仿佛蔡兴宗校勘杜诗是比较轻率的。其实,蔡兴宗《杜诗正异》虽已亡佚,但是从他书引用的部分参与内容来看,其校勘杜诗并不是随意乱改原文,往往还是有依据的。④

晁公武　　孙仁宅题记　南宋绍兴十年(1140)
　　　　　　晁公武题记　南宋绍兴十年(1140)

---

①　(宋)韩驹《陵阳集》卷一,景印文渊阁四库全书,第1133册,台湾商务印书馆,1986年,第770页。

②　(宋)晁公武《郡斋读书志》卷四"杜甫集二十卷、集外诗一卷、注杜甫诗二十卷;蔡兴宗编杜甫诗二十卷、赵次公注杜诗五十九卷"条。晁公武撰,孙猛校证《郡斋读书志校证》卷17,上海古籍出版社,1990年,第857页。

③　(宋)汪应辰《文定集》卷一〇《书少陵诗集正异》,景印文渊阁四库全书,第1138册,台湾商务印书馆,1986年,第679页。

④　莫砺锋《论宋人校勘杜诗的成就及影响》,《杜甫研究学刊》2005年3期。

张仲通等题记　南宋绍兴十年(1140)

晁公武,字子止,号昭德先生,祖籍澶州清丰(今河南濮阳清丰县),晁冲之之子,其兄弟可考者还有五人:兄公休,弟公溯、公荣、公退、公适。孙猛《郡斋读书志校证》附录一《晁公武传略》有详细的考证。

晁公武学问广博,不主一家,著有《易诂训传》十八卷、《尚书诂训传》四十六卷、《中庸大传》一卷、《春秋诂训传》三十卷、《稽古后录》三十五卷、《昭德堂稿》六十卷、《读书志》二十卷、《嵩高樵唱》二卷、《读书志》四卷、《老子通述》二卷、《毛诗传》二十卷、《石经考异》一卷等。

晁公武约生于1102年至1106年,靖康乱后,入蜀寓居嘉州(今四川乐山)。高宗绍兴二年(1132)进士,初为四川转运副使井度属官。绍兴十五年(1145),赵不弃为四川宣抚司总领钱粮官,辟公武为其钱粮所主管文字。绍兴十七年(1147),以左朝奉郎通判潼川府,寻改知恭州。绍兴二十年(1150),知荣州。绍兴二十五年(1155)、二十六年(1156),知合州。绍兴二十七年(1157),为潼川府路转运判官。该年十二月,为言官论罢。绍兴三十二年(1162),知泸州任。入朝为吏部郎中,继除监察御史。隆兴二年(1164),以吏部员外郎兼国史院编修官,旋以枢密院检详诸房文字兼。又入台省,为右正言。迁殿中侍御史兼侍讲,擢侍御史。徙户部侍郎。乾道元年(1165),除集英殿修撰,再知泸州。乾道三年(1167),在都大提举成都府、利州等路茶事任,除敷文阁待制,知兴元府,充利州东路安抚使。乾道四年(1168),为四川安抚制置使。时米价腾贵,人民告饥,公武以钱三万余贯,粜米六万石,专充赈粜,以备久远,民得无患。乾道五年(1169),除敷文阁直学士。乾道六年（1170），改淮南东路安抚使，兼知扬州。乾道七年（1171），知扬州，移知潭州，擢吏部侍郎，除临安少尹，七月初三罢。晚居嘉州符文乡，约于孝宗淳熙年间（当在十四年前）卒于嘉州。①

晁公退　　孙仁宅题记　南宋绍兴十年（1140）
　　　　　　　晁公武题记　南宋绍兴十年（1140）

字子愈。晁冲之子，兄弟六人中排行第五。《遵义府志·金石》有绍兴十七年（1147）"李延昌等题名"载：

> 少城许自得深之政暇，邀樊南李延昌绍隆、东里冯怀逊顺夫、左绵张询彦周、眉山蒲瑓质夫，昭德晁公退子愈、乌延王埙伯和、潼川李定民、唐乡郑圌、宋廷嗣永叔、夷门吴椿大年、济南崔旭光远、西河李俭全道，以绍兴十七年七月十有四日泛舟同游。绍隆题。②

《宋史全文》载：淳熙元年（1174）六月已卯，"诏知汉州王沂、主管崇道观晁公退各降一官"③。

宋代潼川府路富顺监有西湖洞，晁公退曾作《西湖园亭记》。《舆地纪胜》载："西湖洞，西湖之东有洞黝邃，晁公退《西湖园亭

---

①　（宋）晁公武撰，孙猛校证《郡斋读书志校证》附录，上海古籍出版社，1990年，第1241页。

②　（清）郑珍、莫友芝纂《遵义府志》卷一一《金石》，遵义市志编纂委员会办公室整理出版，1986年，第335页。

③　（元）佚名撰，李之亮点校《宋史全文》卷二六上，黑龙江人民出版社，2005年，第473页。

记》云:洞有窦,人往见二女,栉发窦间,遗以石镜,而其人遂富百倍。"①晁公退或曾在富顺监任职。

晁公适　　　孙仁宅题记　　南宋绍兴十年(1140)
　　　　　　晁公武题记　　南宋绍兴十年(1140)

晁冲之子,兄弟六人中排行第六。

晁公荣　　　晁公武题记　　南宋绍兴十年(1140)

晁冲之子,兄弟六人中排行第四。

种彦琦　　　张宗忞等题记　　南宋绍兴十年(1140)
　　　　　　黄觉先题记　　南宋绍兴十年(1140)

长安人。从其姓氏、郡望来看,应该与绍兴二年(1132)在白鹤梁留题的种佚、种法为同一家族,可能就是他们的子侄辈。

晁子员　　　晁公武题记　　南宋绍兴十年(1140)

晁公武侄子。曾监嘉兴府酒税。②

---

① (宋)王象之《舆地纪胜》卷一六七《富顺监》,江苏广陵古籍刻印社,1991年,第1185页。
② 《晁氏家乘(乾隆十四年)》,转引自何新所《昭德晁氏家族研究》,上海古籍出版社,2006年,第62页。

陈靖忠　　　　冯忠恕等题记　南宋绍兴十年(1140)

种彦瑞　　　　黄觉先题记　南宋绍兴十年(1140)

　　长安人。与种彦琦为兄弟,可能就是绍兴二年(1132)在白鹤梁留题的种佚、种法的子侄辈。

程　觉　　　　张宗忞等题记　南宋绍兴十年(1140)

　　古雍(今陕西凤翔一带)人。

崔　庆　　　　张珫等题记　南宋绍兴十四年(1144)

　　上邽人。上邽,古县名,宋代属秦凤路秦州,今甘肃天水(清水县)一带。

蔡　适　　　　张珫等题记　南宋绍兴十四年(1144)

　　阳翟(今河南禹州一带)人。

晁公溯　　　　晁公溯题记　南宋绍兴十五年(1145)

　　晁公溯(1116—约1176)[①],一作晁公遡,字子西,号箕山先

[①] 张剑《晁公遡诗文简论》,《河南教育学院学报》,2005年4期。

生,又号嵩山先生。为晁冲之子,晁公休、晁公武之弟。《宋元学案补遗》载其为:"晁具茨之子,绍兴八年进士。"《宋史》无传。是宋代晁氏家族的名流,一位诗文兼善的文学家。

晁公溯著有《嵩山集》,《四库全书总目》载:"晁氏自迥以来,家传文学,几于人人有集。南渡后,则公武兄弟最为知名。公武《郡斋读书志》,世称该博,而所著《昭德文集》已不可见,惟公溯此集仅存。王士禛《居易录》谓其诗在无咎、叔用之下,盖其体格稍卑,无复前人笔力,固由一时风会使然。而挥洒自如,亦尚能不受羁束。至其文章,劲气直达,颇有釜崎历落之致,以视《景迂》《鸡肋》诸集,犹为不失典型焉。"①

晁公溯与李焘同年进士及第,与陆游、叶梦得都有亲属关系,陆游《跋诸晁书帖》载:"某之外大母(即外祖母)清丰君,实巨茨(具茨)先生女兄(即姐姐)。"②可见晁公溯为陆游的表舅。叶梦得《石林诗话》载:"外祖晁君诚善诗。"③晁君诚,即晁端友,字君诚,与晁公溯祖父晁端方为从兄弟,可见晁公溯为叶梦得(1077—1148)的表弟。

晁公溯兄弟六人,他排行第三,长兄公休、次兄公武、四弟公荣、五弟公退、六弟公适。《嵩山集》有其所作《悯孤赋》,追述其家族渊源,追忆其父晁冲之抗金、死难之事,也记载了其逃难、流落之情。记载如下:

---

① (清)纪昀总纂《四库全书总目提要》,河北人民出版社,2005年,第1363页。
② (宋)陆游《跋诸晁书帖》,曾枣庄、刘琳主编《全宋文》第223册,上海辞书出版社、安徽教育出版社,2006年,第38页。
③ (宋)叶梦得《石林诗话》卷上,何文焕辑《历代诗话》上册,中华书局,1981年,第409页。

有卫氏之君子兮,鼻祖肇绪于初度。灵根大于元庄兮,益植德而垂裕。后皇揆其中情兮,嘉耿介以作辅。绵蝉连而通籍兮,逮五叶之踵武。皇考生而謇直兮,杂若芳以为佩。中既有此修能兮,罹氛浊而不得试。服铜墨于岩邑兮,迫洿渎而缘戾。鸱枭迭翔千仞兮,鸾畏吓而增逝。甗窒荐于清府兮,倭傀纷其径侍。惟谣咏之妬美兮,君犹天其何怼。犬戎忽其吠尧兮,肆齮啮犹未果。进铅刀以御冲兮,众固知其不可。女婴婉娈而来告兮,圣乱邦而不居,昔予弃而今辞兮,揆厥礼而弗渝。皇考申之怫郁兮,曰食焉其可舍。倚东藩以出奔兮,日重趼而百舍。奋大义以委命兮,元戎感而就驾。前茅蹶于宁陵兮,胡天命之不假。独立而弥厉兮,遂结缨于此野。夫差悼于恸阖兮,岂忘越之伤指。睁盱啜泣于卞隐兮,宁蹈敌以偕死。余杀身其非难兮,实有慕于申子。眷欲留此故都兮,怀维桑之攸止。豹伈伈而眴关兮,宇将颠而藩陊。心眐眐而横骛兮,撰余辔于睢之阳。朝发轫而南迈兮,惨去故而蠹伤。睨帝阍以增退兮,日沉翳其无光。岑石摧其重輓兮,豺狼跱夫中路。夕惴栗而不寐兮,昼徙倚而环顾。察九土之洪旷兮,予何为此窘步。介淮海之具区兮,幸去危而即安。俄魏狸之涉泗兮,赤囊翩其若翰。幼遭世之厄艰兮,尚童羁而未冠。后貗貐之淫噬兮,前大江之奔湍。睇鲵渊之赫怒兮,枻将进而复止。委虎蹊以颠越兮,恐赍恨而永已。冒危途以徼福兮,寄性命于一苇。阳侯悯予而奔属兮,济中流之汤汤。登句吴之崇壤兮,聊弭节而彷徨。魂伦囊而稍宁兮,卜予适其何方。蓍龟告予以坤维兮,盍避世以违害。惟厥土之侧陋兮,藜藋曼其不采。厌棼乱而愿游兮,问夫途之所在。岁作噩之杪冬兮,霜雪凛其漼澅。绝楚泽之泱漭兮,天无风而扬波。陟三峡之峻阪兮,陆纤鲣而嵯峨。曩予邑于浚都兮,安平原之曼衍。绝垠忽其迫隘兮,感失径而悲惋。念世遗予清白兮,特缱绻于宾戚。逮茕独而于役兮,适旷野其焉觌。踵尼父之厄陈兮,七日惨其不食。搴木兰以继粻兮,腹虽洁而愈瘠。颜有田以给饘兮,陶环堵而潜伏。夫吾块处无所兮,糊予口其不足。下乡困而哀歌兮,微漂母吾其殆。曾千金之获偿兮,兰委霜而先败。岁月阅其遄逝兮,视金瑷已胜帻。岂不怀夫遗烈兮,莫盛于畴昔。三岁进而宾兴兮,非吾宗其谁克。岂来者之弗励兮,降及予而若绝。夜慷慨以雪涕兮,恨放迹乎穷发。俗务相之是习兮,巫觋以为师圣。闻莽其榛塞兮,意惝恍其何之。粤予世有旧闻兮,退绅绎而覃思。尝俾予充赋兮,求虽获而怩怩。女采薇而惊悸兮,终即鹿而有喜。念坠绪之仅续兮,抚初志其犹未。义捧檄以娱亲兮,善干禄之及时。三千钟而不洎兮,在子舆其益悲。矧下秩之代耕兮,蚤颠沛于百罹。昊苍何其不仁兮,而畀予以弱质。衷坎毒而岂忘兮,惧鞭冡其难必。监伍尚之引决兮,曰无愧乎今之。人顾毁伤其发肤兮,岂圣言之是程。百年倏其几何兮,徒悒郁而终身。①

靖康之变后,晁公溯随家人避乱南下,其父晁冲之在宁陵(今河南商丘附近)被金兵杀害。父亲死后,晁公溯从宁陵南下,渡江入吴,建炎三年(1129)入蜀。在姑父涪州知州孙仁宅的教导教育下,晁氏兄弟长大成人。绍兴八年(1138),晁公溯进士及第,十年任梁山县尉,二十五年佐夔州路转运判官王珏,三十年为涪州军

---

① (宋)晁公溯《嵩山集》卷一,景印文渊阁四库全书,第1139册,台湾商务印书馆,1986年,第7—9页。

事判官,后为施州通判、左承议郎知梁山军。乾道元年(1165)知眉州,二年任成都府路提点刑狱公事。暮年再入江南,累迁至兵部员外郎。

曹士中　　曹士中题记　南宋嘉定十三年(1220)

江东(宋代江南东路,今安徽一带)人。

陈子仲　　雷懿题记　明永乐三年(1405)

字致中,征仕郎。

成　礼　　雷懿题记　明永乐三年(1405)

古邵(今湖南邵阳)人。

陈　旦　　李宽观石鱼记　明正德元年(1506)

正德元年(1506)叙州府同知。

陈文炜　　七叟胜游题记　明天启七年(1627)

涪陵郡(今重庆涪陵)人。

陈世道　　张天如等镌石鱼志　清康熙二十三年(1684)

涪陵(今重庆涪陵)人。

陈廷璠 陈廷璠书王士禛诗 清乾隆四十五年至道光五年(1780—1829)

陈廷璠(1747—1829),字六斋,涪州(今重庆涪陵)人。乾隆四十五年庚子科(1780)举人,嘉庆六年(1801)大挑(经三次会试都没考中的举人由礼都官员分省造册,咨送吏部,经皇帝指派亲王大臣共同挑选,被选上的分成二等:一等以知县试用,二等以教职铨补)一等,分发广西荔圃,任知县。①

嘉庆九年(1804)秋,陈廷璠移任广西藤县知县,其《新建藤州书院碑记》载:"筮日,谒文庙将登讲学之堂,进诸生与之申明,敦学相长之道,则南城之隩,败屋数椽,榛莽翳塞。询县之人士,知讲院之隙废数十年于兹矣。"②遂倡建藤州书院,次年,书院建成,外有《书院碑记》及邑官民捐助碑,内有胡朝瑞所书《膏火碑》。中为讲堂,悬学使祁塨手书"问津堂"及知府王友莲手书"陶熔义俊"匾,左有《聘山长定规碑》《书院户口田业碑》。

陈廷璠建藤州书院,对藤县地方文化教育事业发展尤为重要,《藤县志》载:

(藤县)向无书院,陈廷璠到任,洁己爱民,每以训俗型方为事,举约正宣讲上谕,履郊原劝课农桑,立保甲防弭盗贼,

---

① 王鉴清、施纪云等修纂(民国)《涪陵县续修涪州志》卷一二《人物志二笃行》,民国十七年铅印本,第3页。
② (清)边其晋等修、胡毓璠等纂《藤县志》卷八《学校志》,成文出版社有限公司,1968年,第275页。

民风丕变,犹以未有书院为憾。召邑绅士,议以创建,绅士乐其作育人才,遂率众鸠工,越数月落成。时诣讲堂与诸生辨析经义,亹亹不倦。解组后邑人思其德,为其立长生位于书院,以志去思。①

嘉庆十三年(1808),陈廷瑶尚在广西藤县知县任上,重修藤县雷祠,撰《重修雷祠序》。② 道光十七年(1840)十二月,朝廷谕令:"予四川故广西藤县知县陈廷瑶入祀乡贤祠。"③

《涪州志》载:

> 父(陈)于宣,兄弟俱早丧,瑶事父,色养备至。及殁,庐墓。以子煦继兄朝龙后,昉继弟惇五后。弟廷达庶出,教育入庠常。令荔圃时,荔俗好以亲骨贮瓮中,图吉壤,谕止之。藤县为盗薮,历来守令莫敢谁何。瑶将履任,中丞李谓之曰:藤民苦盗久矣,子能治之,造福无量。苟不能治,则宜隐忍慎密,勿犯其锋而滋祸。瑶漫应之。至梧,郡太守某亦嘱此言。瑶奋然曰:为民父母,目睹儿女之疾病而不事医药,朝廷安用设此官也。不能治而受祸,亦分所应得,安有惜身避害而纵贼殃民者。太守壮其言。瑶改装入境偏处侦访,尽悉贼情,乃练差役,严保甲,清理积案。期年之间,所有著名剧盗,减十之八九,桂林一省,皆庆安宁。藤民建祠祀之。又尝以蜀产蚕豆十余石,散给邑中教以种植,遂赖以救一郡之荒。梧

---

① (清)边其晋等修,胡毓瑶等纂《藤县志》卷八《学校志》,成文出版社有限公司,1968年,第271页。

② (清)边其晋等修,胡毓瑶等纂《藤县志》卷一九《艺文志》,成文出版社有限公司,1968年,第886页。

③ 《清实录》第37册《宣宗成皇帝实录(五)》卷三〇四,中华书局,1986年,第744页。

人呼为陈公豆。

丁艰回籍,适达州教匪作乱,蜀东戒严,邑侯挽璠出总团练。璠以桑梓力,殚心力为之。贼首王三槐猝犯长寿,势甚披猖,北岸士民纷纷南渡。璠亲巡各津要,查有蒋货郎者,丰都人,常来涪贸易,乡民多识之。时亦随众渡江,里长验明已,将行矣。璠觇其颜色有异,呼问所从,应答恍惚,检身畔惟钱数百,手一油纸灯,上插残烛寸许而已,众俱白其无他。璠取视其灯,见蜡煤端甚整齐,虽有火爇痕,似全烛未经剪者,剥损其油,隐现字迹,裂而视之,则油纸书一幅,符箓二道,示以攻城日期,使夜中放火,焚箓于门内,则关自启云云。立缚货郎,诣牧署,反复研鞫,始知贼先匿上游,暗于黄旗口放筏直下,并得党羽十七人皆伏内应者,一一除之。阖邑称庆。周恤亲故,德劭年高,著有学制拙工录,夫妇齐眉,重完花烛。子煦、昉,俱翰林,诏领乡荐。①

陈廷璠之子陈煦,过继给其兄陈朝龙。据陈煦(号晓峰)墓志铭可见,陈廷璠"敕授文林郎,封奉政大夫,晋朝议大夫,入祀乡贤"②。

曹维翰　　范锡朋观石鱼记　清宣统元年(1909)

---

① 王鉴清、施纪云等修纂(民国)《涪陵县续修涪州志》卷一二《人物志二笃行》,民国十七年铅印本,第3页。

② 《皇清诰授朝议大夫安徽安庆府知府陈公号晓峰大人墓志铭》,载中国文物研究所、重庆市博物馆编《新中国出土墓志·重庆》,文物出版社,2002年,第204页。另外,该书补遗七《清陈公暨太恭人合葬墓志铭》,从墓志内容看,就是陈廷璠与其夫人之墓志铭,只是此碑文前段缺失。见第367页。

涪州府经,即府经历,知州的属官,主管出纳文书事。

陈君瑞　　　范锡朋观石鱼记　清宣统元年(1909)

合州(今重庆合川)人,茂才,为知府范锡朋之幕友。

曹纯熙　　　施纪云题记　民国四年(1915)

字上舍。

曹　镛　　　施纪云题记　民国四年(1915)

曹纯熙弟,字蒨史。

成肇庆　　　颜爱博等题记　民国十九年(1931)

江津(今重庆江津)人。

陈翼汝　　　刘镜沅题记　民国二十六年(1937)

刘镜沅表弟。

陈资生　　　卢学渊题记　民国二十六年(1937)

杜致明　　　姚珏等题记　北宋元祐八年(1093)

元丰年间进士,眉州(今四川眉山)人。① 元祐八年(1093)为涪陵县令。

杜咸宁　　　庞恭孙题记　北宋大观二年(1108)

大观元年(1108)为通仕郎、涪州录事参军。

邓　奇　　　赵子逼等观石鱼题名　南宋绍兴二年(1132)

字颖伯。

董天成　　　赵子逼等观石鱼题名　南宋绍兴二年(1132)

---

① (清)黄廷桂监修,张晋生编纂(雍正)《四川通志》卷三三《选举》,景印文渊阁四库全书,第561册,台湾商务印书馆,1988年,第666、669—671页。

字常道。达州(今四川达州)人,建炎二年(1128)进士。[①] 建炎二年张九成榜进士,左从政郎,开州录事参军。[②]

| 杜伯恭 | 贾公哲等题记 | 南宋绍兴二年(1132) |

| 段洞直 | 贾思诚等题记 | 南宋绍兴七年(1137) |

字邦彦。

| 杜时发 | 黄觉先题记 | 南宋绍兴十年(1140) |

邓 褒	李景昺等题记	南宋绍兴十三年(1143)
	李景昺等再题	南宋绍兴十四年(1144)
	杜肇等题记	南宋绍兴十四年(1144)

| 杜 肇 | 杜肇等题记 | 南宋绍兴十四年(1144) |

| 杜 建 | 杜肇等题记 | 南宋绍兴十四年(1144) |

| 杜彦攸 | 杜肇等题记 | 南宋绍兴十四年(1144) |

---

① (清)常明修、杨芳灿纂(嘉庆)《四川通志》卷一二二《选举》,巴蜀书社,1984年,第3710页。

② (明)吴潜修、傅汝舟纂(正德)《夔州府志》卷九《人物》,上海古籍书店影印天一阁藏本,1961年,第8页。

杜肇之子。

杜　峣　　　杨谔等题记　南宋绍兴十五年(1145)

杜与可　　　杜与可等题记　南宋绍兴十八年(1148)

涪陵(今重庆涪陵)人。

董梦臣　　　杜与可等题记　南宋绍兴十八年(1148)

邓子华　　　邓子华等题记　南宋绍兴十八年(1148)

邓和叔　　　贾振文题记　南宋乾道三年(1167)

邓　椿　　　卢棠题记　南宋乾道七年(1171)

汉嘉(今四川雅安一带)人,乾道七年(1171)涪陵县尉。字公寿,著有《画继》十卷,以继郭若虚之后。①

乾道八年(1172),四川蓬溪大佛寺有邓椿《大佛寺诗》。②

董天常　　　夏敏等题记　南宋淳熙十一年(1184)

---

① (宋)陈振孙撰,徐小蛮、顾美华点校《直斋书录解题》卷一四《杂艺类》,上海古籍出版社,1987年,第413页。
② (清)赵之谦辑,罗振玉撰《补寰宇访碑录》卷四,吴县朱氏光绪十二年刻本,第176页。

字可久,荆州(今湖北荆州)人,淳熙十一年(1184)涪州文学掾。

邓　林　　　禄几复等游记　南宋嘉定元年(1208)

嘉定元年(1208)涪陵县尉。

邓季寅　　　张霁题记　南宋淳祐三年(1243)

字东叔,古黔州(今重庆东南部黔江、彭水一带)人,淳祐三年(1243)判官。

邓　刚　　　邓刚题记　南宋淳祐八年(1248)

字季中,庐陵吉水(今江西吉水)人,嘉定十六年(1223)癸未榜进士,①淳祐八年(1248)涪州知州。

杜梦午　　　何震午等题记　南宋宝祐六年(1258)

字南卿,古渝州(今重庆)人,宝祐六年(1258)涪州理掾。

董时彦　　　董时彦题记

---

① (清)谢旻监修,陶成编纂《江西通志》卷五〇《选举》,景印文渊阁四库全书,第514册,台湾商务印书馆,1986年,第646页。

戴良臣　　　戴良臣题诗　　明天顺三年(1459)

重庆府阴阳学正术。《明史·职官四》载：明初，仿儒学及僧道官例，设置"阴阳学"一官，管天文、占候及星卜之流。"阴阳学：府正术一人，州典术一人，县训术一人。洪武十七年置，设官不给禄。"①

杜同春　　　萧星拱重镌双鱼记　　清康熙二十四年(1685)

字子旷，号悔川，一号南池。题刻载其为云间人，云间即是指松江(华亭，今上海松江)。

杜同春为明末清初松江几社创始人之一杜麟征之子，杜麟征有子同春、甲春(字端成)、登春(字九高，号让水，一号姜翁)，年少时，兄弟几人便在几社有声名。与许祖曾、夏完淳、徐度辽、王爽、沈空等在松江共结西南得朋会。杜同春曾聘明末清初云间派领军人物陈子龙之女。②

顺治十二年(1655)四月，顺治皇帝实录有记载"廷试……恩拔副榜贡生杜同春等八百一人。"③"杜同春，江南拔贡，康熙五年(1666)任黔江县(属酉阳州，与涪、忠州同隶重庆府)知县。"④杜同春任黔江知县，从康熙五年(1666)一直到十二年，《酉阳州志》

---

① （清）张廷玉等撰《明史》卷七五《职官》，中华书局，1974年，第1853页。
② 汪孔丰《明末清初松江地区"龙门"弟子考略》，《安庆师范学院学报》2008年7期。
③ 《清实录》第3册《世祖章皇帝实录》卷九一，中华书局，1985年，第716页。
④ （清）黄廷桂、张晋生等纂修《四川通志》卷三一《皇清职官》，景印文渊阁四库全书，560册，台湾商务印书馆，1986年，第666、669—671页。

载其"政简刑清,重建公廨。吴逆叛,去任。"①即是指康熙十二年吴三桂叛乱之时。

在黔江期间,杜同春将酉阳土司冉奇镳所著《拥翠轩诗集》(又名《竹庐吟草》)一卷重新进行刻印,在《重刻拥翠轩诗集序》中说:

> 迨我玉岑先生(即冉奇镳),综家学之渊源,洞石室之秘奥,天姿学力,独冠一时。磊落襟期,最擅风雅……每选胜登临,群贤毕集,相与酬唱咏歌,云蒸霞蔚,称极盛焉……先生又早赋《玉楼》,诗卷散失,莫有存者。令子书岩(冉永沛)克绍箕裘,留心搜辑,或得之遗草,或得之残编,片锦碎花,积十余年,共得若干首,诸体略备……先生之诗,当与二酉而并永也。②

康熙二十四年(1685),《萧星拱重镌双鱼记》中,称杜同春为旧黔令。就是指杜同春康熙五年至十二年任黔江县知县事。

杜同春曾于涪州作《江心石鱼歌》:

> 江心石梁亘千尺,下有双鱼古时迹。霜飞石出寒江空,波静鱼浮苔影碧。相传神物兆年丰,刻凿宁论自化工。盈丘消息本至理,胡为鱼也居其功。我来涪陵值俭岁,斗米三百困生计。心尤是物不肯出,未挽天心早默契。今年江波照眼明,春沙漾日波纹轻。少府携我醉石畔,指点真鱼髻鬣平。

---

① (清)邵陆编纂,西阳自治县档案局整理《酉阳州志》卷三《黔江县志》,巴蜀书社,2010年,第78页。

② (清)冯世瀛、冉崇文等编纂,西阳自治县档案局整理《酉阳直隶州总志》卷二〇《艺文》,巴蜀书社,2009年,第534页。

可怜岁久苦荡蚀,拂沙扪石始物色。三十六鳞乍有无,芷兮莲兮那可识。更闻去年冠盖集,曾睹鲇鲇还溅溅。失水宁忧遭豫且,经过岂效河中泣。奈何为休反岔征,苦饥怪尔终难凭。翻疑涛涌浪花拍,一朝变化俱云腾。乃今见尔心俌侧,念尔济时恐无力,鼓翼难随石燕飞,潜身幸免渔人得。忽逢一顾使君仁,拂拭重施巧匠勒。年年且慰苍生望,慎勿伤心已失真。①

董维祺   董维祺题记   清康熙四十五年(1706)

董维祺,辽东(今辽宁朝阳一带)人,汉军镶白旗监生。康熙二十二年(1683)至三十四年(1695)为黄州府通判。《黄州府志》载:"国朝通判:康熙癸亥(二十二年,1683),董维祺,奉天监生。"②《重修泰安县志》载:"卧牛山,山中有古梵宇,名金罗庵。庵之山门、大殿、配殿虽已残圮,犹然屹立。院内有残碑数方,其一为石龛,额题大清万缘塔,下识黄州府通判加三级董维□,叩化头陀僧□满,徒从普,江宁府江浦县□□庵僧人□彰,成就弥勒佛一尊。康熙三十四年十月吉日立。"③"黄州府通判加三级董维□",即董维祺。

---

① (清)董维祺主修,冯懋桂等纂《重庆府涪州志》卷四《艺文》,《日本藏中国罕见地方志丛刊》第32册,书目文献出版社,1992年,第470页。

② (清)英启修,邓琛纂《黄州府志》卷一一《文秩官表上》,成文出版社有限公司,1976年,第400页。

③ 葛延瑛、吴元录(民国)《重修泰安县志》卷二《山川》,成文出版社有限公司,1976年,第298页。

康熙四十二年（1703），董维祺任涪州知州。① 四十五年（1706）在白鹤梁镌石鱼，留题刻。四十六年（1707），捐俸并绅衿输资，翻新重建涪州文庙。五十二年（1713）菊月捐建钩深堂。五十四年（1715）主修、冯懋柱等纂修《重庆府涪州志》四卷。②

董维祺为涪州知州时，有涪陵八景诗，条列涪州八景，题为荔圃春风、桂楼秋月、铁柜樵歌、鉴湖渔笛、群猪夜吼、白鹤时鸣、石鱼兆丰、松屏列翠。如下：③

荔圃春风（唐天宝时，杨贵妃取荔枝于此）
　　斯圃名何日，人传天宝中。惟余芳草碧，不见荔枝红。南海香同列，东川事已空。酸甜虽有味，耐得几春风。

桂楼秋月（昔明伦堂后有桂高百尺）
　　一片小山月，偏潆危榭中。原非分玉阙，竟而袭黉宫。桂在秋还在，楼空月不空。何其消永漏，翘首问苍穹。

铁柜樵歌（高敞轩豁，樵者集之，歌声达市）
　　空谷谁传响，声来铁柜中。烂柯人已去，伐木鸟初工。朝出樵云白，宵归载日红。并肩三五者，迥矣市城风。

---

① （清）董维祺主修，冯懋桂等纂《重庆府涪州志》卷三《职官》，《日本藏中国罕见地方志丛刊》第32册，书目文献出版社，1992年，第414页。

② （清）董维祺主修，冯懋桂等纂《重庆府涪州志》卷三《职官》，《日本藏中国罕见地方志丛刊》第32册，书目文献出版社，1992年，第415页。

③ （清）董维祺主修，冯懋桂等纂《重庆府涪州志》卷四《艺文》，《日本藏中国罕见地方志丛刊》第32册，书目文献出版社，1992年，第390页。

鉴湖渔笛(黔水秋澄,渔舟群集,矶边弄笛,声入悠扬)

无眠因浪稳,潇洒捕鱼翁。宛似桃源客,犹然蕉长公。调高千嶂月,曲静一江风。试问今何世,茫茫烟水中。

群猪夜吼(去城十五里,夏月水涨,汹涌之声,深夜惊人)

滔滔流不住,横锁在涪东。归梦声中断,相思分外穷。黄昏疑塞马,黑夜类边风。枕上常腾沸,何时听乃聪。

白鹤时鸣(城西有石梁横江,昔有朱仙乘鹤至此,声闻于天)

素来为仙骥,曾鸣达九穹。猿啼千古恨,鹰阵几行空。此地非栖处,何缘偶喜翀。惟于清夜里,领略梦辽东。

石鱼兆丰(州前江心石梁如带,上刻石鱼,一衔芝草,一衔莲花,旁有斗称,见则年丰)

石磴双鳞甲,何年勒水宫。芝莲供吐吸,星斗任旁通。既倒澜将返,中流波更红。前人多少句,总为兆年丰。

松屏列翠(治北有巨石如屏,上有松纹,枝叶交加,宛如图画)

文光山夺尽,秀色列屏风。形胜朱颜媛,神传绿发翁。自然参造化,绝不假人工。漫道碑无字,犹惊石结丛。

段维崧　　范锡朋观石鱼记　清宣统元年(1909)

题刻称为莫席,即幕席。

段家荫　　　范锡朋观石鱼记　清宣统元年(1909)

段维崧长子。

段家翼　　　范锡朋观石鱼记　清宣统元年(1909)

段维崧次子。

邓阳□　　　邓阳□同游题记　时代不详

尔朱继臣　　杨谔等题记　南宋绍兴十五年(1145)

傅　颜　　　武陶游石鱼题名记　北宋嘉祐二年(1057)

字希圣,嘉祐二年(1057)涪陵郡从事。

冯　□　　　冯君锡题记　北宋治平三年(1066)

字君锡,治平三年(1066)涪陵郡从事。

费　琦　　　韩震等题记　北宋熙宁七年(1074)

字孝琰,成都(今四川成都)人。皇祐中进士。历仕兴元府户曹参军,迁合州赤水县令,秘书省著作佐郎,熙宁中通判蜀州、绵州。元丰三年(1080)正月卒,年五十四。

嘉祐五年(1060)正月,费琦任合州赤水县令时,周敦颐至赤水县,费琦陪同周敦颐游龙多,唱和诗共八首。为纪念这次龙多

之游,费琦令人将这八首唱和诗镌刻于崖壁。今转录其中三首如下:①

游赤水县龙多山书仙台观壁
到官处处须寻胜,惟此合阳无胜寻。赤水有山仙甚古,攀跻聊足到官心。

喜同费长官游
寻山寻水侣尤难,爱利爱名心少闲。此亦有君吾甚乐,不辞高远共跻攀。

和费君乐游山之什
云树岩泉景尽奇,登临深恨访寻迟。长楼未得于何记,犹有君能雅和诗。

隋开皇八年(588)至元至正二十年(1360)在合州府龙多山南麓曾设置赤水县,设置县城时间长达770余年,历经隋、唐、宋、元四个朝代。至正二十年赤水县撤销,辖境并入合州石照县。

熙宁七年(1074),费琦为屯田外郎,即工部屯田司员外郎。

吕陶《净德集》有《朝散郎费君墓志铭》,对费琦基本生平记载尤为详细,转辑如下:②

---

① (宋)周敦颐撰,(清)周沈珂编《周元公集》卷四,哈佛大学汉和图书馆藏明万历四十二年刻印本。另见景印文渊阁四库全书,第1101册,台湾商务印书馆,1986年,第450页。

② (宋)吕陶《净德集》卷二四《朝散郎费君墓志铭》,王云五主编《丛书集成初编》,商务印书馆,1935年,第270—272页。

元丰三年正月某日，朝散郎费君以疾卒于渝州白崖舟中。享年五十四。寓丧于合州之扶山，十四年矣。欲归成都，贫不能。其配袁氏与子伯高谋，以某年某月某日葬君于石照县某乡某里，遂家焉。伯高书君之行，来求铭，予三读而悲之。

君与予同郡，又同为皇祐中进士。讳琦，字孝琰，成都人。曾高以来，皆隐民籍。考讳某，累赠殿中丞。妣魏氏，封仙居县太君。殿中君早亡，有五子，君处幼。家甚贫，能力学为辞章，声名闻闾里。举乡进士在第一。遂中科，得禄养母，以及诸兄。人推其孝悌。

初仕兴元府户曹参军，迁合州赤水县令，有治状，用荐格改秘书省著作郎。知定州安喜县，民有妇自经，父母谓夫家杀之，君验谓无他，覆视者既异，讼辩不已。州将置疑有司，皆傅会连逮数十辈，淹系累月，竟不能夺君议。黍苗将熟，匹夫荫其下，逻者执为寇，诬以巨罪。君索其情，辄释之。郡欲深治，君不忍致之法，未几旁邑果获真盗，众服其明。于是部使刘公庠、吕公大防、张公问皆荐君才，请以治无极，朝廷从之。县接契丹境，一日民讹言相惊，谓北兵来侵，皆闭户自匿，市井不相通，君不为之动，有以慰谕其心，凡三日复业如故，兵亦不至。保州民集众数百，挝登闻鼓，诉屯田水利事，久不决，郡邑患之。安抚使委君按视，即条利害以图上，其说行，公私以为宜。

熙宁中，差通判蜀州，遭仙居君忧。服除，又通判绵州。元丰二年，泸州夷扰边，朝廷出师讨罪，调民夫数万，馈輓以进。转运使辟君都大提举夫粮，数入瘴乡，因感疾将归合州之寓居，至渝南不起。

君自著作佐郎,五迁都官员外郎,赐五品服,官制行,易朝散郎。娶袁氏,封永寿县君,子一人伯高。女四人,长适周鼎;次适袁钧;次适袁锡,皆举进士。次尚幼。

始君从学力养,起家享禄,凡晨昏伏腊之费,诸兄皆仰给焉,以至办其嫁娶,赒其死丧,收恤其孤惸,如此者三十年,未尝一日间薄。洎君之亡,则敛无新衣,祭无丰俎。自合距成都才六百里,旅殡佛寺,久之不能归,归则无族属可依,无田可耕,无室可处,其谋葬于合者。死生之际,宜其慊也。

悲夫!泸南之役,斯民盖不幸矣,君之提举夫粮,区处以宜,知会以信,其聚不急,其散不缓,然而死于病者十犹二三,明年再用兵,夫粮之任非其人,颠暗乖紊,无复统纪,先期不戒以急,讫事不释以归,万众暴露,瘴疠大起,相枕藉而死者十凡八九。或强而归,则疫及其家,血属皆亡,又不知几千人耳。至今东蜀父老语及是事,则必惜君之没云。铭云:

厚于其兄,以悦其亲。兄衣未完,子裘不温。兄食未充,子炊不晨。救恤死丧,毕其婚姻。艰勤一世,竟卒于贫。客殡无归,葬为旅人。士之行已,盖后其身。君乎何憾,于以宁神。

费伯叔　　韩震等题记　　北宋熙宁七年(1074)

费伯叔,字景先,费琦的侄子。据《净德集》载,费琦有一子,名伯高。

冯　造　　韩震等题记　　北宋熙宁七年(1074)

字深道,进士。遂州(今四川遂宁)人。①

涪 翁　　涪翁题记　北宋元符三年(1100)

涪翁,即黄庭坚(1045—1105),字鲁直,号山谷道人,晚号涪翁,洪州分宁(今江西修水)人,北宋著名文学家、书法家,为盛极一时的江西诗派开山之祖,与杜甫、陈师道和陈与义素有"一祖三宗"(黄庭坚为其中一宗)之称。与张耒、晁补之、秦观游学于苏轼门下,合称为"苏门四学士"。生前与苏轼齐名,世称"苏黄"。著有《山谷词》。书法亦能独树一帜,为"宋四家"之一。《宋史》有《黄庭坚传》。②

　　黄庭坚字鲁直,洪州分宁人。幼警悟,读书数过辄诵。舅李常过其家,取架上书问之,无不通,常惊,以为一日千里。举进士,调叶县尉。熙宁初,举四京学官,第文为优,教授北京国子监,留守文彦博才之,留再任。苏轼尝见其诗文,以为超轶绝尘,独立万物之表,世久无此作,由是声名始震。知太和县,以平易为治,时课颁盐策,诸县争占多数,太和独否,吏不悦,而民安之。

　　哲宗立,召为校书郎、《神宗实录》检讨官。逾年,迁著作佐郎,加集贤校理。《实录》成,擢起居舍人。丁母艰。庭坚性笃孝,母病弥年,昼夜视颜色,衣不解带,及亡,庐墓下,哀毁得疾几殆。服除,为秘书丞,提点明道宫,兼国史编修官。

---

① (清)黄廷桂、张晋生等纂修(雍正)《四川通志》卷三三《选举》,景印文渊阁四库全书,第561册,台湾商务印书馆,1986年,第22页。

② (元)脱脱等《宋史》卷四四四《文苑》,中华书局,1985年,第13109—13110页。

绍圣初,出知宣州,改鄂州。章惇、蔡卞与其党论《实录》多诬,俾前史官分居畿邑以待问,摘千余条示之,谓为无验证。既而院吏考阅,悉有据依,所余才三十二事。庭坚书"用铁龙爪治河,有同儿戏"。至是首问焉。对曰:"庭坚时官北都,尝亲见之,真儿戏耳。"凡有问,皆直辞以对,闻者壮之。贬涪州别驾、黔州安置,言者犹以处善地为骫法。以亲嫌,遂移戎州,庭坚泊然,不以迁谪介意。蜀士慕从之游,讲学不倦,凡经指授,下笔皆可观。

徽宗即位,起监鄂州税,签书宁国军判官,知舒州,以吏部员外郎召,皆辞不行。丐郡,得知太平州,至之九日罢,主管玉隆观。庭坚在河北与赵挺之有微隙,挺之执政,转运判官陈举承风旨,上其所作《荆南承天院记》,指为幸灾,复除名,羁管宜州。三年,徙永州,未闻命而卒,年六十一。

庭坚学问文章,天成性得,陈师道谓其诗得法杜甫,学甫而不为者。善行、草书,楷法亦自成一家。与张耒、晁补之、秦观俱游苏轼门下,天下称为苏门四学士,而庭坚于文章尤长于诗,蜀、江西君子以庭坚配轼,故称"苏、黄"。轼为侍从时,举以自代,其词有"瑰伟之文,妙绝当世,孝友之行,追配古人"之语,其重之也如此。初,游灊皖山谷寺、石牛洞,乐其林泉之胜,因自号山谷道人云。

符正中

杨元永题记　北宋崇宁元年(1102)
孙羲叟等题记　北宋崇宁元年(1102)

字直夫,云安(今重庆云安)人,崇宁元年(1102)涪陵县令。

冯忠恕　　　冯忠恕等题记　南宋绍兴十年(1140)

字贯道，临汝(今河南汝州)人，宋代著名学者尹焞的弟子。其父冯理，字圣先，号东皋。"师事伊川程子，与尹焞为同门友。忠恕又师事尹焞。"①

靖康元年(1126)，冯忠恕在京师谒尹焞。尹焞《和靖集》载："余友圣先(冯理)每至洛见(伊川)先生，多同处，以讲此道也。……其子忠恕，好学乐道。丙午(靖康元年)秋九月，焞被召赴阙。忠恕相访，不暇款语。"②

绍兴初，冯忠恕应在夔州一带为官，不久，迁"左承议郎黔州节度判官"③"绍兴中，(忠恕)先生为黔州节度判官，和靖(尹焞)寓涪，遂毕所学。后知梁山军。"故《宋元学案》称其为"知军冯先生忠恕"。④"时忠恕官峡中，及迁黔州，往来必过涪。"⑤

绍兴四年(1134)，冯忠恕在涪陵再谒尹焞。尹焞云："兵火之余，奔窜来涪陵，再获与其(冯理)子会聚，遂录此铭见遗。时绍兴

---

① （清）纪昀总纂《四库全书总目提要》卷五九《涪陵纪善录》，河北人民出版社，2000年，第1626页。

② （宋）尹焞《和靖集》卷三《跋冯圣先墓志》，景印文渊阁四库全书，第1136册，台湾商务印书馆，1986年，第24页。

③ （宋）尹焞《和靖尹先生文集》卷一〇《和靖处士洛阳尹公生祠记》，舒大刚主编，四川大学古籍整理研究所编《宋集珍本丛刊》第32册，线装书局，2004年，第73页。

④ （清）黄宗羲原著、全祖望补修，陈金生、梁运华点校《宋元学案》卷二七《和靖学案》，中华书局，1986年，第1011页。

⑤ （清）纪昀总纂《四库全书总目提要》卷五九《涪陵纪善录》，河北人民出版社，2000年，第1626页。

四年十二月望日。"①"十二月望日,门人冯忠恕来,有题《冯圣先墓铭》跋语。"②

绍兴五年(1135),涪陵人立伊川先生祠于北岩。冯忠恕云:"绍圣中,伊川先生谪居于涪,涪之学者咸尊仰之。绍兴五年十月,郡太守李瞻始以郡人之意立祠于北岩钩深堂。"③

绍兴六年(1136),涪陵绘尹焞像于伊川先生祠。冯忠恕云:

> 粤明年……九月,将行,郡太守程敦书、通守贾公杰议绘和靖先生之像于伊川先生祠宇。和靖先生闻之,辞曰:"伊川先生令德重望,宜为人瞻仰,如不肖距先生何啻万里,岂应僭越,谨不敢当!"郡侯以此为邦人之意,敢固以请。和靖又辞曰:"先生昔居于此,日与学者倡道,亦尝著书,固应如此。焞逃难而来,杜门养疾,罕与宾客交,何德于邦人而及于是?"门下士请曰:"昔伊川先生以道德侍经筵,今先生膺召节,实嗣讲事,前后相望并膺,旁求继踵,特起吾道之光,师门之荣也。今兹设像侍伊川先生之侧,宛如燕居讲道时,訚訚侃侃,洙泗之风蔼如也。"语未既而绘事已设矣。乃属忠恕记其事。忠恕切惟先人与和靖先生同处师门,为道义之交,忠恕缘契,素侍杖屦,获修子侄之礼,记事之始不敢以无类为辞,姑序先生辞避郡侯之意,而为之记,俾后之学者得以览焉。绍兴丙辰

---

① (宋)尹焞《和靖集》卷三《跋冯圣先墓志》,景印文渊阁四库全书,第1136册,台湾商务印书馆,1986年,第24页。

② (宋)尹焞《和靖集》卷八《年谱》,景印文渊阁四库全书,第1136册,台湾商务印书馆,1986年,第56页。

③ (宋)尹焞《和靖尹先生文集》卷一〇《和靖处士洛阳尹公生祠记》,舒大刚主编,四川大学古籍整理研究所编《宋集珍本丛刊》第32册,线装书局,2004年,第73页。

九月二十七日,左承议郎黔州节度判官冯忠恕记。①

绍兴六年(1136),"尹焞被召赴都。明年,忠恕以鞠狱来涪,因绅绎旧闻,辑而录之,以成此编。""此编",即《涪陵纪善录》,为绍兴七年(1137年)所记。《四库总目提要·涪陵纪善录》云:"则修史时即采此书也。"《涪陵记善录》是尹焞在涪陵时,冯忠恕所记其语录,已佚。"冯理……其子忠恕,从和靖学,《涪陵纪善录》者也。"②在《宋史·艺文志》中收录有冯忠恕《涪陵记》一卷,未收《涪陵纪善录》。

冯忠恕作为尹焞的弟子,深深为尹氏的学问所折服,曰:

先生学圣人之学者也。圣人所言,吾当言也;圣人所为,吾当为也。词章云乎哉!其要有三:一曰玩味,讽咏言辞,研索归趣,以求圣贤用心之精微。二曰涵养,涵泳自得,蕴蓄不挠,存养气质,成就充实,至于刚大,然后为得也。三曰践履,不徒谓其空言,要须见之行事,躬行之实,施于日用,形于动静语默开物成务之际,不离此道。所谓修学,如此而已。所谓读书,如此而已。③

绍兴十年(1140),白鹤梁有《张仲通等题名》,冯忠恕在其中。据此情况来推断,此年冯忠恕还在黔州任职。

绍兴十八年(1148)"十月丁丑,左朝请郎知巴州冯忠恕,提点

---

① (宋)尹焞《和靖尹先生文集》卷一〇《和靖处士洛阳尹公生祠记》,舒大刚主编,四川大学古籍整理研究所编《宋集珍本丛刊》第32册,线装书局,2004年,第73页。

② (清)纪昀总纂《四库全书总目提要》卷五九《涪陵纪善录》,河北人民出版社,2000年,第1626页。

③ (宋)尹焞《和靖集》卷七《师说附录》,景印文渊阁四库全书,第1136册,台湾商务印书馆,1986年,第51页。

成都府路刑狱公事。忠恕,汝州人,在巴州时,提举茶马韩球议加茶赋。球号令风发,下莫如持议,忠恕度不可与争,即自为奏。巴州自赵开已一再增,今不可复增。茶亦如五谷,有凶年遇水旱,当榷以实。奏下,球不敢恨。制置使李璆兼治成都,尝费常平仓米五万石,异时使者以其近臣,置不问,忠恕按督得其状,立督趣入之。"①可见冯忠恕一心为民,为官清正。《四川通志》亦记载"知巴州,提举韩球议加茶法,忠恕奏罢之"②。

冯和叔　　冯和叔题记　南宋淳熙五年(1178)

字季成,剑浦(今福建三明一带)人。《景定建康志》载,绍兴二十年(1150)二月至二十三年(1153)五月任上元县令、右承事郎。③

今浙江省衢州市衢江区有仙岩洞,宋代为石岩寺,洞内有摩崖题记数十幅,经考察可见,其中有:"冯和叔季成、毛开平仲同游,绍兴乙亥岁八月丙子日。"绍兴乙亥为绍兴二十五年(1155),此时的冯和叔已经不在上元县令任上,或为故地重游。

淳熙五年至六年(1178—1179),冯和叔为涪陵郡守。

冯　愉　　徐嘉言题记　南宋庆元四年(1198)

---

① (宋)李心传《建炎以来系年要录》卷一五八,中华书局,1956年,第2570页。
② (清)黄廷桂、张晋生等纂修《四川通志》卷六《名宦》,景印文渊阁四库全书,第559册,台湾商务印书馆,1986年,第281页。
③ (宋)周应合《景定建康志》卷二七《官守志》,成文出版社有限公司,1983年,第993页。

字端和,临汝(今河南汝州)人,庆元四年(1198)为涪陵县令。《成都府志》载:嘉泰间(1201—1204)知绵州军,襟怀洒落、尤善笔札。有惠政,作节爱堂于廨舍之西北以自警。①

冯申龙　　　张霁题记　　南宋淳祐三年(1243)
　　　　　　赵光禧等题记　南宋淳祐三年(1243)

　　字季英,合阳(今山西安泽)人,淳祐三年(1243)为涪陵县尉。

傅端卿　　　傅端卿题记

　　遂宁(今四川遂宁)人。

范　庄　　　刘冲宵诗并序　明洪武十七年(1384)

　　洪武十七年(1384)为涪州判官、从仕郎。

范守正　　　戴良臣题诗　明天顺三年(1459)

　　舍人。

范观治　　　濮文升题记　清光绪七年(1881)

---

①　(明)冯任修,张世雍等纂(天启)《成都府志》卷一二,成都市地方志编纂委员会,四川大学历史地理研究所整理《成都旧志》,成都时代出版社,2007年,第179页。

昭文(今江苏常熟)人。清雍正二年(1724)分江苏常熟县置昭文县,与常熟同城而治。

范锡朋　　范锡朋观石鱼记　宣统元年(1909)

题刻载其为桂林(今广西临桂)人,宣统元年为督榷观察使者。光绪年间,曾自刻《存忾集吟草》和《韬庐吟草》。①

据《清代官员履历档案全编》记载:

  范锡朋,现年三十九岁(光绪三十二年,据此可见,范锡朋生于同治七年,1868年),系广西临桂县人,由廪生考选光绪甲午科(二十年,1894)优贡,乙未科(二十一年,1895)朝考二等,以教职用。二十二年,选授恭城县训导,复遵新海防例,报捐知县,分指四川试用。二十六年三月二十八日,经钦派大臣验看,四月十二日引见。奉旨,照例发往,钦此。二十七年二月二十七日到省,因议结中江县教案,经四川总督岑春煊奏请,以知县仍留原省归候补班前先补用。二十九年闰五月二十六日,奉朱批,著照所请该部知道,钦此。又因办理中江赈务,经四川总督锡良奏保,俟补缺。后以同知直隶州知州补用。三十年五月初三日,奉旨依议,钦此。遵例,报捐道员,双月选用。又在四川赈捐案内报捐,不论双单月,分指四川试用,均经度支部覆准给照。三十二年十一月二十八日,经钦派大臣验看,十二月初六日有吏部带领引见,奉旨著

---

① 陈相因、刘汉忠《广西刻书考略(下)》,《广西地方志》2000年5期。

照例发往。①

方伯旻　　　何耀萱"白鹤梁记"　民国二十六年(1937)

傅　春　　　傅春游记　时代不详

---

① 秦国经《清代官员履历档案全编》,华东师范大学出版社,1997年,第607—608页。

恭士燮　　　刘忠顺等唱和诗　　北宋皇祐元年(1049)

时为新授安州云梦县令。

高　慨　　　冯君锡题记　　北宋治平三年(1066)

字乘节,治平三年(1066)涪陵督邮,即录事参军。

毌丘兼孺　　毌丘兼孺等题记　　北宋宣和七年(1125)

阆中(今四川阆中)人。

毌丘氏为阆中著姓。建炎二年(1128)有云阳知县毌丘元望,云阳龙脊石题刻有冯时行留题:"建炎戊申正月上巳日,判官李造道、司户赵执、权知县毌丘元望、县尉冯当可陪郡侯谒武烈公祠,遂泛江而下,散步此碛……"①或即为阆中人。甘肃省陇南市武都

---

①　(明)杨慎编,刘琳、王晓波点校《全蜀艺文志》卷六四,线装书局,2003年,第1791页。

区有万象洞,洞内有历代留题、碑刻数十处,其中有《万象洞偶成诗碑》,诗作者为宋光宗绍熙元年(1190)阶州知州毌丘恪,字厚卿,阆中人。①

毌丘光宗　　　毌丘兼孺等题记　北宋宣和七年(1125)

　　毌丘兼孺子或侄。

句惇夫　　　毌丘兼孺等题记　北宋宣和七年(1125)

　　南荣(今四川荣县)人。

耿宗弼　　　蔡兴宗等题记　南宋绍兴五年(1135)

高邦仪　　　孙仁宅题记　南宋绍兴十年(1140)
　　　　　　晁公武题记　南宋绍兴十年(1140)

　　晁公武外兄。

高宁祖　　　孙仁宅题记　南宋绍兴十年(1140)
　　　　　　晁公武题记　南宋绍兴十年(1140)

　　高邦仪之子。晁公武表侄。

---

① 李龙文主编《兰州碑林藏甘肃古代碑刻拓片精华》,甘肃人民美术出版社,2010年,第279页。

高　永	潘居实等题记	南宋绍兴十年(1140)
	张绾再题	南宋绍兴二十五年(1155)

字子修。涪陵郡(今重庆涪陵)人。

高　祁	张绾三题	南宋绍兴二十五年(1155)

字子敏,涪州郡幕。

高匪懈	宋亢等题记	约南宋绍兴十年(1140)

高　昱	卢棠题记	南宋乾道七年(1171)

汳(汴)阳(今河南开封)人,乾道七年(1171)为涪州酒正。

勾晦卿	向仲卿题记	南宋淳熙五年(1178)

郭　知	贾复题记	南宋开禧年间(1205—1207)

澶渊贾复侄婿。

古廷辅	李可久等题记	南宋嘉熙二年(1238)

古　镒	李可久等题记	南宋嘉熙二年(1238)

古廷辅之子。

郭 愆　　　李宽观石鱼记　　明正德元年(1506)

广平府肥乡县(今河北肥乡)人,明成化丁酉科(1477)举人。① 正德元年(1506)保宁府同知。

高应乾　　　萧星拱重镌双鱼记　　清康熙二十四年(1685)
　　　　　　高应乾题诗　　清康熙二十四年(1685)

字侣叔,西陵(今湖北宜昌一带)人。高应乾及其《白鹤梁观石鱼》一诗,晚清以来《八琼室金石补正》、同治《涪州志》、《全宋诗》、《宋代蜀诗辑存》诸书相沿已久,均作宋人宋诗加以收录,实为清人清诗。②

高应枢　　　范锡朋观石鱼记　　清宣统元年(1909)

举人,筦使。③ 筦使即州同的别称,其意来源于王莽改制时的"五均六筦",即酒、盐、铁专卖,铸钱、山泽产品收税和五均赊贷。

---

① 张仁侃、李国铎等修纂(民国)《肥乡县志》,《中国地方志集成·河北府县志辑(第65辑)》,上海书店,2006年,第81页。

② 李胜《高应乾及其〈白鹤梁观石鱼〉诗的时代考断》,《涪陵历史文化研究》,中央文献出版社,2006年。

③ 王鉴清、施纪云等修纂(民国)《涪陵县续修涪州志》卷九《职官志·文职》,民国十七年铅印本,第13页。

清代州同做为知州的副职,负责分掌地方盐、粮、捕盗、江防等事务,故又称篆使。

毌丘□　　　杨鸿□题记　民国十二年(1924)

郭载之　　　刘镜沅题记二　民国二十六年(1937)

郭冠三　　　李园"世道澄清"　民国三十年(1941)

龚堪贵　　　龚堪贵题诗　1963年

　　龚堪贵(1919—?),四川省达县人。1960年为涪陵专区专员公署副专员。

高　联　　　高联石鱼诗　时代不详

　　涪陵人。

高懋桂　　　高联石鱼诗　时代不详

　　高联父。

光企公　　　"光企公"题刻　时代不详

黄　君　　　冯君锡题记　　北宋治平三年(1066)

黄君,姓黄,名无考,治平三年(1066)为涪陵县令。

黄　觉　　　黄觉等题记　　北宋熙宁七年(1074)

字莘老,达州(通川郡,今四川达州)人。治平二年(1065)彭汝砺榜进士。著作郎,知巴县。① 熙宁七年(1074)为夔州奉节县令权幕,即以奉节县令身份代理夔州府官职。

韩　震　　　韩震等题记　　北宋熙宁七年(1074)

字静翁,井研(今四川井研)人。庆历中进士,官朝议大夫。熙宁七年(1074)为都官郎中。

井研韩氏为宋代巴蜀著名的仕宦诗书之族,皇祐间,其弟韩

---

①　(明)吴潜修,傅汝舟纂(正德)《夔州府志》卷九《人物》,上海古籍书店影印天一阁藏本,1961年,第5页。

复中进士。元丰二年(1079),韩复之子韩浚夫中进士。①

黄庭坚为韩复作《朝奉郎通判泾州韩君墓志铭》,对韩复的生平做了详细介绍,《墓志铭》也是我们了解韩复、韩震及井研韩氏的重要资料,如下:

> 君讳复,字辨翁。其先邓之南阳人。其上世有为龙游令者,不能归,而家于陵井,遂为陵之井研人。至辨翁,阅五世矣。曾大父归惠为州吏。当李顺乱时,诸郡皆尚威断,凡贼所诖误,以尽杀为功。归惠条其重轻过故为等差,抱法律争于廷,所活且百人。谓其子庆之曰:"吾后当有兴者,及尔子孙,皆使为诗书。"庆之生君考颖,仕至太子中允;世父崇,尚书屯田员外郎。兄震,朝请大夫。韩氏遂为陵州衣冠族姓。辨翁既仕中州,有田于叶,故今为叶人。初,辨翁尚小,自知求师,去从世父读书,登进士第,调泸川尉。盗杀人,而执舍旁子掠服之,令谢病不敢予夺,君释之而趣捕盗。出将刑者,非真盗,已而果然。改秘书省著作佐郎,知五台山寺务司。五台供施倾天下,恶少年多窜僧籍中,上下囊橐为奸,号为不可措手。君摘其魁宿置于法,按簿书皆得名扬。代州将防御使冯行己请为其府判官,会军兴,辟河东转运司勾当公事。方是时,部使者惧乏兴皆须一调十。君请峻期会法而调以实,民用不扰。再迁太常博士,通判凤州。州久不治,君兴滞补败,宽而不弛,府事簿领一二,以名召之,郡以最闻。是时民冒茶禁,日或千人,至有贴妻卖子入赏不足,而系有司,君上其状,皆得释。然使者以为是沮吾法,迁通判凤翔府。君

---

① 周兴涛《乐山地区两宋间进士略考》,《南通航运职业技术学院学报》,2008年2期。

治民用法宽,治吏用法急。奸吏不能堪,乃以纲目疏漏事讼君。会使者衔前沮法事,即恶奏君,坐停见任官。君方具本末求对狱,泾帅奏君前所坐非罪,乞以为佐,徙之泾,未几卒于官。享年五十有七。初室冯氏,蓝田进士行敏女,继室张氏,寿光县君冀国勤惠公女。三男子:孟峣夫、季易夫,皆有学行;仲浚夫,举进士,雄州防御推官,知秦州清水县。三女:嫁利州司法参军赵丕,西头供奉官冯维方,广济军司户参军王望之。君幼少重迟不戏,长而端方,论事取友,是是非非,不恤嫌怨。授《易》、《春秋》于蜀人龙昌期,常称慕李栖筠之为人。人以为君庄重寡言,作文词务休要,断狱深原其情,抶治奸欺,豪吏夺气。言人之所不敢言,盖有赞皇之风云。君殁后十年有六,当绍圣四年冬某月某甲子,峣夫等乃克葬君于郊城之原,使来乞铭。铭曰:韩迁井研,寝微以湮。厥有阴德,里中称仁。瓜绵于瓞,既硕且实。有斐辨翁,其音秩秩。自少为吏,慈哀于职。匪求生之,求得其直。论事计可,不随风波。有挫其锋,君益淬磨。以小观大,以近知远。不振不年,心亨事蹇。不羹之西,颍川之郊。卜宅固安,昌而后叶。①

贺致中　　杨元永题记　北宋崇宁元年(1102)
　　　　　　孙羲叟年题记　北宋崇宁元年(1102)

　　字慎发,会稽(今浙江绍兴)人。崇宁元年(1102)为涪州乐温县令。

―――――――

① (宋)黄庭坚《豫章黄先生文集》卷二二《朝奉郎通判泾州韩君墓志铭》,《四部丛刊初编》第163册,上海书店,1989年,第244页。

黄希说　　　庞恭孙题记　北宋大观元年(1107)

大观元年(1107)将仕郎、涪州司理参军。

胡　施　　　庞恭孙题记　北宋大观元年(1107)

大观元年(1107)将仕郎、涪陵县尉。

韩　翱　　　庞恭孙题记　北宋大观元年(1107)

进士。

何梦与　　　何梦与题记　南宋绍兴二年(1132)

金沙人。此题刻两人，一为金沙何梦与、一为泉山王德叔。考泉山为今福建泉州，故此金沙或为福建长汀，长汀有金沙河，宋代有金沙寺闻名。① 此题刻为两名福建人同游而题。

黄觉先　　　黄觉先题记　南宋绍兴十年(1140)

黄觉先，以往所有的著录都将其录做"炎觉先"，是由于对题刻中"黄"字的识读错误造成。

黄觉先为合州人，民国《合川县志》载有绍兴二十七年(1157)

---

① 黄恺元等修，邓光瀛等纂《长汀县志》卷三《山川志》，《中国地方志集成·福建府县志辑(第35辑)》，上海书店，2000年，第360页。

黄觉先所撰《弘法沙门海禅师塔铭》。①

何　玠　　　杨谔等题记　南宋绍兴十五年(1145)

何　宪　　　何宪、盛辛唱和诗并序　南宋绍兴十八年
　　　　　　　　　　　　　　　　　(1148)

绍兴十八年(1148)知涪州军州事。

黄仲武　　　张松兑等题记　南宋绍兴二十六年(1156)
　　　　　　黄仲武等题记　南宋绍兴二十七年(1157)

濮国(今重庆合川一带)人。对濮国位置的探讨,研究很多,此处不再进行分析。2013年重庆市北碚区澄江镇发现南宋墓,墓主杨元甲为"濮国南山人",死后葬于澄江。② 此地就在合川南山之下。据古人葬俗,姑将此濮国定为重庆合川。北宋汉州德阳诗人李流谦有《送黄仲武尉青城》诗。③

何　肃　　　赵彦球题记　南宋乾道三年(1167)

---

① 郑贤书等修,张森楷纂(民国)《新修合川县志》卷三一《金石》,《中国地方志集成·四川府县志辑(第44辑)》,巴蜀书社,1992年,第78页。

② 白九江等《重庆市北碚区苦塘沟杨元甲夫妇墓的发现与研究》,《四川文物》,2015年6期。

③ (宋)李流谦《澹斋集》卷三《送黄仲武尉青城》,景印文渊阁四库全书,第1133册,台湾商务印书馆,1986年,第595页。

古渝州(今重庆)人。

何□□　　　张□□题记　南宋乾道三年(1167)

广安(今四川广安)人。

郝　烜　　　禄几复等游记　南宋嘉定元年(1208)

嘉定元年(1208)涪州知录事参军。

何　昑　　　禄几复等游记　南宋嘉定元年(1208)

嘉定元年(1208)涪陵县主簿。

何昌宗　　　李瑀题记　南宋宝庆二年(1226)

字季文,宝庆二年(1226)涪陵郡纠曹掾。纠曹掾,录事参军的别称。职掌纠举六曹,勾稽失谬。

何行可　　　邓刚题记　南宋淳祐八年(1248)

字元达,江阳(今四川江安)人,淳祐八年(1248)涪州通判。

何震午　　　何震午等题记　南宋宝祐六年(1258)

字季明,昌元(今重庆大足)人,宝祐六年(1258)涪州军事判官。

黄思诚　　刘冲宵诗并序　明洪武十七年(1384)

洪武十七年(1384)涪陵学正,即州县学官。

黄　寿　　黄寿题诗记　明正德五年(1510)
　　　　　　联句和黄寿诗记　明正德五年(1510)

字纯仁,号松崖,江西南城(今江西南城)人,明武宗正德间任涪州知州。乾隆《涪州志》载:"黄寿,进士,江西南城人,万历间任。"①题刻载:"大明正德庚午,涪守江西南城黄寿书。"明神宗万历元年为1573年,与此题刻时间相距六十余年,可见,《涪州志》记载有误,因此,此题刻可纠正《涪州志》之误。

黄俸朝　　张天如等镌石鱼志　清康熙二十三年(1684)

工人,应该是专门从事石刻的刻工。

何　谦　　萧星拱重镌双鱼记　清康熙二十四年(1685)

字文奇,旴江(今江西南城一带)人。

---

① (清)多泽厚修,陈于宣等纂(乾隆)《涪州志》,见姚乐野、王晓波主编《四川大学图书馆馆藏珍稀四川地方志丛刊》第二册,巴蜀书社,2009年,第150页。

胡寿春　　　濮文升题记　清光绪七年(1881)

婺源(今江西婺源)人。

何晋铣　　　濮文升题记　清光绪七年(1881)

眉州(今四川眉山)人。

胡毓蕃　　　范锡朋观石鱼记　清宣统元年(1909)

二尹,即涪州同知。

何耀萱　　　何耀萱"白鹤梁记"　民国二十六年(1937)

涪陵人。

黄周儒　　　袁大武等游记　时代不详

姜齐颜　　韩震等题记　北宋熙宁七年(1074)

字亚之,熙宁七年(1074)涪州知州、驾部员外郎。

贾公哲　　贾公哲等题记　南宋绍兴二年(1132)

与贾公杰同为贾炎之子,贾昌朝之孙。①

贾思诚　　贾思诚题记　南宋绍兴七年(1137)
　　　　　　贾思诚等题记　南宋绍兴七年(1137)

字彦孚,澶渊(今河南濮阳)人。绍兴七年至九年(1137—1139)为左朝散郎、知涪州军州事。绍兴九年后,贾思诚已不在涪州任上。

---

① (清)陆心源撰,郑晓霞辑校《仪顾堂集辑校》卷三,江苏广陵书社,2015年,第64页。

绍兴九年(1139)十一月,"左朝请郎荆湖北路提举茶盐公事"。①

绍兴十二年(1142)四月,"左朝散大夫夔州路转运判官贾思诚都大主管川陕茶马监牧公事"。② 绍兴十四年七月,为"左朝请大夫"。③

《夷坚志》有故事一则,"贾思诚,字彦孚,绍兴十七年为夔州帅。梦受命责官,厥卒挟马来迎,临欲揽辔,细视马有十三足,叹异而觉。明日,背疽发,十三日死。贾生于庚午,近马祸云。"④

《夷坚志》为志怪小说,其记载贾思诚如何死亡之事或不可信,但如果其中时间记载无误的话,则可知贾思诚生于治平五年(庚午,1090),卒于绍兴十七年(1147),年五十七岁。

贾公杰　　贾思诚题记　南宋绍兴七年(1137)
　　　　　　　贾思诚等题记　南宋绍兴七年(1137)

字千里,一作千之,真定获鹿(今河北获鹿)人,绍兴七年(1137)为涪州别乘,即通判。善山水,又作佛像极精细,衣缕皆描金不俗。

邓椿《画继》载:"文元公孙贾通判公杰家,黄筌《鸜捕鼠图》、崔白《雕狐图》、徐崇嗣《荷蓼鹭鸶图》、易元吉《猿鹿扇图》。"⑤文

---

① (宋)李心传《建炎以来系年要录》卷一三三,中华书局,1956年,第2135页。
② (宋)李心传《建炎以来系年要录》卷一四五,中华书局,1956年,第2329页。
③ (宋)李心传《建炎以来系年要录》卷一四八,中华书局,1956年,第2382页。
④ (宋)洪迈撰,何卓点校《夷坚志》甲志卷一五,中华书局,1981年,第128页。
⑤ (宋)邓椿《画继》卷八《铭心绝品》,景印文渊阁四库全书,第813册,台湾商务印书馆,1986年,第541页。

元公即宋代名臣贾昌朝,昌朝死,从子贾炎以其荫而仕,贾公杰即为贾炎之子。

《关中金石记》有《贾炎饶益寺题名》,其中较为明确地记录了贾公杰为贾炎之子,今转述如下:

> 贾炎饶益寺题名二
>
> 一政和三年五月,一政和五年六月,并行书,炎子公杰于宣和六年刻在朝邑。
>
> 先题云:显谟阁待制、提举南京鸿庆宫贾炎,政和三年五月蒙恩罢延帅,奉母归居颍昌。
>
> 后题云:炎自鄜延帅移守南阳,侍亲道饶益寺,显谟阁待制、新知邓州兼京南路安抚使贾炎题。①

金 湜　　潘居实等题记　南宋绍兴十年(1140)

字德源。

贾振文　　贾振文题记　南宋乾道三年(1167)

贾德象　　贾振文题记　南宋乾道三年(1167)

贾振文侄。

---

① (清)毕沅《关中金石记》卷六,《续修四库全书》第908册,上海古籍出版社,2002年,第261页。

贾清卿　　　　向仲卿题记　南宋淳熙五年(1178)

贾　复　　　　贾复题记　南宋开禧年间(1205—1207)

　　澶渊(今河南濮阳)人。

贾衍之　　　　贾复题记　南宋开禧年间(1205—1207)

　　贾复侄。

贾徽之　　　　贾复题记　南宋开禧年间(1205—1207)

　　贾复侄。

贾翼之　　　　贾复题记　南宋开禧年间(1205—1207)

　　贾复子。

蒋伯禹　　　　李可久等题记　南宋嘉熙二年(1238)

蹇材望　　　　刘叔子诗并序　南宋宝祐二年(1254)
　　　　　　　蹇材望和刘叔子诗并序　南宋宝祐二年(1254)
　　　　　　　罗奎题诗　明万历十七年(1589)

　　字君厚,潼川(今四川三台)人,涪州别驾,即通判。《癸辛杂识·续集上》载:蹇材望,蜀人,为湖州倅。北兵之将至也,蹇毅然自誓必死。乃作大锡牌,镌其上曰"大宋忠臣蹇材望",且以银二笏凿窍,并书其上曰"有人获吾尸者,望为埋葬,仍见祀,题云'大宋忠臣蹇材望'。此银所以为埋瘗之费也。"日系牌银腰间,只伺北军临城,则自投水中,且启遍祝乡人及常所往来者。人皆怜之。丙子正月旦日,北军入城,蹇已莫知所之,人皆谓之溺死。既北装乘骑归,则知先一日出城迎拜矣。遂得本州同知。①

贾承福　　　贾承福题记

随使、孔目官。

蒋建辰　　　联句和黄寿诗记　明正德五年(1510)

江应晓　　　江应晓题诗　明万历十七年(1589)
　　　　　　罗奎题诗　明万历十七年(1589)

　　字觉卿,徽州歙县(今安徽歙县)人。《四库全书总目提要》卷一二七载:"《对问编》八卷,副都御史黄登贤家藏本,明江应晓撰。应晓,字觉卿,徽州人,嘉靖末官涪州州判。是书刺取史籍,所载天文、地理、人物、杂事分条立说,议论多偏驳不纯。前有自

---

① (宋)周密撰,吴企明点校《癸辛杂识》续集上,《唐宋史料笔记丛刊》,中华书局,1988年,第139页。

序一篇,文颇聱牙,盖亦沿历下、琅琊之习者也。"①

《江南通志》载其为:"歙人,入成均就判涪州,躭吟咏厌苦簿书,归就驻跸山麓,筑室博览群籍。所著有《对问编》《嚣嚣集》,学者称山城先生。"②

白鹤梁题刻称江应晓为"别驾",即指通判,且所记时间为万历十七年(1589),此距《总目》所记嘉靖末(嘉靖四十五年,1566年)长达 23 年,江氏任涪州州判达 23 年之久,似乎不可信。根据《江南通志》的记载,江应晓任涪州通判的时间应该不会太久,题刻称其为别驾,应该是他曾经担任的官职,而非现职。

金国祥　　　金国祥题诗　明万历十七年(1589)
　　　　　　罗奎题诗　　明万历十七年(1589)

新安(今安徽徽州)人,涪州或他州通判。

蒋　蘅　　　娄棨题记　　清光绪七年(1881)
　　　　　　濮文升题记　清光绪七年(1881)
　　　　　　蒋蘅题记　　清光绪八年(1882)
　　　　　　蒋蘅题记二　清光绪八年(1882)

中江(今四川中江)人。晚清四川三台陈谦撰《萝溪山舫诗

---

① (清)纪昀总纂《四库全书总目提要》卷一二七《对问编》,河北人民出版社,2000 年,第 3298 页。

② (清)赵弘恩等监修《江南通志》卷一六七《文苑》,《中国地方志集成·省志辑·江南 6》,凤凰出版社,2011 年,第 268 页。

草》四卷《续集》两卷,有清光绪二十一年(1895)刻本。后有蒋蘅光绪五年(1879)跋。①

蒋汉霄　　　颜爱博等题记　民国十九年(1931)

合川(今重庆合川)人。

蒋慎修　　　何耀萱"白鹤梁记"　民国二十六年(1937)

江世信　　　卢学渊题记　民国二十六年(1937)

---

① 王永波《清代蜀人别集经眼录》,《蜀学》第四辑,巴蜀书社,2009年,第87页。

刘忠顺　　刘忠顺等唱和诗　北宋皇祐元年(1049)
　　　　　　刘叔子诗并序　南宋宝祐二年(1254)
　　　　　　寒材望和刘叔子诗并序　南宋宝祐二年(1254)

　　刘忠顺,宋两浙路润州丹徒县人(丹徒县,原为延陵县,唐代改,今江苏丹徒)。约生于宋太宗雍熙四年(987)①。明经科及第、历仕德安、袁州、夔州、泉州、福州等地。宋仁宗嘉祐六年(1061)去世,年七十五岁。

　　嘉祐三年(1058)六月,刘忠顺以卫尉少卿由泉州移知福州②,为"福州大都督府长乐郡威武军知州事"③。《全宋诗》载其《留题涪州石鱼》与《留题资圣寺宗己嘉遁居》各一首。道光《晋江县志》卷60《人物志·宗己》记载了泉州知州刘忠顺给高僧宗己在

---

① 据郑獬《郧溪集》卷二一《卫尉少卿刘公墓志铭》推算。见景印文渊阁四库全书,第1097册,台湾商务印书馆,1986年,第304—305页。

② (清)徐景熹主修,福州市地方志编纂委员会整理《福州府志》卷三〇,海风出版社,2001年,第575页。

③ (清)金鋐修,郑开极、陈轼纂《康熙福建通志》卷二〇《职官》,《中国地方志集成·省志辑·福建1》,凤凰出版社,2011年,第377页。

泉州承天寺的居所名为"嘉遁"事。①

郑獬《郧溪集》卷21《卫尉少卿刘公墓志铭》记载了刘忠顺生平：

> 卫尉少卿刘公既卒之明年二月甲子，将葬于润州之延陵县某原。其孤凯列公之羡行，驰私奴趋京师请铭于著作郎郑某。于是考公之遗录而叹曰：呜呼！刘公可铭也。
>
> 夫公，讳忠顺，字某。赠刑部侍郎讳简之子，其曾大父讳崇鲁，仕江南李氏宣州观察推官。大父讳晟。公以明经赐第，补潭州攸县尉，江宁府句容尉，丞相王钦若言公之能，遂为句容令，改大理丞，知江州之德安，资州之资阳县。三迁国子博士，通判袁州，权知建昌军，选为三门发运判官。又三迁驾部员外郎，连刺解、坊、邢三郡，用三司使王拱辰荐，入为度支判官，出为夔州路转运使，赐金鱼紫袍。又徙两浙路。迁主客金部司勋郎中，知蔡州，改卫尉少卿，知泉州，移福州。坐失所举，夺卿，罢归延陵。嘉祐四年，上亲享太庙，复用为司勋郎中，公曰："吾老矣，乌能以白发涴外庭。"遂不起，后二年以疾终于家，享年七十有五。公乐易而爱人，君子人也，为治宽而不废，察狱必尽其恕，疑者尝抵于轻。初为资阳邑，有史氏田，自唐时以葬贫死者岁久，豪猾稍盗耕之，灭冢万余。公收掩遗骸，尽斥耕者，复取为葬田。邑人怀感。及在建昌，暴水夜至，坏民舍，公募工操舟以援其溺，处之署内，朝哺夜眠，如其故庐。死吊祭藏瘗，又以库钱给其家，发官粟及富民所畜，悉以粜饥者，活数十万人。其最后居夔州以南川溱溪，

---

① （清）周学曾等纂修，晋江县地方志编纂委员会整理《晋江县志》卷六〇《人物》，福建人民出版社，1990年，第1392页。

诸郡皆用黔中吏为守,垂涎相残,类为不法,恶民得以伏山林,挟群獠入劫,无岁无之。公既至,即出兵至境,呼其酋人告之曰:"宜悉缚恶民送府,我言于天子,赦汝罪。不则尽灭汝种。"酋人畏恐,皆听命。公遂言群獠为盗,过在恶民,可赦不问,而南川獠边独不择守臣,宜询用武人,提兵以䍐南服。朝廷用其议,公又以天子之命,召酋人宥之,刲羊酾酒与之燕乐,皆呼舞出誓言,愿世世保边。由是奸宄尽,破坏远,民苏息。公之治状类若此者多,其概主于仁爱,宜其有厚报于富贵以遂其功,晚而运蹇,卒以穷废,家贫借屋以居,旁无长物。予尝忧之,数遣书致问,而公方饮酒啸歌自放乎田野间,其心休休然,若据大厦味九鼎,前有鼓钟金石,嘈嘈乐而不厌者,则予又为之释然,喜笑何其有余裕哉? 公能为神仙引,熊蹲虎跃之术,颜发甚壮,尝过宛丘以语予,而予未之能志也。悲夫。娶长安县君张氏,子男凤,故江宁府溧水簿,凯,漳州漳浦簿,纯,忠州丰都簿,统,虔州信丰簿。长女早世,次适都官员外郎臧论道,次适南康军星子令李宾王,次在室。

铭曰:恂恂刘公,不列其刚,力于厚下,有发惟臧,还田垄丘,义感过儿,汝孰为弱,方桴予之,汝孰为饥,裹粟往饴,蛮夫嚣边,携其符于支,刘其孽牙,靡耳以随,惟公有为,俾民是宜,胡然謦牙,老于故居,食无腴田,处无完庐,我施维丰,我行维屯,不飨于身,利其子孙。①

刘仲立

刘仲立题记 北宋嘉祐二年(1057)

---

① (宋)郑獬撰《郧溪集》卷二一《卫尉少卿刘公墓志铭》,景印文渊阁四库全书,第1097册,台湾商务印书馆,1986年,第304—305页。

字正臣,嘉祐二年(1057)涪州民掾,即涪州司户参军。

刘　焕　　　刘仲立题记　北宋嘉祐二年(1057)

字仲章,嘉祐二年(1057)涪州宪掾,即涪州司法参军。

李　袭　　　徐庄等题记　北宋熙宁元年(1068)

熙宁元年(1068)为涪州司理参军。

李　缓　　　黄觉等题记　北宋熙宁七年(1074)

字公敏,平原(今山东平原)人。熙宁七年(1074)涪州司户参军。

梁钧佐　　　黄觉等题记　北宋熙宁七年(1074)

字衮臣,邺都(今河北大名)人。熙宁七年(1074)涪州掌狱。

卢　靓　　　韩震等题记　北宋熙宁七年(1074)

字彦通。进士。

李　贲　　　庞恭孙题记　北宋大观元年(1107)

将仕郎、州学教授。

李　全　　　吴革题记　北宋宣和四年(1122)

奉议郎、前通判达州权司录事。

刘大全　　　毌丘兼孺等题记　北宋宣和七年(1125)
　　　　　　陈似题记　南宋建炎三年(1129)
　　　　　　文悦等题记　南宋建炎三年(1129)

名纯常,字大全,眉州眉山(今四川眉山)人。宣和进士。①

刘公亨　　　刘公亨等题记　南宋建炎三年(1129)
　　　　　　文悦等题记　南宋建炎三年(1129)

刘蒙,字公亨。唐安(今四川崇州一带)人。

林　琪　　　陈似题记　南宋建炎三年(1129)
　　　　　　□居安题记　南宋绍兴十年(1140)
　　　　　　孙仁宅题记　南宋绍兴十年(1140)

字子美。郡倅。

---

① （清)黄廷桂、张晋生等纂修《四川通志》卷三三《选举》,景印文渊阁四库全书,第561册,台湾商务印书馆,1986年,第22页。

刘　庚　　　　文悦等题记　南宋建炎三年(1129)

字明孺,刘纯常之侄。

李去病　　　　赵子通等观石鱼题名　南宋绍兴二年(1132)
　　　　　　　贾公哲等题记　南宋绍兴二年(1132)

字仲霍。
晁补之《鸡肋集》有《李去病字仲霍序》,为崇宁四年(1105)所作,对了解李去病其人多有帮助,全文如下:①

　　世治则国无所用将,身安则家无所事医。用将与医皆不得已,而术之所不愿出也。然所贵乎人者,生则能为人御灾而捍患,使人赖其德,而己食其功,虽不得已,亦不可一日而无二术之类也。贼奸不作,则太平可千载;瘟忧莫袭,则正气能百年,故五兵之家,五药之施,如禹之行水,水不为败,则禹功无所试,至其败而为之,亦行其所无事则已矣。自非圣人,孰能探不形而治未病,病则能以术去之,圣之次也。盖昔善将,如汉霍侯,其言曰:匈奴未绝,无以家为。其以去病自名,或者义取诸此。而缙城李君慕焉,则撫其名以名余,因以仲霍字之。仲霍知书且多艺,少从乡贡顾尝好医,以其所闻于儒者,礼乐有盈减,刚柔有损益,术斯而往,知五行、六气之动,以节中而屡移,故医特胜。然霍侯用之大,仲霍用之小,

---

① (宋)晁补之《鸡肋集》卷三五《李去病字仲霍序》,景印文渊阁四库全书,第1118册,台湾商务印书馆,1986年,第675页。

事必与时并而名,必与功偕遇不遇,势异则前后之相望与才之长短未可以陵节议而原其初,皆欲为人御灾而捍患,使人赖其德而后已食其功,其志出于为物则同。且秦医和以妨知国抑有人焉,载所闻于儒者,自道出于为技而托之技,以伯仲于霍之流,未可曰若是班也。然霍侯无学术,以材自喜,贪其功不已太至则病内而偕美。仲霍诚能反其道揆生之理,无偏而不起,病去则已,可以进谷米,弗已则亦末解,而本俱弊,是谓医纪所闻于儒之内也。仲霍识之。崇宁四年六月日序。

李宗贤　　赵子逌等观石鱼题名　南宋绍兴二年(1132)

字师德。

刘　意　　种慎思题记　南宋绍兴二年(1132)
　　　　　　李宜仲等题记　南宋绍兴二年(1132)

字彦至。

李尚义　　种慎思题记　南宋绍兴二年(1132)
　　　　　　李宜仲等题记　南宋绍兴二年(1132)

字宜仲,江西吉水(今江西吉水)人。宣和六年(1124)沈晦榜进士。① 绍兴四年(1134)九月,为左承事郎,通判襄阳府事。②

李敏能　　蔡惇题记　南宋绍兴二年(1132)

　　字成之,夷门人,云台奉祠。夷门为战国时魏都天梁的东门,后常以夷门代指大梁(开封)。云台奉祠即华州云台观祠禄官,主管祭祀。

李　寅　　蔡惇题记　南宋绍兴二年(1132)

　　字符辅,开封(今河南开封)人,郡丞。

刘　蒁　　宋艾等题记　南宋绍兴六年(1136)

李□□　　宋艾等题记　南宋绍兴六年(1136)

路　谦　　潘居实等题记　南宋绍兴十年(1140)

　　字子益。

林玠琮　　张宗忞等题记　南宋绍兴十年(1140)

---

① (清)刘坤一等修,刘铎、赵之谦等纂(光绪)《江西通志》卷二二《选举表三》,《中国地方志集成·省志辑·江西3》,凤凰出版社,2009年,第479页。

② (宋)李心传《建炎以来系年要录》卷七九,中华书局,1956年,第1302页。

石城(今江西石城)人。

| 李　春 | 黄觉先题记　南宋绍兴十年(1140) |

| 李　恬 | 黄觉先题记　南宋绍兴十年(1140) |

| 李景旻 | 李景旻等题记　南宋绍兴十三年(1143)
李景旻等再题　南宋绍兴十四年(1144)
晁公溯题记　南宋绍兴十五年(1145) |

字绍祖。题刻载其为古汴人。即开封人。①

绍兴十八年(1148),李景旻任四川总领所属官,史载:"(绍兴)十八年,符行中为总领,用其属官李景旻之策(景旻,字绍祖,开封人。遵景之后。贪酷吏也,终于直秘阁、知夔州),就兴、利、阆州置场,听客市籴,由是尽革前弊,米运充足。"②

乾道六年(1170),"春正月二日夜,夷人高奴吉作乱,焚碉门。制置使晁调成都、眉、邛三郡禁兵三千往讨之。壬戌,深入沙平,荡其巢穴,而官军轻敌,贼势复振。又调汉兵千人益之,檄转运判官李景旻亲往多功,审观事势,诸将锐欲一战,景旻止之。宣抚使王公明闻之,以便宜罢守臣程敦古,而遣通判邛州陈澥持榜至碉门约回部族。二月辛卯,蕃人听命,自是捐胡芦里之税与之,而沙

---

① 不著撰人《两朝纲目备要》卷九《宁宗》,景印文渊阁四库全书,第329册,台湾商务印书馆,1986年,第828页。

② (宋)李心传《建炎以来朝野杂记》甲集卷一五《财赋二·四川军粮数》,中华书局,2006年,第334页。

平悉为蕃人有矣。景夔,开封人;敦古,眉山人;澥,严道人也。"①

淳熙五年(1178),"夔帅李景夔贪虐,参政赵雄庇之,台臣谢廓然不敢论,燧独奏罢之。雄果营救,复命还任。燧再论,并及雄。雄密奏燧误听景夔仇人之言,遂下临安府捕恭州士人钟京等置之狱,坐以罪,景夔复依旧职。燧乃自劾,诏以风闻不许,竟力求去。徙刑部侍郎,不拜,固请补外。出知严州,吏部尚书郑丙、侍郎李椿上疏留之,上亦寻悔。"②

淳熙十年(1183)三月一日,"夔州路转运判官张縯放罢。以言者论其倾邪躁进。始至夔州,见帅臣李景夔暴刻,有意治之。景夔□以厚赂,更不复言。及罢去,縯摄帅事。"③

梁公寿　　　黄仲武等题记　　南宋绍兴二十七年(1157)

李从周　　　贾振文题记　　南宋乾道三年(1167)

字肩吾,临邛(今四川邛崃)人,宋代学者。《宋元学案》称:"临邛人也。不详其生平。鹤山讲学之友,三礼多质之中父,六书多质之先生,尝同在渠阳山中,称其强志精识,所著《字通》,能追原隶篆以来流别,而惜乎今之不可得见也。"④今人陈燕是为数不

---

① 不著撰人《两朝纲目备要》卷九《宁宗》,景印文渊阁四库全书,第329册,台湾商务印书馆,1986年,第828页。

② (元)脱脱等《宋史》卷三八五《萧燧传》,中华书局,1985年,第11840页。

③ (清)徐松辑《宋会要辑稿》卷三八九一《职官》七二之三七,中华书局,1957年,第4006页。

④ (清)黄宗羲原著、全祖望补修,陈金生、梁运华点校《宋元学案》卷八〇《鹤山学案》,中华书局,1986年,第2675页。

多对《字通》进行研究的学者,也以其为临邛人。①

卢　棠　　　卢棠题记　南宋乾道七年(1171)

开封人(今河南开封),乾道七年(1171)摄涪陵郡事。

刘　甲　　　向仲卿题记　南宋淳熙五年(1178)
　　　　　　冯和叔题记　南宋淳熙五年(1178)
　　　　　　朱永裔题记　南宋淳熙六年(1179)

　　刘甲(1142—1214),字师文,其先永静军东光(今河北东光)人,元祐宰相刘挚之后。父刘着,为成都漕幕,葬龙游(今四川乐山),因家焉。题刻称"东平刘甲",乃书其先世所居之地。淳熙二年(1175)进士。淳熙五年、六年题记中称"郡幕东平刘甲师文""武龙簿东平刘甲"等,可见其初仕时的情况。《宋史》有传,如下:②

　　　　刘甲,字师文,其先永静军东光人,元祐宰相挚之后也。父着,为成都漕幕,葬龙游,因家焉。甲,淳熙二年进士,累官至度支郎中,迁枢密院检详兼国史院编修官、实录院检讨官。
　　　　使金,至燕山,伴宴完颜者,名犯仁庙嫌讳,甲力辞,完颜更名修。自绍兴后,凡出疆遇忌,俱辞设宴,皆不得免,秦桧所定也。九月三日,金宴甲,以宣仁圣烈后忌,辞。还除司农

---

① 陈燕《〈字通〉部首检索系统研究》,《辞书研究》2007 年 5 期。
② (元)脱脱等《宋史》卷三九七《刘甲传》,中华书局,1985 年,第 12093 页。

少卿,进太常,擢权工部侍郎,升同修撰,除宝谟阁待制,知江陵府,湖北安抚使。甲谓:"荆州为吴、蜀脊,高保融分江流,潴之以为北海,太祖常令决去之,盖保江陵之要害也。"即因遗址浚筑,亘四十里。移知庐州。

程松为四川宣抚使,吴曦副之,以甲知兴元府、利东安抚使。时蜀口出师败衂,金陷西和、成州,曦焚河池县。先是,曦已遣姚淮源献四州于金,金铸印立曦为蜀王。甲时在汉嘉,未至镇也。金人破大散关,兴元都统制毌思以重兵守关,而曦阴彻蓦关之戍,金自板岔谷绕出关后,思挺身免。

甲告急于朝,乞下两宣抚司协力捍御。松谋遁,甲固留不可,遽以便宜檄甲兼沿边制置。曦遣后军统制王钺、准备将赵观以书致甲,甲援大义拒之,因卧疾。曦又遣其弟昄邀甲相见,甲叱而去之。乃援颜真卿河北故事,欲自拔归朝,先募二兵持帛书遣参知政事李壁告变,且曰:若遣吴总以右职入川,即日可瓦解矣。

曦僭王位,甲遂去官。朝廷久乃微闻曦反状,韩侂胄犹不之信,甲奏至,举朝震骇。壁袖帛书进,上览之,称"忠臣"者再。召甲赴行在,命吴总以杂学士知鄂州,多赐告身、金钱,使招谕诸军为入蜀计。复命以帛书赐甲曰:"所乞致仕,实难允从,已降指挥,召赴行在。今朝廷已遣使与金通和,襄、汉近日大捷,北兵悉已渡江而去。恐蜀远未知,更在审度事宜,从长区处。"二兵皆补官。

甲舟行至重庆,闻安丙等诛曦,复还汉中,上奏待罪。诏趣还任。甲奏叛臣子孙族属及附伪罪状,公论快之。会宣抚副使安丙以杨巨源自负倡义之功,阴欲除之,语在《巨源传》。巨源既死,军情叵测,除甲宣抚使。杨辅亦以为请,当国者疑辅避事,李壁曰:"昔吴璘属疾,孝宗尝密诏汪应辰权宣抚司事,既而璘果死,应辰即日领印,军情遂安,此的例也。"乃以密札命甲,甲鐍藏之。未几,金自鹘岭关札金崖,进屯八里山,甲分兵进守诸关,截潼川戍兵驻饶风以待之。金人知有备,引去。

佴胄诛,上念甲精忠,拜宝谟阁学士,赐衣带、鞍马。是岁,和议成,朝廷闻彭辂与丙不协,以书问甲,又俾谕丙减汰诸军勿过甚,及访蜀人才之可用者。盖自杨辅召归,西边诸事,朝论多于甲取决,人无知者。

绍兴中,蜀军无见粮,创为科籴。孝宗闻其病民,命总领李蘩以本所钱招籴,惧不给,又命劝籴其半,"劝籴"之名自此始。久之,李昌图总计,复奏令金、梁守倅任责收籴,而劝籴遂罢。及是,宣、总司令金洋、兴元三郡劝籴小麦三十万石,甲乞下总所照李蘩成法措置,从之。

明年,罢宣抚司,合利东、西为一帅,治兴元,移甲知潼川府。安丙既同知枢密院事,董居谊为制置使,甲进宝谟阁学士、知兴元府、利路安抚使,节制本路屯驻军马。朝廷计居谊犹在道,命甲权四川制置司事。

先是,大臣抚蜀者,诸将事之,有所谓互送礼,实贿赂也。甲下令首罢之,凡丙所立茶盐柴邸悉废之。又乞以皂郊博易铺场还隶沔戎司,复通吴氏庄,岁收租四万斛有奇,钱十三万,以裨总计。从之。丙增多田税,甲命属吏讨论,由一府言之,岁减凡百六十万缗、米麦万七千石,边民感泣。嘉定七年,卒于官,年七十三。

甲幼孤多难,母病,刲股以进。生平常谓:"吾无他长,惟足履实地。"昼所为,夜必书之,名曰"自监"。为文平澹,有奏议十卷。理宗诏谥清惠。

李　栱　　　冯和叔题记　南宋淳熙五年(1178)

字德辅,开封(今河南开封)人,淳熙五年(1178)涪陵郡丞。

李　衍　　　朱永裔题记　南宋淳熙六年(1179)

相台(即相州,今河南安阳一带)人,淳熙六年(1179)涪州教官。教官指州县教授、学正、教谕、训导的统称。

刘开国　　　徐嘉言题记　南宋庆元四年(1198)

禄几复　　　禄几复等游记　南宋嘉定元年(1208)

嘉定元年(1208)涪州判官。

李国纬　　　禄几复等游记　南宋嘉定元年(1208)

嘉定元年(1208)涪州司户参军。

李　瑀　　　李瑀题记　南宋宝庆二年(1226)
　　　　　　李公玉题记　南宋宝庆二年(1226)

字公玉,唐安(今四川崇州一带)人。宝庆二年(1226)涪州知州。《同治重修涪州志》有"李瑞,字玉新,宝庆二年太守"①的记载,显然是对题刻内容的误读所造成。据对两段题刻的重新认识和分析,应为:"李瑀,字公玉。"

《鹤山集》卷七八《朝奉大夫太府卿四川总领财赋累赠通议大夫李公墓志铭》为李瑀之父李清叔墓志铭,载其先为赵郡李氏,后迁南郑,遂以蜀为郡望。载:

> 公字清叔,系出赵郡,赵郡始于秦司徒昙,昙生玑,玑生牧,牧相赵因家焉。牧之孙,曰左车,左车之曾孙曰秉,徙颍川,秉之六世孙就徙江夏,秉之七世孙颉徙南郑,颉生郃,郃生固,皆汉三公,繇是李氏为蜀望。……公未冠,以词赋再举于乡,寻以《春秋》首选,擢绍兴十八年进士第,授左迪功郎,邛州安仁县主簿,石泉军教授……四子,重祖、文老皆早卒。璟,用荐者改宣教郎,寻以通直郎致仕。瑀,朝奉大夫,知涪州。②

据此墓志还可见,李瑀之父李清叔"平生受知……晁公公溯、公武","省试主文所得进士……刘公甲……"③,宋代巴蜀一带文教昌明,文化发达,文人相互影响,相互学习,名人们相互交往密切蔚然成风。

---

① (清)吕绍衣等修,王应元、傅炳墀等纂(同治)《重修涪州志》卷四《秩官志》,《中国地方志集成·四川府县志辑(第46辑)》,巴蜀书社,1992年,第499页。
② (宋)魏了翁《鹤山集》卷七八《朝奉大夫太府卿四川总领财赋累赠通议大夫李公墓志铭》,景印文渊阁四库全书,第1173册,台湾商务印书馆,1986年,第208、213页。
③ (宋)魏了翁《鹤山集》卷七八《朝奉大夫太府卿四川总领财赋累赠通议大夫李公墓志铭》,景印文渊阁四库全书,第1173册,台湾商务印书馆,1986年,第213页。

李泽民　　　　李瑀题记　　南宋宝庆二年(1226)
　　　　　　　李公玉题记　　南宋宝庆二年(1226)

　　字志可,宝庆二年(1226)涪州知州李瑀之子。李瑀父清叔墓志铭载:"孙男四人,宽民,承直郎,签书资州判官;泽民,将仕郎;安民;觉民。"①

李安民　　　　李公玉题记　　南宋宝庆二年(1226)

　　李瑀之子。

李觉民　　　　李公玉题记　　南宋宝庆二年(1226)

　　李瑀之子。

李可久　　　　李可久等题记　　南宋嘉熙二年(1238)

李光锡　　　　李可久等题记　　南宋嘉熙二年(1238)

　　李可久弟。

李光福　　　　李可久等题记　　南宋嘉熙二年(1238)

---

①　(宋)魏了翁《鹤山集》卷七八《朝奉大夫太府卿四川总领财赋累赠通议大夫李公墓志铭》,景印文渊阁四库全书,第1173册,台湾商务印书馆,1986年,第213页。

李可久弟。

李拱辰　　张霁题记　南宋淳祐三年(1243)

字居中,开封(今河南开封)人,淳祐三年(1243)涪州通判。

李震发　　张霁题记　南宋淳祐三年(1243)

字子华,潼川(今四川三台)人,淳祐三年(1243)涪州监酒。

李　因　　张霁题记　南宋淳祐三年(1243)

字夏卿,合阳(今重庆合川)人,淳祐三年(1243)涪陵县主簿。

刘叔子　　刘叔子诗并序　南宋宝祐二年(1254)
　　　　　　蹇材望和刘叔子诗并序　南宋宝祐二年(1254)
　　　　　　罗奎题诗　明万历十七年(1589)

字君举,长宁(今四川长宁)刘氏。宝祐二年(甲寅,1254)涪陵郡守。

宝祐二年(1254),"涪教缺员,梅溪刘公叔子守涪,以伊川代大中请郡士宇文中允典汉州学故事礼公(阳枋),公固辞。"[①]

---

① (宋)阳枋《字溪集》卷一二《附录·纪年录》,景印文渊阁四库全书,第1183册,台湾商务印书馆,1986年,第435页。

宋代诗人阳枋所作《谢涪陵刘君举使君见委北岩堂长诗》:①

　　雪片冬深玩易编,正公和气理尤浑。八分写就龙蛇走,岩藤涧树常蜒蜿。莲荡飘裾紫阳学,归来拂拭莓苔痕。岩前世事几兴废,道无今古终长存。新来五马栽桃李,生平伊洛期穷源。下车一笑抚江阁,片心飞度苍崖根。生香动荡满幽谷,秋丛濯雨抽兰荪。露华滴晴舞夜鹤,云叶卷霁吟朝猿。衰翁白首野人服,不爱市井怜山村。太守招来说好语,翠萝有路犹堪扪。听终不敢谢疲荼,瘦筇强拄岩檐门。遗书欲傍梅花读,只恐使人昭昭己昏昏。

刘从龙　　刘叔子诗并序　　南宋宝祐二年(1254)

刘叔子之子。

刘冲宵　　刘冲宵诗并序　　明洪武十七年(1384)

洪武十七年(1384)涪州知州、奉训大夫。

李希尹　　刘冲宵诗并序　　明洪武十七年(1384)

洪武十七年(1384)涪州同知、承务郎。

---

① (宋)阳枋《字溪集》卷五《诗》,景印文渊阁四库全书,第1183册,台湾商务印书馆,1986年,第408页。

雷 懿　　　雷懿题记　明永乐三年(1405)

字运通,古邕州(今广西南宁)人,永乐三年(1405)涪州知州、奉训大夫。

龙 公　　　张本仁等题记　明成化七年(1471)

成化七年(1471)涪州知州。

李 宽　　　李宽观石鱼记　明正德元年(1506)

德阳(今四川德阳)人,正德元年(1506)四川按察司签事。

李书□　　　李书□题记　明正德元年(1506)

正德元年(1506)涪州州同知。

刘用良　　　联句和黄寿诗记　明正德五年(1510)

涪陵(今重庆涪陵)人,明正德甲子科(1504)举人,[1]正德五年庚午科(1510)进士。[2]

---

[1] (清)董维祺主修,冯懋桂等纂《重庆府涪州志》卷三《隐逸》,《日本藏中国罕见地方志丛刊》第32册影印本,书目文献出版社,1992年,第427页。

[2] (清)王梦庚修,寇宗纂(道光)《重庆府志》卷七《选举志》,重庆三峡博物馆道光版藏本影印,2011年,第15页。

刘　是　　　　联句和黄寿诗记　明正德五年(1510)

罗　奎　　　　罗奎题诗　明万历十七年(1589)

　　惠阳(今广东惠州)人。

刘惠□　　　　七叟胜游题记　明天启七年(1627)

　　涪陵(今重庆涪陵)人。

刘　道　　　　七叟胜游题记　明天启七年(1627)

　　涪陵(今重庆涪陵)人。教授。①

罗　瑛　　　　七叟胜游题记　明天启七年(1627)

　　涪陵(今重庆涪陵)人。训导。②

刘昌祚　　　　七叟胜游题记　明天启七年(1627)

　　号瀛台,涪陵(今重庆涪陵)人。《涪州志》载其"美丰仪,精

---

① 王鉴清、施纪云等修纂(民国)《涪陵县续修涪州志》卷一四《人物志四仕进》,民国十七年铅印本,第1页。

② 王鉴清、施纪云等修纂(民国)《涪陵县续修涪州志》卷一二《人物志二笃行》,民国十七年铅印本,第3页。

词翰,虽屡世台省,毫无贵介气。神宗朝,以祖忠愍公之荫,屡旨起用,皆高尚不就。时有七叟为侣,共联题咏,今江心石鱼尚存七叟胜游之刻"。①

刘昌祚之祖父忠愍公,即刘菠,字惟馨,号秋佩,明弘治十二年(1499)进士。为人廉洁,雅好读书,忠肝义胆,刚直不阿。历任户科给事中、金华知府、长沙知府、江西按察副使等职,治行卓异,有直声,著有《见闻录》《秋佩先生文集》等传世,晚年在家乡创建白云书院。②

王守仁(王阳明)曾写有《赠刘秋佩》诗:"骨鲠英风海外知,况于青史万年垂。紫雾四塞麟惊去,红日重光凤落仪。天夺忠良谁可问,神为雷电鬼难知。莫邪亘古无终秘,屈轶何时到玉墀",③对刘氏赞不绝口。

刘之益　　　萧星拱重镌双鱼记　清康熙二十四年(1685)

号四仙,涪陵(今重庆涪陵)人,为刘昌祚之孙辈。与涪陵文氏为姻亲。④ 为清代第一部《涪州志》纂修者。董维祺主修《重庆府涪州志》有其旧序一篇。⑤

---

① (清)董维祺主修、冯懋桂等纂《重庆府涪州志》卷三《隐逸》,《日本藏中国罕见地方志丛刊》第32册影印本,书目文献出版社,1992年,第438页。

② (清)张廷玉等撰《明史》卷一八八《刘菠传》,中华书局,1974年,第4971—4973页。

③ (清)吕绍衣等修,王应元、傅炳墀等纂(同治)《重修涪州志》卷一五《艺文志》,《中国地方志集成·四川府县志辑(第46辑)》,巴蜀书社,1992年,第680页。

④ 《重庆涪陵文氏族谱》,重庆市涪陵区古籍整理保护中心藏本。

⑤ (清)董维祺主修、冯懋桂等纂《重庆府涪州志》序,《日本藏中国罕见地方志丛刊》第32册影印本,书目文献出版社,1992年,第375页。

民国《涪州志》记载刘之益基本生平,如下:

刘忠愍五世孙也,素有文名。明献贼破涪,会永历正号与粤,之益自念家世忠孝,乃间关赴行在,授直州牧,升礼部仪制司员外郎,旋升贵州思仁道签事兼营军。丁酉,永历驻跸云南,之益入觐,授贵州威清道,升布政司参政衔,命入黔。值大军取黔中被执。时征西将军吴三桂甚重之。迫以新命,先令陈中军怵以威,继命马遵镇饴以利。之益惟终日流涕,以死自誓。将军鉴其忠忱,不忍加害,羁诸营,阴纵之。戊戌,逸至酉阳,隐穷山中,凡七年。全蜀底定,乃回涪。见凤凰旧居,岿然独存,遂杜门戢影。未几,吴藩叛变,各省响应。檄之益就职,毅然不为动。或探之,答曰:"若非戕贼吾君者也,恨不手刃而寸斫之,吾戴吾头以俟,藏吾血而已,无何吴败亡。"之益皎然不滓。①

《成都旧志》收录有《重修昭觉寺志》,载有刘之益《访丈雪老人》诗:

六十余年复游此,记今八秩雪盈头。蜀宫弟子知谁去,竺国祇人弗假修。畴昔恨无白足侣,喜兹尽是赤髭俦。徘徊欲宿谈前事,凡骨未仙不敢留。②

丈雪老人即丈雪禅师,成都昭觉寺方丈,破山海明禅师法嗣,

---

① 王鉴清、施纪云等修纂(民国)《涪陵县续修涪州志》卷一二《人物志》,民国十七年铅印本,第12页。

② (清)释中悄修,罗用霖纂,李文泽点校《重修昭觉寺志》卷六《艺文》,成都市地方志编纂委员会、四川大学历史地理研究所整理《成都旧志》第2册《专志卷》,成都时代出版社,2007年,第436页。

临济第三十二世。博极群书,精于禅理,机锋迅捷,棒喝猛烈,而待人极为和易。丈雪禅师一生著述宏富,凡作歌诗、颂偈、法语、寺院碑记等,俱载于《嘉兴藏续藏》中。禅师弟子众多,继其法脉,阐教于川、滇、黔、陕、鄂等省。有关丈雪禅师的史料,见于《五灯全书》《黔南会灯录》《锦江禅灯》《昭觉寺志》及有关县志。

罗克昌　　　罗克昌题诗　清乾隆十六年(1751)

江苏高邮人。题刻称"珠湖罗克昌",珠湖,即高邮湖。皇祐元年(1049),高邮湖出现珠光,沈括《梦溪笔谈》及嘉庆《高邮州志》均记载了此事。宋兵部礼部郎中、直龙图阁崔公度曾作《明珠赋》记此奇观,北宋高邮知军杨蟠也作《明珠亭》,称"老蚌千年拆晦瞑"。因此,高邮湖又名珠湖。

雍正七年(1729)己酉科举人,八年(1730)庚戌科周澍榜进士。[1] 雍正十三年(1735),山东成山卫撤卫,置荣成县。乾隆元年(1736),罗克昌为山东荣成县首任知县。此年,主持修建县衙。[2]

乾隆九年(1744),罗克昌到涪州知州任上。《道光重庆府志》载:"涪州钩深书院,即宋范仲武北岩书院,久圮。乾隆九年,知州罗克昌倡建,置田,岁收谷百余石。历任添设学田共二十四处,岁收租谷二百五十石,租钱百四十一千文。"[3] 题记所见,至乾隆十六

---

[1] （清）赵弘恩等监修,黄之隽等编纂(乾隆)《江南通志》卷一二四、一三四《选举志》,《中国地方志集成·省志辑·江南5》,凤凰出版社,2011年,第532、604页。

[2] （清）岳濬等监修《山东通志》职名,《中国地方志集成·省志辑·山东1》,凤凰出版社,2011年,第5页。

[3] （清）王梦庚修,寇宗纂(道光)《重庆府志》卷五《学校志》,重庆三峡博物馆道光版藏本影印,2011年,第10页。

年(1751)还在涪州知州任上。罗氏在涪州颇有贤德,乾隆《涪州志》载:"留心教养,董建书院,劝课农桑,实心为政之贤大夫也。"①

乾隆十八年(1753),罗克昌知汉州(今四川广汉),"讲道书院……乾隆十八年、二十年,知州罗克昌、殷廷瓒大修"。同年,知绵州。②

乾隆二十年(1755)、二十一年(1756),再知绵州。③ 绵州有"八卦亭,在二殊庵后,明宪副李公文芳建,乾隆二十一年,知州罗克昌重葺"。④

罗元定　　　罗克昌题诗　清乾隆十六年(1751)

罗克昌之子。

娄　槩　　　娄槩题记　清光绪七年(1881)
　　　　　　　濮文升题记　清光绪七年(1881)

云南沾益人。

---

① (清)多泽厚修,陈于宣等纂(乾隆)《涪州志》卷三《职官》,姚乐野、王晓波主编《四川大学图书馆馆藏珍稀四川地方志丛刊》第二部,巴蜀书社,2009年,第151页。

② 蒲殿钦等修,崔映棠等纂(民国)《绵阳县志》卷四《职官》,《中国地方志集成·四川府县志辑(第17辑)》,巴蜀书社,1992年,第155页。

③ 蒲殿钦等修,崔映棠等纂(民国)《绵阳县志》卷四《职官》,《中国地方志集成·四川府县志辑(第17辑)》,巴蜀书社,1992年,第155页。

④ (清)文启修,伍肇龄等纂(同治)《直隶绵州志》卷一四《古迹》,《中国地方志集成·四川府县志辑(第16辑)》,巴蜀书社,1992年,第151页。

娄　枢　　　　娄樞题记　清光绪七年(1881)

娄樞之兄。云南沾益人。

黎　璁　　　　范锡朋观石鱼记　清宣统元年(1909)

宣统元年(1909)涪陵县令。

刘子冶　　　　施纪云题记　民国四年(1915)

孝廉,涪州人。署广东普宁县知县。①

李任民　　　　杨鸿□题记　民国十二年(1924)

贵阳人。

刘镜沅　　　　刘镜沅题诗　民国二十六年(1937)
　　　　　　　刘镜沅题记　民国二十六年(1937)
　　　　　　　刘镜沅题记二　民国二十六年(1937)

刘镜沅(1879—1941),字大悔,涪陵人,少时聪颖好学,酷爱书画。书宗郑板桥、画宗唐伯虎,在川东书画界享有盛誉。

---

① 王鉴清、施纪云等修纂(民国)《涪陵县续修涪州志》卷一二《人物志四仕进》,民国十七年铅印本,第2页。

刘冕阶　　　　　白鹤时鸣图　　民国二十六年(1937)
　　　　　　　　文德铭题诗记　　民国二十六年(1937)
　　　　　　　　刘镜沅题记二　　民国二十六年(1937)

　　刘冕阶(1884—1961),字明锐,别署天台山人,涪陵人,刘镜沅弟。涪陵著名书法家、画家,先后任教于涪陵多所学校。

刘德藩　　　　　刘镜沅题记二　　民国二十六年(1937)

　　涪陵人,刘镜沅宗兄。

刘泽金　　　　　刘镜沅题记二　　民国二十六年(1937)

　　涪陵人,刘镜沅弟。

刘升荣　　　　　何耀萱"白鹤梁记"　　民国二十六年(1937)

刘静禅　　　　　何耀萱"白鹤梁记"　　民国二十六年(1937)

刘镕经　　　　　刘镕经"游白鹤梁"　　民国二十六年(1937)

　　号玉山老人。曾任贵州兴文县教谕,四川井研、彭水县训导。①

刘镕经于涪陵得传为"王叔和所述,孙思邈所校"之《伤寒杂病论》,1934年在重庆石印公世,即四川本亦称涪陵古本。② 还编有《眼科仙方》《槐轩眼科》等医学著作。③

刘树培　　　刘镕经"游白鹤梁"　民国二十六年(1937)

涪陵人。

卢学渊　　　卢学渊题记　民国二十六年(1937)

李晖汉　　　卢学渊题记　民国二十六年(1937)

罗嘉猷　　　卢学渊题记　民国二十六年(1937)

李　园　　　李园"世道澄清"　民国三十年(1941)

富春人。

----

① 王鉴清、施纪云等修纂(民国)《涪陵县续修涪州志》卷一二《人物志四仕进》,民国十七年铅印本,第1页。

② 魏雪舫《黄竹斋与古本〈伤寒杂病论〉——〈伤寒杂病论会通〉述评》,《中华医史杂志》,1992年1期。

③ 刘镕经编《眼科仙方·槐轩眼科合刊》,涪陵新民石印纸庄,1930年,重庆市图书馆藏本。

李　涵　　　李园"世道澄清"　民国三十年（1941）

李　润　　　李园"世道澄清"　民国三十年（1941）

林　樵　　　林樵题诗　1963 年

　　山东牟平人。1941 年参加革命，1949 年南下入川，1954 年调涪陵并定居。后为涪陵地区副专员。

李从义　　　李从义题记　时代不详

　　涪陵驿丞。

刘养诚　　　袁大武等游记　时代不详

　　涪陵人。

刘汝林　　　袁大武等游记　时代不详

　　涪陵人。

李元□　　　李元□题刻　时代不详

牟天成　　　蒲蒙亨题记　北宋政和二年(1112)
　　　　　　蒲蒙亨再题　北宋政和二年(1112)

　　字圣俞,通川(今四川达州)人。政和二年(1112)涪陵县尉。

孟宗厚　　　杨谔等题记　南宋绍兴十五年(1145)

马　颜　　　杨谔等题记　南宋绍兴十五年(1145)

孟彦凯　　　张绾再题　南宋绍兴二十五年(1155)

　　涪陵人。

马骥□　　　□镐星江等题记　南宋绍定年间(1228—1233)

　　潼川(今四川达州)人。

宁□　　　杨谔等题记　南宋绍兴十五年(1145)

　　使院。

聂文焕　　聂文焕题记　元至大四年(1311)

南阳公　　南阳公题刻　时代不详

　　司徒、巡检。

欧阳士麟　　　雷懿题记　明永乐三年(1405)

古邵州人,永乐三年(1405)涪州学正。又写作欧阳仕鳞,为洪武十七年甲子(1384)乡试举人,新宁人。① 新宁县,洪武九年起,属宝庆府,但自三国至北宋,先后属邵陵郡、邵州。因此题刻称"古邵欧阳士麟"。

---

① （清）李瀚章等修,曾国荃、郭嵩焘等纂（光绪）《湖南通志》卷一三八《选举志》六,《续修四库全书》第664册,上海古籍出版社,2011年,第447页。

蒲昌龄　　杨嘉言题记　北宋元祐六年(1091)

字寿朋,顺庆(今四川南充)人,元祐中进士。[①] 元祐六年至八年(1091—1093)为涪陵县尉。

顺庆府城西十余里"小方山,有紫府观、老君庙,千峰百岭,周回缭绕,疑若洞天。蒲昌龄有记"[②]。

庞恭孙　　庞恭孙题记　北宋大观元年(1107)

字德孺,武城(今山东武城)人,北宋名臣庞籍之孙。大观元年(1107)知涪州军州事、朝奉大夫。《宋史·庞籍传》附有庞恭孙传记,载:

> 恭孙字德孺,以荫,补通判施州。崇宁中,部蛮向文强

---

① (清)黄廷桂、张晋生等纂修(雍正)《四川通志》卷三三《选举》,景印文渊阁四库全书,第561册,台湾商务印书馆,1986年,第15页。

② (宋)王象之《舆地纪胜》卷一五六《潼川府路·顺庆府》,江苏广陵古籍刻印社,1991年,第1116页。

叛,诏转运使王蘧领州事致讨,恭孙说降文强而斩之。蘧上其功,进三秩,知涪州,遂以开边为己任。诱珍州骆文贵、承州骆世华纳土,费不赀。转运判官朱师古劾恭孙生事,诏黜师古而以恭孙代,于是溱、播、溪、思、费等州相继降。每开一城,辄褒迁。五年间,至徽猷阁待制。威州守乞通保、霸二州,进恭孙直学士、知成都府,委以招纳。未几,其酋董舜咨、董彦博来纳土,诏遣赴阙,皆拜承宣使,赐第京师,更名保州祺州、霸州亨州,使恭孙进筑之。言者论其贪纵,究治如章,谪保静军节度副使。才逾月,起知陈州,复待制,帅泸州。又以筑思州,进学士。前后在西南二十年,所得州县,多张名簿,实瘠卤不毛地,缮治转饷,为蜀人病,无几时皆废。宣和中,卒。①

这段记载较为简单,尤其对庞恭孙在涪州任知州事记载不详。《续资治通鉴》记载道:"崇宁中,以斩叛蛮向文疆功,擢知涪州。"②庞恭孙在涪州的活动,与此地少数民族活动密切相关。又《读史方舆纪要》载,政和二年(1112年),"徙知成都,以开边为己任"。③《宋史》亦载:"席旦上章劾才叔为奸利敛困诸蕃之状,宰相不悦,代以庞恭孙,而徙旦永兴。恭孙俄罪去,加旦述古殿直学士,复知成都。"④

---

① (元)脱脱等《宋史》卷三一一《庞籍传附恭孙》,中华书局,1985年,第10201页。
② (清)毕沅《续资治通鉴》卷八八《徽宗》,上海古籍出版社,1986年,第466页。
③ (清)顾祖禹撰,贺次君、施和金点校《读史方舆纪要》卷七〇《四川》五,中华书局,2005年,第1724页。
④ (元)脱脱等《宋史》卷三四七《席旦传》,中华书局,1985年,第11016页。

蒲蒙亨　　　蒲蒙亨题记　北宋政和二年(1112)
　　　　　　蒲蒙亨再题　北宋政和二年(1112)

　　字彦开,阆中(今四川阆中)人。政和二年(1112)涪州司理参军。

潘无隅　　　贾思诚等题记　南宋绍兴七年(1137)

　　字大方。

潘居实　　　潘居实等题记　南宋绍兴十年(1140)

　　字去华。

庞价孺　　　杜肇等题记　南宋绍兴十四年(1144)

蒲德载　　　杜与可等题记　南宋绍兴十八年(1148)

庞仔孺　　　何宪、盛辛唱和诗并序　南宋绍兴十八年(1148)

　　绍兴十八年(1148)涪州判官。

蒲　□　　　张绾三题　南宋绍兴二十五年(1155)

　　字□之,绍兴二十五年(1155)涪陵县尉。

彭　楠　　　徐嘉言题记　南宋庆元四年(1198)

字国材,汶江(今四川茂县一带)人。庆元四年(1198)涪陵县佐。

濮　瑷　　　濮文升题记　清光绪七年(1881)

字世濂,一字琅圃,又一字又蘧,江苏溧水人。曾任涪州知州,有子文遑、文升、文昶、文曦。①

《续纂江宁府志》载有其生平:

> 濮瑷,字又蘧,溧水人。祖兰芬,父绍辖,世有隐德。瑷性孝友,尝刲骨愈亲疾,而以为非儒者事,不使人知。
>
> 道光元年举于乡,六年成进士。初试四川安岳知县,尝易布衣履,携一僮周历四境,察民疾苦。县有大猾林元端,多数盗,历任不敢诘,会岁暮,瑷侦其家,所养死士皆散归无备,乃阴率健役掩之。初出,从者不知所往,及近贼,始告之,元端以火枪伤瑷腕,然后就执。县人初闻瑷伤,咸惶惶然,而瑷已缚元端入城矣,立置之法。上官嘉其才,调华阳知县,以其亲丧去官。服阕,擢简州知州,寻迁涪州。时粤寇陷两湖,川以东防事方亟,瑷乃偏度险阻,筹水陆守御具。议者欲仿军兴各省例,增立厘局,瑷虑扰民,执不可,而以粜常平仓之余谷价应所需,不足,则出俸钱佐之。民感其德,不劝而输者日至。瑷于暇时,复进诸生而课之,曰:"吾以消其兵革之气

---

① 《濮氏宗谱》,江苏溧水档案馆藏。

也。"既而警报纷来,或劝徙家口出城,曰:"吾以此城为生死,吾家人以吾为生死,有出避者,诸君其戮之!"人心由是益固。而瑗以积劳致病,遂卒,年甫六十。

瑗于学无所窥,而不分别时代门户。诸子尝侍立大树下,辩论汉、宋宗旨,瑗因指示之曰:"人必高于树也,始俯悉其全体。今有东仰者识树之阳曰吾尽之矣。复有西仰者识树之阴,亦曰吾尽之矣。所见固亲切,然各得树之一面耳。群儒之窥圣人,何以异是?"

居官凡三十年。书千余卷,外无他蓄,宗族亲党恃以举火者数十家。没后,涪民私立社于小河之浒,岁时祀之。①

结合相关记载,基本可以梳理出濮瑗的仕宦经历:

道光元年(1821),濮瑗中举人。六年(1826)中进士。初仕为四川安岳县知县,历署犍为、峨边、成都、彭县、江津,十八年(1838)调补华阳县知县。告病,旋以亲丧去官回籍。② 道光二十三年(1843)服阕,坐补原缺,署江津县知县。③ 道光二十六年(1846)委署温江,数月,题补简州知州,二十七年履任。④

---

① (清)蒋启勋、赵佑宸修,汪士铎等纂(同治)《续纂江宁府志》卷一四《人物之四》,《中国地方志集成·江苏府县志辑(第2辑)》,江苏古籍出版社,1991年,第239页。

② (清)濮瑗修,陈治安、黄朴等纂《简州志》卷五《人物》,咸丰三年凤山书院版藏本,第30页。

③ (清)王梦庚修,寇宗纂(道光)《重庆府志》修辑职名,重庆三峡博物馆道光版藏本影印,2011年,第3页。(清)濮瑗修,陈治安、黄朴等纂(咸丰)《简州志》卷五《人物》,咸丰三年凤山书院版藏本,第30页。

④ (清)濮瑗修,陈治安、黄朴等纂(咸丰)《简州志》卷五《人物》,咸丰三年凤山书院版藏本,第30页。

道光二十八年(1848),在简州有《重修普照寺序》。① 咸丰初,撰有《咸丰简州志》十四卷,职名为"进士出身,授奉直大夫、知四川成都府简州事"。②

白鹤梁题刻记载,咸丰三年至五年(1853—1855),濮瑗为涪州知州,后卒于涪州任上。

濮文升　　　濮文升题记　清光绪七年(1881)

字蓬生,江苏溧水人,为濮世濂子。知营山县,营山县古城垣,暑雨秋淋,屡筑屡塌,经过五年共修建城墙584丈,城楼四座,魁星楼一座。在修筑过程中,"加征赋,劝乐输,劳民伤财,至再至三",③曾经激起民怨,濮文升引为己责,并告诫来者要因时制宜,有所取鉴。为使此后不因修城而累派民间,县设裕公局,置田产,收租专作修城之用。濮文升在主持修建城垣的同时,鉴于骆市桥垮塌,又以修城余力重建骆市桥,还捐钱百串修北门桥。

同治十年(1871)任涪州知州,当年因病离任,后于同治十二至十三年(1873—1874)、光绪三年至八年(1877—1882)两次回任涪州知州。④ 涪陵江边有白塔(文峰塔),在塔内,有濮文升所写"大雅广扶持一柱擎天开泰运,斯文真主宰三台立地庆升华","贵

---

① 林志茂等修,汪金相等纂(民国)《简阳县志》卷三《舆地篇》,《中国地方志集成·四川府县志辑(第27辑)》,巴蜀书社,1992年,第74页。

② (清)丁丙藏,丁仁编《八千卷楼书目》卷七《史部》,《续修四库全书》第921册,上海古籍出版社,2002年,第225页。

③ (清)温道均修,熊毓藩等纂(同治)《营山县志》卷四,《中国地方志集成四川府县志辑(第58辑)》,巴蜀书社,1992年,第123页。

④ 《溧水濮氏宗谱》,江苏省溧水县档案馆藏。

相腾辉"题联。在白塔底层塔门左边内北壁上嵌有濮文升撰、夏寿昌书的《涪邑文峰塔记》刻碑一块,介绍了重建此塔经过,今碑文依稀可见。

同治十二年(1873)七月,黔江县百余群众,聚集在传教士住所,当其外出,即将司铎余克林、教士戴明卿抓住,扭至城外河边殴毙。史称"黔江教案"。事件发生后,川东道署即刻委派涪州知府濮文升、彭水县同知张超前往黔江查办,将殴毙教士的陈宗发、谢裁缝等6人逮捕处死,以"服教士之心";并将未加防范的黔江知县桂衢亨撤职。①

濮文升有六子,长子贤懋;次子贤恺;三子贤忱;四子贤恭;五子贤怡;六子贤泌。其中次子贤恺,字星桥,咸丰乙卯年(1855)生,补县学附生,后随伯父北上京师。濮贤恺工诗文,好书法,并嗜读《红楼梦》。有子三人:良培、良圻、良堪。②

濮文暹　　濮文升题记　清光绪七年(1881)

濮文暹,江苏溧水县人。濮文升兄。原名濮守照(1830—1909),字青士,晚号梅瘦子。补县学附生,随父仕选至四川。因太平军占领金陵,省试中辍,乃改名文暹,北上京师应顺天乡试。与三弟濮文昶同科考中咸丰己未(九年,1859年)举人,后又同考中同治乙丑(四年,1865年)进士。先任京官,后外任地方,其任职情况,综合《清代官员履历档案全编》的记载及《溧水濮氏宗

---

① 参见《清实录》第51册《穆宗毅皇帝实录》卷三五五,中华书局,1987年,第685页。

② 《溧水濮氏宗谱》,江苏省溧水县档案馆藏。

谱》的内容梳理如下:①

咸丰九年由监生应试,乙未恩科顺天乡试举人,同治四年乙丑科(1865)会试进士。奉旨以部属用,签分刑部。是年(1865)闰五月到部。七月告假。八年(1869)十一月销假。十一年(1872)七月学习期满,奏留。十三年(1874)六月随同前刑部尚书崇实前往山海关查办事件。七月,差竣回署。光绪元年(1875)二月,随同前刑部尚书崇实、内阁学士岐元前往奉天、吉林两省查办事件,差竣回署。十一月,补授提牢厅主事。二年(1876)派秋审处行走。十月,提牢期满,议叙以本部主事即补。十二月,补陕西司主事。五年(1879)九月,升陕西司员外郎。六年(1880),充总办,减等秋审处坐办。七月,升四川司郎中。七年(1881),充律例馆提调。八年(1882),京察一等,奉旨记名,以道府用。俸满截取。奉旨记名,以繁缺知府用。九年(1883)三月初一日,奉旨补授河南开封府遗缺知府。九月,经调任河南巡抚鹿传霖奏补南阳府知府。十二年(1886),大计,保荐卓异。十四年(1888),经原任河南巡抚倪文蔚奏保才守政绩均有可观。奉旨嘉勉。十五年(1889),大计,保荐卓异。二月,因捐赈,奖戴花翎。十六年(1890),因办理郑工赈务出力,保加三品衔。均奉旨允准。十七年(1891)三月,调署开封府知府,七月,调署彰德府知府。十八年(1892)二月,复调署开封府知府。是年,大计,保荐卓异。十九年(1893),因黄河防汛,安澜出力,奏保以道员在任候升。二十年(1894),因拿获首要会匪,加二品衔。

濮文暹在继母死后,忧归不再出仕,担任了府学堂总教习。

---

① 秦国经主编《清代官员履历档案全编》,华东师范大学出版社,1997年,第4册,186页;第6册,第36—37页。

光绪三十一年（1905），去山东长子濮贤恪任所就养。宣统元年（1909）十二月初九于其处去世，时年八十岁。

在刑部供职十余年期间，濮文暹"居心平恕，察事精详"，著有《提牢琐记》，当时被奉为成法。他参与审理很多朝迁要案，平反了不少冤狱，显示出他秉直断案的品质和才能。

濮文暹在河南南阳、开封、彰德知府任上，励精图治，地方政通人和，百废俱举。南阳府旧有童子参加府试的制度，参试者必须捐钱以作为进身的阶梯，各县将这部分收入用于修城墙、办团练。濮文暹到任后，革除此旧制，"由是寒士得自奋而无幸者矣！"

南阳府东境的淮河源流，由于长久得不到疏浚治理，经常泛滥成灾。濮文暹到任后，修筑堤防，保障沿河两岸群众的生命安全，此举受到上司的重视，晓谕各府县效仿。

由于濮文暹在南阳府主政有方，"政声洋溢于中州，盛德之称满于人口"，朝廷加封濮文暹三品官衔，赏戴花翎，升用道员。

濮文暹熟谙诗，书，经，史。凡天文，算学，地理，任遁诸术无不精通，且好鼓琴，擅声曲，工诗文以及刀槊诸术，并嗜读《红楼梦》，为我国研究《红楼梦》的著名人物。清同治四年（1865），濮文暹与其弟濮文昶为《脂砚斋重评石头记》作题跋。题记如下：

> 《红楼梦》虽小说，然曲而达，微而显，颇得史家法。余向读世所刊本，辄逆以己意，恨不得起作者一谭。睹此册，私幸予言之不谬也。子重其宝之。青士、椿铨同观于半亩园，并识。乙丑孟秋。

濮文暹著作有《见在龛集》二十二卷，收录其诗文。徐世昌《晚晴簃诗汇》云："青士尝官提牢，恤囚有善政，出典大郡，有泽于民。诗早年多闵兵事,似张船山,晚岁旁涉禅理,又似汪大绅。"①

《晚晴簃诗汇》收录有濮文暹代表作十六首,今据《见在龛集》及《晚晴簃诗汇》转录数首如下,以见其忧国爱民之志:

书事②

我生误文字,平贼无奇术。远闻三里城,受攻四十日。报国固不才,亦莫救家室。有弟杀贼归,犹抱老母膝。膝前妹娇痴,向之索枣栗。忽惊刀矛撞,投怀涕潜溢。是时屋瓦飞,雷从地底出。烟中互长梯,与贼相甲乙。三登而三堕,催以万鬐槊。全家争督战,不解避斧锧。致身臣应尔,寸土守敢失。贼富民愈贫,雀罗鼠更掘。雀鼠幸未空,全军仍以律。朝向大吏述,暮向大吏述。大吏无援师,忍怒日受叱。昨日兵力分,十已遣六七。近郊贼方横,山城遑与恤。驰书慰众心,此情不忍笔。但言大军来,重围破可必。讹语纷刺耳,入梦亦不吉。仰天问消息,鸿雁杳无一。不来肝肠裂,来亦肝肠裂。上言民可怜,下与骨肉诀。我思化黄鹄,飞入罗网缺。贼营三十里,去恐羽翼折。将心且随月,黯照战场血。旗渍血花紫,月下惨成列。登埤见予季,此时心骨热。书生弱有年,一旦横磨铁。老母素怜儿,今不闻呜咽。昨驰告急封,家书竟断绝。公义不及私,此举太豪杰。独不计汝兄,请师喉屡噎。家人只解啼,首蓬面不洁。巍巍雨花冢,深深大峨穴。德薄者祀斩,或免天所罚。服官三十载,吾父多清节。生儿诚太愚,处世又不哲。恃此臣子心,安危总一辙。圣诏渴求

---

① 徐世昌编《晚晴簃诗汇》卷一六三《濮文暹》,中华书局,1990年,第7092页。
② (清)濮文暹撰《见在龛集》卷一《诗》,国家清史编纂委员会编《清代诗文集汇编》第717册,上海古籍出版社,2011年,第39—40页。

贤,所恨学尽拙。男儿好身手,甘兹尘土灭。煌煌君父恩,及时好施设。

癸亥自夏徂秋偶有所得汇而录之既无次序亦不标题①(二首)

微笑忽破睡,情梦媚幽独。春烟定后痕,荡漾在心目。欲说境已忘,鸟语碎空绿。

老蝉断续吟,夕阳乱明灭。雨气集空林,揽之有余热。悠悠一寸心,事事郁相结。复此多炎凉,何处生分别。腥风吹断虹,云腰又中截。

喜雨②

丹凤城头风渐清,黑龙潭畔日将倾。才闻祈泽传天诏,便起挑镫听雨声。清晓农歌应旖旎,东南军令可分明。关心衣带黄河水,好为淮流洗甲兵。

今战场篇③

古战场,沙与虫。今战场,羆与熊。天戈西挥日不东,昨日将军今上公。美人载归千朦朣,岂无夫家皆鬼雄。乌鸢狐

---

① (清)濮文暹撰《见在龛集》卷一《诗》,国家清史编纂委员会编《清代诗文集汇编》第717册,上海古籍出版社,2011年,第43页。

② (清)濮文暹撰《见在龛集》卷二《诗》,国家清史编纂委员会编《清代诗文集汇编》第717册,上海古籍出版社,2011年,第50页。

③ (清)濮文暹撰《见在龛集》卷二《诗》,国家清史编纂委员会编《清代诗文集汇编》第717册,上海古籍出版社,2011年,第51页。

狸饱不尽,骷髅磨苔生青铜。呜呼今战场,犹照古时月。呜呼古战场,不染今人血。古人战场重边功,今人战场中原中。

入蜀①

云踪留印古苍苔,猿鸟惊疑客子哀。云雨有灵谁梦见,河山无恙我归来。一夔守险成孤注,八阵窥图失将才。闻道玉关犹遣戍,莫将滟滪比龙堆。

濮文昶　　濮文升题记　清光绪七年(1881)

濮文升弟,字椿铨,一作春渔。咸丰九年(1859)与兄文暹同时中举人。同治四年(1865)又同时考中进士,文昶授湖北汉阳知县,文暹留京任刑部主事。

同治十年(1871),任湖北麻城知县。②

光绪十年(1884),濮文昶修,张行简纂《汉阳县识》,景贤书塾刻本。知县濮文昶称其为"以邑人谈邑事,易于传信。括以《三略》,附以《七录》,若网若纲,要而不繁,简而不漏"。并在序中写道:"汉阳为冲要邑,官斯土者一岁辄迁去。昶以菲材,独先后任四年。古称知县者,知一县之事也。昶既且久,宜可以无所不知,而采风问俗,茫茫然无以应者,何哉?盖汉阳治本附郭,又与会垣仅一江隔,衙参之期,月居强半,簿书奔走,日不暇给,加以汉皋一

---

① (清)濮文暹撰《见在龛集》卷二《诗》,国家清史编纂委员会编《清代诗文集汇编》第717册,上海古籍出版社,2011年,第53页。

② 余晋芳纂(民国)《麻城县志前编》卷六《职官》,《中国地方志集成·湖北府县志辑(第5辑)》,江苏古籍出版社,2001年,第115页。

镇,聚九州岛岛之民,而通商行贾,近且梯航海外,交涉各国,讼事烦兴,朝夕疲惫,任其事者虽欲考山川、察人物,周四境而访兴废,往往不可得。"①

光绪二十年(1894),与鹤峰州知州丁国桢对调。②

濮文昶为清代金陵词坛著名词人。著有《味雪龛词钞》,在他看来,词是抒情的工具。其《满庭芳·书宋人词话》写道:

> 铁板铜琶,晓风残月,尊前赌唱旗亭。英雄儿女,各诉短长情。私语呢呢尔汝,轩昂舞、歌哭同声。从君听,柔肠许断,肝胆也须倾。新腔翻旧谱,词人阅遍,眼为谁青。让苏辛秦柳,分擅才名。管甚移宫换羽,清商怨、变徵还惊。鸣天籁,清音老凤,娇舌啭雏鹦。③

濮文昶处在咸丰同治时期,亲身经历了内乱与外族入侵,他的词作多是当时重大的历史事件的反映。如《浪淘沙》小序云:"辛酉冬暮,捻贼来犯营山,余随藻生兄共筹战守计,阅四十五日,城围甫解,风雪出巡,醉后得一阕。"写与捻军的斗争。《沁园春·天津杂感》"言订约互市之失。"④

咸丰六年(1856),英、法两国发动了第二次鸦片战争,在美、俄调停之下,清政府签订了丧权辱国的中英、中法《天津条约》。然而列强并没有满足,步步紧逼,清政府则节节退让,在这种情势

---

① (清)濮文昶修,张行简纂(光绪)《汉阳县识》序,《中国地方志集成·湖北府县志辑(第5辑)》,江苏古籍出版社,2001年,第372页。
② (清)陈宝箴《陈宝箴集》(中),中华书局,2005年,第1000页。
③ (清)濮文昶《味雪龛词钞》,《清词珍本丛刊》第15册,凤凰出版社,2007年,第718页。
④ 郭则澐著,屈兴国点校《清词玉屑》卷五,浙江古籍出版社,2014年,第198页。

下,濮文昶悲愤地写道:

倾国倾城,是耶非耶,尽唤奈何。奈工愁工病,自家体弱。说盟说誓,彼美情多。订了新欢,换来密约,试问相思了得么。荒唐甚,不管人憔悴,苦苦调和。

道行不得也哥哥。便沧海、而今波又波。记飞轮百转,疑他仙驭;聘钱十万,偿过星娥。浪费黄金,铸成错铁,赁与鸳鸯自在窝。秋风起,叹御贫无计,补屋牵萝。①

濮文曦　　濮文升题记　清光绪七年(1881)

濮文升弟。光绪二年(1876)中举,光绪十三年(1887),五月"癸亥。谕内阁、唐炯奏、调员办理矿务等语。候选知县濮文曦、四川机器局委员巡检高启文、前四川越寯厅同知邓林、著吏部、及四川总督、江西巡抚、饬令该员等、迅赴云南。交唐炯差遣委用。"②光绪十七年(1891)任浙江绍兴府新昌县知县。

濮贤懋　　濮文升题记　清光绪七年(1881)

濮文升长子,字瓜农,同治癸酉科副榜贡生,光绪乙卯科举人,放江西候补。曾任江西新昌县县令。③又任德化县(今九江县)县令,史载:"光绪三十二年(1906)八月,据该县(德化县,今

---

① 郭则沄著,屈兴国点校《清词玉屑》卷五,浙江古籍出版社,2014年,第199页。
② 《清实录》第55册《德宗景皇帝实录(四)》卷二四三,中华书局,1987年,第268页。
③ 《溧水濮氏宗谱》,江苏省溧水县档案馆藏。

九江县)县令濮贤懋表称,今有本县黄寿国等人,在该县新霸一地开设(德化)火柴公司,拟制火柴出售。"①

濮贤忱　　濮文升题记　清光绪七年(1881)

濮文升三子,字丹吾,咸丰乙卯年(1855)生,行五。曾任四川知县。有子四人,女三人。②

濮贤恭　　濮文升题记　清光绪七年(1881)

濮文升四子,字寿铭,咸丰戊午年(1858)生,曾任江西省通判。有子三人,女一人。③

濮贤仪　　濮文升题记　清光绪七年(1881)

濮文升五子,即贤怡,字云谌,咸丰庚申年(1860)生。曾任四川省通判。有子二人,女一人。④

濮贤泌　　濮文升题记　清光绪七年(1881)
　　　　　　蒋蘅题记　清光绪八年(1882)

---

① (清)傅春官辑《江西农工商矿纪略》(德化县·工务),光绪三十四年石印本。
② 《溧水濮氏宗谱》,江苏省溧水县档案馆藏。
③ 《溧水濮氏宗谱》,江苏省溧水县档案馆藏。
④ 《溧水濮氏宗谱》,江苏省溧水县档案馆藏。

蒋蓟题记二　清光绪八年(1882)

濮文升六子,字芋禅,同治丙寅年(1866)生。曾任安徽省民政厅科长。①

濮贤愈　　　濮文升题记　清光绪七年(1881)

濮文升侄子。

潘俊高　　　刘镜沅题记二　民国二十六年(1937)

---

① 《溧水濮氏宗谱》,江苏省溧水县档案馆藏。

钱宗奇　　　杨嘉言题记　北宋元祐六年(1091)
　　　　　　姚珏等题记　北宋元祐八年(1093)

　字子美,元祐六年(1091)涪州判官,元祐八年(1093)涪州知州姚珏幕宾。

曲安祖　　　贾公哲等题记　南宋绍兴二年(1132)

钱之谅　　　潘居实等题记　南宋绍兴十年(1140)

　字益友。

瞿　常　　　徐嘉言题记　南宋庆元四年(1198)

　字明孺,汉嘉(今四川芦山)人,庆元四年(1198)涪州纠曹,即录事参军。

秦季櫄　　　李瑀题记　南宋宝庆二年(1226)

字宏文,普州安岳(今四川安岳)人。绍熙四年(1193)进士,庆元三年(1197),秦季槱接替宇文子震出知潼川府。① 后任巴州(今四川巴中)守。嘉定十二年(1219)三月,兴元(今陕西汉中)军士张福、莫简等发动兵变,入川后攻取利州(今四川广元)、阆州(今阆中)、果州(今南充)、遂宁(今遂宁)、普州(今安岳)等地。在哗变军队进占巴州时,秦季槱弃城逃走,携全家辗转抵达南宋都城临安(今杭州)。在临安,秦季槱曾任工部郎中和秘书少监等官职。宝庆元年(1225)六月,又以直显谟阁知潼川府,返回四川。②

秦九韶　　　李瑀题记　南宋宝庆二年(1226)

字道古(1208—1268),秦季槱子,普州安岳(今四川安岳)人。与李冶、杨辉、朱世杰并称宋元数学四大家。精研星象、音律、算术、诗词、弓剑、营造之学。

嘉定元年(1208)春生于普州。绍定二年(1229)十月,擢郪县县尉。绍定四年(1231)八月,秦九韶参与魏了翁平抑泸州蛮夷,葺其城楼橹雉堞。绍定五年(1232)八月乙丑进士,绍定六年(1233),秦九韶在魏了翁带领吴潜等督视潼川府路、成都府路时认识吴潜,魏了翁和吴潜同秦九韶去拜望病中的许奕。端平三年(1236)初,秦九韶擢湖北蕲州(今湖北蕲春县)通判。

---

① (宋)佚名《南宋馆阁续录》卷七,景印文渊阁四库全书,第595册,台湾商务印书馆,1986年,第499页。

② (元)佚名《宋史全文》卷三〇《宁宗》,景印文渊阁四库全书,第331册,台湾商务印书馆,1986年,第627,628—635页。

嘉熙元年（1237）年秋，秦九韶知和州（今安徽和县）。嘉熙二年（1238），秦九韶回临安丁父忧，秦九韶在杭州丁父忧期中，发现西溪两岸的群众过河很不方便，在西溪上设计修建一座桥，名"西溪桥"，数学家朱世杰为纪念秦九韶，将桥命名为"道古桥"。嘉熙三年（1239），秦九韶在杭州处理完父亲的后事之后，便和母亲、妻子回到湖州西门外父亲早年备置的宅第，继续丁父忧。秦九韶在湖州丁父忧期间，与知庆元府（浙江宁波）吴潜交尤稔，着手改建父亲备置的住宅。淳祐三年六月，吴潜回湖州丁母忧，秦九韶与被夺官的吴潜交往更是密切。淳祐四年（1244），秦九韶以通直郎出任建康（南京）府通判，十一月，秦九韶丁母忧，解官离任，回湖州为近八旬的母亲守灵，将潜心研究、用于实践中的数学成果，著书《数书九章》（《数学大略》）。此时，吴潜也在湖州丁母忧，两人交往甚犹。淳祐八年（1248），《数书九章》（《数学大略》）得荐于朝。淳祐九年（1249），目录学家陈振孙，在编书目时向秦九韶请教，淳祐十年（1250），秦九韶卸任建康通判，出任苏州州守。宝祐二年（1254），九韶出任江宁（江苏南京）府知府、沿江制置司参议官，管理江南十府粮道，宝祐四年去职。宝祐六年（1258），秦九韶由贾似道荐于李曾伯为琼州守，凡数月去之。

开庆元年（1259）十月，吴潜第二次入相，秦九韶有江东（江苏南京）议幕之除。又除司农丞前去平江（府治在今苏州市）措置米餫，俱以事罢。景定元年（1260），秦九韶知临江军。景定二年（1261）六月，秦九韶广东梅州知军州事。咸淳四年（1268）二月，秦九韶在梅州治政六年，得知朝廷为吴潜追复爵禄，了却心中惦念的沉冤，在梅州辞世，时年六十一岁。淳祐八年（1248）秦九韶完成的著作《数书九章》，其中的大衍求一术（一次同余方程组问题的解法，也就是现在所称的中国剩余定理）、三斜求积术和秦九韶算法(高次方程正根的数值求法)是有世界意义的重要贡献,表述的一种求解一元高次多项式方程的数值解的算法——正负开方术,即开高次方和解高次方程,领先英国霍纳(1819年)五百余年。①

钱释之　　　□镐星江等题记　南宋绍定年间(1228—1233)

潼川(今四川三台)人。

祁　献　　　李宽观石鱼记　明正德元年(1506)

正德元年(1506)四川新繁县知县。

钱好问　　　姚昌遇题记

彭城(今江苏徐州)人。

屈秋泰　　　白鹤梁铭(孙海题记)　清光绪七年(1881)

陕西大荔人。同治四年(1865)乙丑科二甲进士,为翰林院庶吉士。

---

① 以上关于秦九韶年谱及其主要成就,参阅徐品方、孔国平著《中世纪数学泰斗:秦九韶》,科学出版社,2007年。

同治七年(1868)四月,以知县即用。①

光绪元年(1875),任四川大竹知县,二年六月,郑桐署,二年,屈秋泰复任。② 光绪十三年(1887)二月,"……大竹县知县屈秋泰,年力就衰,均著开缺,以教职归部铨选"。③

---

① 《清实录》第50册《穆宗毅皇帝实录(六)》卷二三一,中华书局,1987年,第176页。

② 陈步武、江三乘纂,郑国翰,曾瀛藻修(民国)《大竹县志》,《中国方志丛书》,成文出版社有限公司,1976年,第545页。

③ 《清实录》第55册《穆宗毅皇帝实录(四)》卷二三九,中华书局,1987年,第221页。

冉　彬　　　李景旵等再题　　南宋绍兴十四年(1144)
　　　　　　张瑫等题记　　南宋绍兴十四年(1144)

固陵(今湖北秭归一带)人。

任师宏　　　杜肇等题记　　南宋绍兴十四年(1144)

任大受　　　晁公溯题记　　南宋绍兴十五年(1145)

字虚中。

冉崇高　　　卢学渊题记　　民国二十六年(1937)

1937年,卢作孚民生公司中极富川江航行经验的驾引人员。

水丘无逸　　刘忠顺等唱和诗　北宋皇祐元年(1049)

皇祐元年(1049)为尚书屯田员外郎、知梁山军。

水丘,复姓。五代有临安人水丘昭券。吴越国武肃王钱镠婆、母两代出自水丘氏家族。《全宋诗》收录此诗,但将作者误为丘无逸。

水丘无逸曾官知随州,黄庶《伐檀集》有《哭水丘随州无逸》诗。①

侍其瓘　　武陶游石鱼题名记　北宋嘉祐二年(1057)

字纯甫,苏州长洲(今江苏苏州)人。② 嘉祐二年(1057)为涪州忠州巡检、殿值。

---

① (宋)黄庶《伐檀集》卷上《哭水丘随州无逸》,景印文渊阁四库全书,第1092册,台湾商务印书馆,1986年,第767页。

② (清)陆心源撰,郑晓霞辑校《仪顾堂集辑校》卷四,广陵书社,2015年,第63页。

元丰元年(1078)权知邵州。《续资治通鉴长编》载:"六月癸卯朔,日有食之。权知邵州侍其瑾言,扶竹水山猺梁义等愿附招纳,籍为省民,隶邵阳县,输丁身钱米。诏荆湖南路安抚司问义,如不愿往湖北,即邵州安存之。"①

元祐五年(1090)为供备库使同管句河东沿边安抚司公事。②

清代陆心源《仪顾堂集》中有《复姚彦侍(姚觐元)方伯书》,对白鹤梁题刻中个别人物进行考订,论及侍其瑾,曰:"家世以武显。至玮,始第皇祐进士。先世有名桢者,仕南唐,归宋为监门卫大将军。祖宪,官右侍禁。宪子泳,泳子玮。玮晚年以吴中资产推赡同族,徙贯宣城。玮子鋐,子希声,故澹山题名称'宣城'。见葛胜仲《丹阳集》。瑾当即玮兄弟行也。"③

石谅　　吴缜题记　北宋元丰九年(1086)

字信道,眉州(今四川眉山)人。元丰九年(1086,元丰只有八年,此年实为元祐元年)权判官。元符三年(1100)为江安知县,嫁女为黄庭坚儿媳,《山谷别集》有《定石氏书》言说此事;写给苏辙的《与苏子由书》也云:"小子娶石谅之女。蒙齿记,感激! 感激!"④任渊《山谷年谱》说:"十二月发戎州,过江安,为石信道挽

---

① (宋)李焘《续资治通鉴长编》卷二九〇,中华书局,1995年,第7085页。

② (宋)张商英《续清凉传》,陈扬炯、冯巧英校注《古清凉传广清凉传续清凉传》,山西人民出版社,2013年,122页。

③ (清)陆心源撰,郑晓霞辑校《仪顾堂集辑校》卷四,广陵书社,2015年,第63页。

④ (宋)黄庭坚《山谷别集》卷五《定石氏书》,景印文渊阁四库全书,第1113册,台湾商务印书馆,1986年,第525页。

留,遂作岁于此。石谅……女嫁山谷之子相,是岁十二月成亲。"①黄庭坚本人也说:"江南黄庭坚自梜道蒙恩放还,元符三年十二月道出江安,江安宰石信道以亲亲见留作岁。"②

史　诠　　　杨嘉言题记　北宋元祐六年(1091)

字默师,元祐六年(1091)涪陵县令。

孙羲叟　　　杨元永题记　北宋崇宁元年(1102)
　　　　　　　孙羲叟等题记　北宋崇宁元年(1102)

　　字敦卿,江陵(今湖北江陵一带)人,崇宁元年(1102)涪陵郡从事。

　　政和五年(1115)朝廷"以赵遹为泸南招讨统制使,王育、马觉为同统制,雷迪、丁升卿军前承受,孙羲叟、王良弼应副钱粮。并听遹节制……十二月,癸亥,置泸南沿边安抚司,以孙羲叟为集贤殿修撰,知泸州,充安抚使"。③

　　《建炎以来朝野杂记》载:"政和末,赵遹为转运使,既平晏夷,乃言得其膏腴之地,乞仿陕西弓箭手法召募泸、戎州、长宁军土丁子弟,给田剌手以实边防,俾代官军守御,奏可。六年闰正月也。其三月又用安抚使孙羲叟奏,分田以授降羌,使与土丁杂处,遹始

---

① 任渊《山谷年谱》,吴洪泽、尹波主编《宋人年谱丛刊》,四川大学出版社,2003年。
② (宋)黄庭坚撰,任渊注《山谷内集诗注》卷一四,景印文渊阁四库全书,第1092册,台湾商务印书馆,1986年,第20页。
③ (清)毕沅《续资治通鉴》卷九二《徽宗》,上海古籍出版社,1986年,第485页。

度其地,人给百亩,可募兵三千七百有余。"①

政和七年(1117)节制绵茂军。重和元年(1118)知成都。②

宣和元年(1119)正月二十三日,诏:"龙图阁学士、知成都府孙羲叟远守西蜀,明见用红伞迎神,不行焚毁,落职,降五官,与宫观。"③

北宋江南西路帅臣,指江南西路安抚司的长官,或称安抚使,或称经略安抚使。"江南西路马步军都总管、知洪州镇南军节度管内观察使、洪州刺史事,领洪虔吉袁抚筠六州,兴国、建昌、南安、临江四军。"宣和三年(1121),徽猷阁直学士、大中大夫孙羲叟知。④

宣和三年(1121)六月至宣和五年(1123),知广州。⑤

司马机　　王蕃诗并序　北宋政和二年(1112)

字才孺,政和二年(1112)为涪陵督邮,即录事参军,实摄郡事。

孙伯达　　毌丘兼孺等题记　北宋宣和七年(1125)
　　　　　　陈似题记　南宋建炎三年(1129)
　　　　　　刘公亨等题记　南宋建炎三年(1129)

---

① (宋)李心传《建炎以来朝野杂记》乙集卷一七,巴蜀书社,1993年,第931页。
② 吴廷燮《北宋经抚年表·南宋制抚年表》,中华书局,1984年,第372页。
③ (清)徐松辑《宋会要辑稿》卷三八八八,职官六九之一,中华书局,1957年,第3930页。
④ 吴廷燮《北宋经抚年表·南宋制抚年表》,中华书局,1984年,第306页。
⑤ 吴廷燮《北宋经抚年表·南宋制抚年表》,中华书局,1984年,第385页。

文悦等题记　南宋建炎三年(1129)

名之才,字伯达,眉山(今四川眉山)人。政和中进士。①

孙若讷　　毌丘兼孺等题记　北宋宣和七年(1125)

孙伯达子或侄。

孙若拙　　毌丘兼孺等题记　北宋宣和七年(1125)

孙伯达子或侄。

史时杰　　刘公亨等题记　南宋建炎三年(1129)

宋　艾　　宋艾等题记　南宋绍兴六年(1136)

字去病,宋代名臣宋绶之孙,属"春明宋氏"。邓椿《画继》有"宣献公孙宋艾去病家藏赵昌《丛萱月季图》"②,"宣献公"即宋绶,谥宣献。

孙仁宅　　孙仁宅题记　南宋绍兴十年(1140)

---

① （清)常明修,杨芳灿、谭光祜纂(嘉庆)《四川通志》卷七《选举志》,巴蜀书社,1984年,第583页。

② （宋)邓椿《画继》卷八《铭心绝品》,景印文渊阁四库全书,第813册,台湾商务印书馆,1986年,第542页。

绍兴十至十二年(1140—1142),孙仁宅为涪州知州,为晁公武兄弟的姑丈。晁氏兄弟在巴蜀地区可考的最早行迹在涪陵,应该与他们当时在涪州做知州的"孙姑丈"密切相关。

晁公溯《嵩山集》记载:"某生十一年而孤,为孙姑丈所教育,已恨不及其存时报之。"①另有:"某生十一年而孤,为孙涪州教育,已恨不及其存,有以报之。"②文中所言"孙姑丈""孙涪州",就是喻汝砺在为晁冲之诗集作序时提到的"涪陵太守孙仁宅"③。在晁冲之罹难之后,尚未成人的晁公溯兄弟得到姑父孙仁宅的呵护和教育,在涪州安身,故而白鹤梁题刻中多次见到晁氏兄弟与孙仁宅及其子弟同观石鱼。

孙允寿　　　孙仁宅题记　南宋绍兴十年(1140)
　　　　　　晁公武题记　南宋绍兴十年(1140)

涪州知州孙仁宅之子,晁公武外弟。

盛　辛　　　何宪、盛辛唱和诗并序　南宋绍兴十八年(1148)

绍兴十八年(1148)权通判涪州军州事。

―――――――

① (宋)晁公溯《嵩山集》卷三四《上张待制札子》,景印文渊阁四库全书,第1139册,台湾商务印书馆,1986年,第186页。
② (宋)晁公溯《嵩山集》卷三七《上查运使札子》,景印文渊阁四库全书,第1139册,台湾商务印书馆,1986年,第202页。
③ (宋)喻汝砺《晁具茨先生诗集序》,《续修四库全书》第1317册,上海古籍出版社,2011年,第1页。

盛　芹　　　盛芹等题记　　南宋绍兴二十六年(1156)

字景献,绍兴二十六年(1156)涪州知州。

盛公德　　　盛芹等题记　　南宋绍兴二十六年(1156)

盛芹之子。

盛公孝　　　盛芹等题记　　南宋绍兴二十六年(1156)

盛芹之子。

盛兴宗　　　盛芹等题记　　南宋绍兴二十六年(1156)

盛芹子嗣。

宋子应　　　黄仲武等题记　　南宋绍兴二十七年(1157)

汴京人。"春明",说明宋子应是宋绶、宋敏求一族,属"春明宋氏"。王应麟《困学纪闻》卷二十云:"宋次道《春明退朝录》、晁子止《昭德读书志》,考之《东京记》,朱雀门外天街东第六春明坊,宋宣献公宅,本王延德宅。宣德门前天街东第四昭德坊,晁文元公宅,致政后辟小园,号养素园,多阅佛书,起密严堂。"[1]宋敏求

---

[1] (宋)王应麟撰,(清)阎若璩、何焯评注《困学纪闻》卷二〇《杂录》,景印文渊阁四库全书,第854册,台湾商务印书馆,1986年,第500页。

《春明退朝录》明确说道:"熙宁三年,予以谏议大夫奉朝请,每退食,观唐人泊本朝名辈撰著以补史遗者,因纂所闻见记之。先庐在春明里,题为《春明退朝录》云。"①

宋　亢　　　宋亢等题记　约南宋绍兴年间

宋中和　　　赵彦球题记　南宋乾道三年(1167)

眉山(今四川眉山)人。隆兴年间(1163—1164)进士,②"庆元初守荣州,廉勤节俭为西蜀循吏第一"。③

孙养正　　　贾振文题记　南宋乾道三年(1167)

申　驹　　　徐嘉言题记　南宋庆元四年(1198)

字致远,涪陵(今重庆涪陵)人,庆元四年(1198)涪州文学掾。

史　君　　　徐嘉言题记　南宋庆元四年(1198)

---

① (宋)宋敏求撰,尚成校点《春明退朝录》卷上,上海古籍出版社,2012年,第1页。

② (清)黄廷桂、张晋生等纂修(雍正)《四川通志》卷三三《选举》,景印文渊阁四库全书,第561册,台湾商务印书馆,1986年,第673页。

③ (清)黄廷桂、张晋生等纂修(雍正)《四川通志》卷七《名宦》上,景印文渊阁四库全书,第559册,台湾商务印书馆,1986年,第307页。

庆元四年(1198)涪陵县尉。

孙震之　　禄几复等游记　南宋嘉定元年(1208)

嘉定元年(1208)涪州司理参军。

孙　泽　　张霁题记　南宋淳祐三年(1243)

字润之,凤集(今陕西凤县)人,淳祐三年(1243)司理参军。

盛应明　　李宽观石鱼记　明正德元年(1506)

正德元年(1506)保宁府通判。

孙　海　　孙海题"白鹤梁"　清光绪七年(1881)
　　　　　　白鹤梁铭(孙海题记)　清光绪七年(1881)

孙海(1840—1901),字吟帆,一字举卿,号配山。晚清天水秦安人。咸丰十一年(1861)拔贡,历任阆中、成都、富顺、遂宁等县知县。其才学奇特,尤擅书法。著有《欲未能斋诗存》,[1]《续修秦安县志》(惜未能刊印流传)、《吟帆诗草》等。

孙海曾与陇上名士安维俊同为秦安名儒巨潭门下弟子。其父孙振声为清代秦州著名书法家。

---

[1] 徐世昌编,闻石点校《晚晴簃诗汇》卷一五七,中华书局,1990年,第6858页。

在任遂宁知县时,主修《遂宁县志》。① 光绪三年(1877)七月,"丁宝桢奏……遂宁县知县孙海,嗜好甚深,未能振作……着即行革职。"②

光绪七年(1881)任涪州盐运事务,孙海题"白鹤梁",并有"白鹤梁铭"。

至迟在光绪十三年(1887),孙海已辞官归乡。据秦安县发现的《皇清邑侯黄父台重修书院德政之碑》可见:"公名政勤,字子慎,广东东昌人,同治辛酉科拔贡,由保举孝廉方正,以知县用,分发甘肃委署县事。期年之间,百废俱举,因书院地基湫隘,并与形家言不合,遂买民居于修之……光绪十三年夏四月吉日,邑人前四川遂宁县知县孙海题并书。"该碑不仅为秦安书院的恢复提供了实物依据,也证明了光绪十三年四月,孙海已回老家秦安。③

沈福曾　　濮文升题记　清光绪七年(1881)

芜湖(今安徽芜湖)人。

沈锌庚　　濮文升题记　清光绪七年(1881)

乌程(今浙江湖州)人。

---

① (清)孙海修,李星根纂《遂宁县志》,国家图书馆藏光绪五年(1879)刻本。
② 《清实录》第52册《德宗景皇帝实录(一)》卷五三,中华书局,1987年,第227页。
③ 2012年6月25日,甘肃省天水市秦安县文庙管理所实施文庙围墙复建工程施工时,于文庙院内东北角出土《皇清邑侯黄父台重修书院德政之碑》,今存秦安县文庙。

施纪云　　　施纪云题记　民国四年（1915）

原名缙云（1852—1929），字鹤笙。涪陵人。由拔贡生中试光绪元年（1875）顺天乡试举人。[1]

光绪九年（1883）中进士，改庶吉士。[2] 光绪十二年（1886），任翰林院编修。[3] 光绪十三年（1887）十一月，充国史馆协修官。十四年八月，充顺天乡试同考官。十六年二月充国史馆纂修官，六月，充国史馆总纂官。[4] 光绪十八年（1892），施纪云为会试同考官之一。[5] 光绪二十年（1894）任湖北武昌府知府。[6] 后任湖北德安府知府，[7]湖北汉阳府知府、署施南府知府，后护湖北施鹤道。[8] 光绪三十三年（1907）春，任施南府知府，曾逮捕湖北反清人士刘汉卿入狱。

宣统元年（1909），为湖北候补道，[9]署湖北按察使，[10]十一月

---

[1] 秦国经主编《清代官员履历档案全编》第五卷，华东师范大学出版社，1997年，第723页。

[2] 《清实录》第54册《德宗景皇帝实录（三）》卷一六三，中华书局，1987年，第288页。

[3] 《清实录》第55册《德宗景皇帝实录（四）》卷二二七，中华书局，1987年，第68页。

[4] 秦国经主编《清代官员履历档案全编》第五卷，华东师范大学出版社，1997年，第723页。

[5] 蒋师辙《台游日记》卷1，《丛书集成续编》上海书店出版社，1994年，第12页。

[6] 台北故宫博物院图书文献馆藏《军机处档折件》，165640号。

[7] 台北故宫博物院图书文献馆藏《军机处档折件》，165640号。

[8] 台北故宫博物院图书文献馆藏《军机处档折件》，165640号。

[9] 台北故宫博物院图书文献馆藏《军机处档折件》，165640号。

[10] 台北故宫博物院图书文献馆藏《军机处档折件》，187043号。

甲子朔,袁世凯请废臣工封奏旧制。乙丑,命前署湖北提法使施纪云、前光禄寺少卿陈锺信四川团练。① 后任国使馆总纂兼总复审等职。宣统三年(1911)七月,四川保路运动起,清廷以"铁路大臣端方查办四川事务,端奏请调在籍前翰林院编修施纪云帮同查办,允之。(时施纪云之子施愚为弼德院参议),八月,端乘轮至(涪)州,延纪云同至重庆,力言民实非叛,始议决主抚。……九月中旬,纪云托病辞归"。②

在为官一方或晚年留住老家时,施纪云关注教育文化并积极参与推办新学。今涪陵区珍溪镇西桥村的珍溪镇中心校内,有一座具有传统民居风格的施家祠堂,殿堂梁上题有"癸丑(1913年)季秋之吉孝男施纪云率孙愚恭建"。

民国十六年(1927),刘湘修、施纪云等纂《涪陵县续修涪州志》。

石应绩　　　刘镜沅题记二　民国二十六年(1937)

舒彭松　　　舒彭松"恒收永年"题刻　时代不详

涪陵人。

---

① 赵尔巽等撰《清史稿》卷二五《宣统皇帝本纪》,中华书局,1977年,第979页。
② 王鉴清、施纪云等修纂(民国)《涪陵县续修涪州志》卷二五《杂编二》,民国十七年铅印本,第11页。

田子良　　杨元永题记　北宋崇宁元年(1102)

字汉杰,京兆(今陕西西安一带)人。崇宁元年(1102)涪州民掾。

田孝孙　　贾公哲等题记　南宋绍兴二年(1132)

政和五年(1115)二月"知举王黼上合格贡士傅崧卿等,三月己卯,御集英殿策试。遂赐何□、马守、傅中行、秦桧、宇文袁纯、郭封、吕大受、贺允中、史渠、田孝孙等以下六百七十人及第出身"。①

宣和二年(1120),为权太原府寿阳县事。《山右石刻丛编》载观文殿大学士张商英于元祐戊辰(元祐三年,1088)间奉使河东,于太原寿阳县方山,瞻仰唐代华严学者李通玄像,并题《长者龛记》,后来有"朝请大夫直秘阁权发遣河东路计度转运使公事赐紫

---

① （宋）彭百川《太平治迹统类》卷二七,《丛书集成续编》本275册,台湾新文丰出版公司,1978年,第794页。

金鱼袋陈知质篆额,迪功郎前房州司户曹事圆顿居士高淳并枰志居士范元焞施石,宣和庚子岁(宣和二年,1120)七月庚申日从政郎前麟州州学教授权太原府寿阳县事田孝孙立石"。①

绍兴二十三年(1153),田孝孙为"左朝请郎、权发遣随州军州主管学事兼管内劝农营田事、借紫金鱼袋。"②

绍兴二十六年(1156),田孝孙仍在随州,"左朝奉大夫、权发遣随州军州主管学事兼管内劝农营田事、借紫金鱼袋"。③ 冬十月癸酉,"左朝奉大夫、知随州田孝孙直秘阁,以京西诸司言其公廉俭素、流移安业也"。④

田景愆　　　贾思诚题记　南宋绍兴七年(1137)

字希贤。

谭　询　　　张绾三题　南宋绍兴二十五年(1155)

字永叔。

谭　向　　　张松兑等题记　南宋绍兴二十六年(1156)

---

① (清)胡聘之《山右石刻丛编》卷一七《长者龛记》,山西人民出版社,1988年,第545页。

② (清)张仲炘《湖北金石志》十一《大洪山预禅师塔铭》,江苏古籍出版社,1998年,第827页。

③ (清)张仲炘《湖北金石志》十一《净严大师塔铭》,江苏古籍出版社,1998年,第832页。

④ (宋)李心传《建炎以来系年要录》卷一七五,中华书局,1956年,第2882页。

秭归(今湖北秭归)人。

谭深之　　　卢棠题记　南宋乾道七年(1171)

忠南(今重庆石柱)人。乾道七年(1171)涪州学官。

谭祐甫　　　何耀萱"白鹤梁记"　民国二十六年(1937)

王公□　　朱昂题诗记　北宋端拱元年(988)

琅琊(今山东临沂一带)人。

武　陶　　武陶游石鱼题名记　北宋嘉祐二年(1057)

字熙古。欧阳修《文忠集》载：庆历四年(1044)，武陶任宁化军通判、大理寺丞，为人勤干。[①] 嘉祐二年(1057)知涪陵郡事、尚书虞曹外郎。

王　震　　冯君锡题记　北宋治平三年(1066)

字伯起，治平三年(1066)涪州监征，即监镇，掌火禁、巡逻盗贼等事务。

[①] （宋）欧阳修撰，周必大编《文忠集》卷一一六《河东奉使奏草》卷下，景印文渊阁四库全书，第1103册，台湾商务印书馆，1986年，第191页。

王安民　　　徐庄等题记　北宋熙宁元年（1068）

熙宁元年（1068）涪州巡检、供奉。

吴　缜　　　吴缜题记　北宋元丰九年（1086，元祐元年）

吴缜，字廷珍，成都（今四川成都）人。其父吴师孟，字醇翁，庆历年间进士，以善书知名，刚直敢言，元丰中反对新法，是苏轼所称"矫矫六君子"之一①。《直斋书录解题》也记载："《唐书纠缪》，二十卷，朝请大夫、知蜀州、成都吴缜廷珍撰，其父师孟，显于熙、丰。"②

吴缜"治平中进士，年分无考。以世科官至左朝议大夫，知邓、蜀、洋、万四州"③，元丰九年（1086），权通判黔州、朝奉郎，元丰九年即哲宗元祐元年，此年，吴缜权通判黔州在前，出知万州在后，《舆地纪胜》载："元祐元年，朝散郎，为守。"④

吴缜虽"历数郡守，俱以惠政闻"。通文史，善校雠，著有《五代史纂误》《新唐书纠谬》等。

《四库全书》收录吴缜所撰《五代史纂误》，纪昀等所作提要，可见对该书的评价，载：

---

① （清）陆心源辑撰《宋史翼》卷一《吴师孟传》，中华书局，1991年，第6页。
② （宋）陈振孙著，徐小蛮、顾美华点校《直斋书录解题》卷四，上海古籍出版社，1987年，第107页。
③ （明）杨慎编，刘琳、王晓波点校《全蜀艺文志》卷五三《氏族谱·吴氏》，线装书局，2003年，第1623页。
④ （宋）王象之《舆地纪胜》卷一七七《夔州路·万州》，江苏广陵古籍刻印社，1991年，第1215页。

（臣）等谨案:《五代史纂误》宋吴缜撰。缜尝作《新唐书纠缪》以正宋祁、欧阳修等踳驳抵牾之失,已著于录,此则专取修所撰《五代史》,摘其舛颣辑为一书。晁公武《读书志》、陈振孙《书录解题》俱作五卷,尤袤《遂初堂书目》不著卷数,《宋史艺文志》则作三卷。南渡后,曾与《新唐书纠缪》合刻于吴兴,附唐五代二史之末。今《纠缪》尚有明代椠本流传,而《纂误》独久佚不见,惟《永乐大典》各帙中颇载其文,采缀裒集,犹能得其次序。据晁公武《志》称,所列二百余事,今检验仅一百十四事,约存原书十之五六,然梗概已略具矣。

欧阳修《五代史》,文章法度足亚《史》《汉》,而考证则往往疏舛,如司马光《通鉴考异》所辨晋王三矢付庄宗等事,皆为讹漏之甚者,至徐无党注,不知参核事迹,寥寥数语,尤属简陋无当,缜为抉其缺误一一胪考而折衷之。虽其间如《周太祖纪》"甲辰"之当作"甲申",今欧史不误,乃缜所见刊本偶讹而亦执以攻修之短,颇不免于吹毛求疵。然其校勘,实为精审,凡修轻改,旧文首尾失检之处无不疏通剖析,切中症结。故宋代颇推重之。章如愚《山堂考索》亦具列纪传不同各条以明此书之不可以不作。至如所称,《唐明宗纪》"赵凤罢"条,徐无党注中忘其日三字,检今本无之。又《晋出帝纪》"射鴈于繁台"句,今本亦无"鴈"字,足见后来行世之本其文视昔已复多所脱遗,此类尤足以存古本之旧。五代向惟欧史孤行,学者每病其太简,今薛居正旧史,既已荟稡成编,而是书亦得掇拾丛残复显于世,于以参稽互订,固读史者所宜取资也。谨依《宋史》目次厘为三卷,其间有与薛史同异者,并略加附识于下,备考证焉。①

《新唐书纠谬》,又名《唐书辨证》,二十卷,"数新(唐)书初修之时,其失有八类,其舛误二十门,凡四百余事。缜不能属文,多误有诋诃。"②

《四库全书》亦收录吴缜所撰《新唐书纠谬》,纪昀等所作提要,可见对该书的评价,载:

> (臣)等谨案:《新唐书纠谬》,二十卷,宋吴缜撰。缜字廷珍,成都人,尝以朝散郎知蜀州,后历典数郡,皆有惠政。其著此书,专以驳正新唐书之讹误,凡二十门四百余事,初名纠谬,后改为辩证。而绍兴间长乐吴元美刊行于湖州,仍题曰纠谬,故至今尚沿其旧名。王明清《挥麈录》称欧阳修重修唐书时,缜尝因范镇请预官属之末,修以其年少轻佻拒之。缜鞅鞅而去。及新书成,乃指摘瑕疵为此书。晁公武尝引张九龄为相事,谓其误有诋诃。今观其书,实不免有意掊击。如第二十门字书非是一条,至历指偏旁点画之讹以讥切修等,大都近于吹毛索瘢。然欧宋之作新书,意主文章,而疏于考证,牴牾踳驳,本自不少。缜自序中所举八失,原亦深中其病,不可谓无裨史学也。③

---

① (宋)吴缜《五代史纂误》,景印文渊阁四库全书,第279册,台湾商务印书馆,1986年,第540页。

② (宋)晁公武著,孙猛校证《郡斋读书志校证》卷七,上海古籍出版社,1990年,第306页。

③ (宋)吴缜《新唐书纠谬》,景印文渊阁四库全书,第276册,台湾商务印书馆,1986年,第618页。

王克岐　　　徐庄等题记　北宋熙宁元年(1068)

熙宁元年(1068)涪州监税、殿直。

王珪直　　　王珪直等题记　北宋元祐五年(1090)

王　恩　　　姚珏等题记　北宋元祐八年(1093)

元祐八年(1093)涪陵巡检。

王正卿　　　杨元永题记　北宋崇宁元年(1102)
　　　　　　庞恭孙题记　北宋大观元年(1107)

字良弼,太原(今山西太原)人。大观元年(1107)左班殿直、兵马监押。

王　蕃　　　王蕃诗并序　北宋政和二年(1112)

题记称"沂国王蕃"。沂国非郡望。宋仁宗时,宰相王曾封沂国公,死后无子,以其弟子出继为嗣。王蕃或为其后人,遂冠以沂国之名。

黄庭坚云:"王蕃,字观复,沂公之裔,官阆中时,多以书从山谷问学,至是,自京师来会山谷于荆州。"①

----

①　(宋)黄庭坚撰,任渊注《山谷内集诗注》卷一四,景印文渊阁四库全书,第1092册,台湾商务印书馆,1986年,第22页。

王　拱　　吴革题记　北宋宣和四年(1122)
　　　　　　　陈似题记　南宋建炎三年(1129)

字应辰。宣和四年(1122)宣教郎、权司涪陵士曹事。建炎三年(1129)摄涪陵郡事。

吴　革　　吴革题记　北宋宣和四年(1122)

宣和四年(1122)朝奉郎、权知军州事。

绍兴元年(1131)秋,七月,庚子,朝议大夫、新知澧州吴革为潼川府路转运副使。① 绍兴二年(1132),任江西转运副使。②

绍兴三年(1133)三月,"甲子……于是江西转运副使吴革、韩琼并罢,而澡勒停。……九月甲戌,右朝奉郎、新通判宣州楚执柔并放,罢取勘内公甋达停官,又李回、韩璆、吴革、李澡别见。"③十二月,为淮西宣抚使刘光世参谋官、右中奉大夫。④

绍兴四年(1134),任两浙转运副使。⑤

绍兴五年(1135),两浙转运副使吴革言:"在法,田宅契书,县以厚纸印造,遇人户有典卖,纳纸墨本钱头契书填。缘印板系是县典自掌,往往多数空印,私自出卖,将纳到税钱上下通同盗用,

---

① (宋)李心传《建炎以来系年要录》卷四六,中华书局,1956年,第822页。
② (宋)李纲《梁溪集》卷七六《乞专责江西漕臣吴革应副钱粮奏状》,景印文渊阁四库全书,第1126册,台湾商务印书馆,1983年,第95页。
③ (宋)李心传《建炎以来系年要录》卷六三,中华书局,1956年,第1079页。
④ (宋)李心传《建炎以来系年要录》卷七一,中华书局,1956年,第1201页。
⑤ (宋)确庵、耐庵编,崔文印笺证《靖康稗史笺证》卷八一,中华书局,1956年,第233页。

是致每有论诉……",从之。①

绍兴六年(1136)五月,"右司谏王缙请令浙西漕司……所谓前任漕臣乃王俣李谟吴革而缙亦其一也。己丑……直徽猷阁知衢州吴革各进一官,以三省言丕问等,究心郡政吏,戢民安故也。"②《衢州府志》"宋刺史"亦记载:"吴革,右中奉大夫,直徽猷阁"③绍兴八年(1138),两浙转运副使。④ 绍兴九年(1139)二月丁巳,直显谟阁、两浙转运副使吴革升直龙图阁,充京畿都转运使兼开封少尹。⑤ 绍兴九年(1139)二月甲子,宝文阁直学士、知西外宗正事赵子㳓为京畿都转运使,代吴革也。⑥

文 悦　　文悦等题记　南宋建炎三年(1129)

字理之,成都(今四川成都)人。

王 俶　　赵子遹等观石鱼题名　南宋绍兴二年(1132)

字德初。

---

① (清)徐松辑《宋会要辑稿》卷四六八八《食货》三五之三三,中华书局,1957年,第5429页。

② (宋)李心传《建炎以来系年要录》卷一〇一,中华书局,1956年,第1659页。

③ (明)林应翔等修,叶秉敬等纂(天启)《衢州府志》卷二《职官》,成文出版社有限公司,1983年,第280页。

④ (宋)潜说友《咸淳临安志》卷五〇,景印文渊阁四库全书,第490册,台湾商务印书馆,1986年,第526页。

⑤ (宋)李心传《建炎以来系年要录》卷一二六,中华书局,1956年,第2050页。

⑥ (宋)李心传《建炎以来系年要录》卷一二六,中华书局,1956年,第2053页。

王　骏　　　　赵子遹等观石鱼题名　南宋绍兴二年(1132)

字德先。

王德叔　　　　何梦与题记　南宋绍兴二年(1132)

泉山(今福建泉州)人。

王择仁　　　　蔡惇题记　南宋绍兴二年(1132)

字智甫,平阳(今山西临汾)人。建炎二年(1128),为经制司僚属抗金复永兴军。建炎三年(1129)曾知涪州。《仙溪志》载:"建炎三年降德音,四方人才流寓四川者,众监司择其才能者以闻。涪守王择仁荐公(林宋卿)学识纯正,气节刚方,可备中兴,任使密院,遂移檄于涪趣之赴阙,湖北帅奏兵兴机密,帅幕参谋以儒知兵以节全城无出于林宋卿者,得旨差充湖南帅司参议。"①《闽中理学渊源考》亦记载此事,"建炎三年,以涪守王择仁及河北帅臣荐,(林宋卿)充湖南帅司参议"②。

建炎四年(1130)初,以御营司参议官权河东制置使,平陈万

---

① (宋)黄岩孙编,(元)黄真仲重订《仙溪志》卷四,《宋元方志丛刊》,中华书局,1990年,第8327页。
② (清)李清馥、徐公喜编《闽中理学渊源考》卷一,景印文渊阁四库全书,第460册,台湾商务印书馆,1986年,第21页。

信余党雷进乱。三月,由宣议郎知襄阳。①

绍兴二年(1132)王择仁再为涪州知州。题刻云"绍兴壬子开岁十有四日,涪陵郡守平阳王择仁智甫……",此年王泽仁知涪州的时间,《建炎以来系年要录》记载为闰四月,"宣抚处置使张浚奏,以通直郎王择仁知涪州,择仁初除河东制置使,会都统制韦忠佺不能守,以山寨降敌,统制官宋用臣、冯赛以余众赴宣抚司,择仁因改命。"②

绍兴五年(1135)二月丁亥,"左朝散郎王择仁知广德军,择仁自蜀还行在,上召对而命之"。③ 可见,绍兴五年初,王择仁改任广德军知军,离开涪州。

王冠朝　　宋艾等题记　南宋绍兴六年(1136)

河汾(今山西运城一带)人。民国《涪州志》有绍兴五年(1135)曹彦时记、王冠朝书《伊川先生祠堂记》。④

王　赓　　贾思诚题记　南宋绍兴七年(1137)

字子钦。

---

① 吴廷燮撰,张忱石点校《北宋经抚年表·南宋制抚年表》,中华书局,1984年,第503页。
② (宋)李心传《建炎以来系年要录》卷五三,中华书局,1956年,第940页。
③ (宋)李心传《建炎以来系年要录》卷八五,中华书局,1956年,第1802页。
④ 王鉴清、施纪云等修纂(民国)《涪陵县续修涪州志》卷二〇《艺文志·伊川先生祠堂记》,民国十七年铅印本,第1页。

王　良　　　潘居实等题记　南宋绍兴十年(1140)

　　字子善。

王　掖　　　晁公武题记　南宋绍兴十年(1140)

　　晁公武外甥。

王绍沮　　　张彦中等题记　南宋绍兴十年(1140)

　　高都(今山西晋城一带)人。

王注康　　　杨谔等题记　南宋绍兴十五年(1145)

王之古　　　何宪、盛辛唱和诗并序　南宋绍兴十八年(1148)

　　绍兴十八年(1148)涪陵县令。

王仲淹　　　杜与可等题记　南宋绍兴十八年(1148)

王定国　　　张松兑等题记　南宋绍兴二十六年(1156)

王宏甫　　　王桂老题记　南宋乾道三年(1167)
　　　　　　赵彦球题记　南宋乾道三年(1167)

字如慈,合阳(今重庆合川)人。

王桂老   王桂老题记   南宋乾道三年(1167)

合阳(今重庆合川)人,王宏甫孙男。

王　浩   赵彦球题记   南宋乾道三年(1167)
               张□□题记   南宋乾道三年(1167)

冯翊(今陕西韩城一带)人,进士,御前□□□□。

王邦基   徐嘉言题记   南宋庆元四年(1198)

字违坚,颖昌(今河南许昌一带)人,庆元四年(1198)涪州从事。

王　倬   赵时𢓋题记   南宋嘉泰二年(1202)

南宋宗室赵时𢓋妹夫。

王世昌   禄几复等游记   南宋嘉定元年(1208)

嘉定元年(1208)涪州兵官。

王　櫄   张霁题记   南宋淳祐三年(1243)

字均卿,古通州(今北京、天津一带)人,淳祐三年(1243)涪州教授。

王季和　　　张霁题记　　南宋淳祐三年(1243)
　　　　　　王季和等题记　南宋淳祐三年(1243)

字和父,开汉(今四川南充)人,淳祐三年(1243)忠州南宾县簿、尉。王季和因事同时兼南宾县主簿和县尉。

王建极　　　张霁题记　　南宋淳祐三年(1243)
　　　　　　王季和等题记　南宋淳祐三年(1243)
　　　　　　赵广禧等题记　南宋淳祐三年(1243)

字中可,奉节(今重庆奉节)人,淳祐三年(1243)涪州知州郡斋。郡斋指知州(郡守)的官署,代指知州的属员。

王　垓　　　何震午等题记　南宋宝祐六年(1258)

字子经,文安(今河北文安)人。

文玉章　　　周品级等题记

王汉老　　　王汉老题记

号无净居士。

王　正　　　王正题记　元天历二年(1329)

王　青　　　刘冲宵诗并序　明洪武十七年(1384)

洪武十七年(1384)驿丞。

万　琳　　　雷懿题记　明永乐三年(1405)

永乐三年(1405)为涪州生员。十二年(1414)为恩科举人。①

王　□　　　张本仁等题记　明成化七年(1471)

成化七年(1471)涪州太守属吏。

吴　琏　　　李宽观石鱼记　明正德元年(1506)

平定州(今山西阳泉)人,明宪宗成化二十二年(1486)举人②。正德元年(1506)德阳县知县。③ 正德十一年(1516),任平

---

① (清)吕绍衣、王应元等修纂(同治)《重修涪州志》,《中国地方志集成·四川府县志辑(第46辑)》,巴蜀书社,1992年,第518页。
② (清)张彬等修纂(光绪)《平定州志》卷七《选举》,《中国地方志集成·山西府县志辑(第21辑)》,凤凰出版社,2005年,第214页。
③ 民国《德阳县志》载其嘉靖初任知县,今可根据题刻修订县志之误。见熊卿云、洪烈森等修纂(民国)《德阳志》卷三《职官》,《中国地方志集成·四川府县志辑(第22辑)》,巴蜀书社,1992年,第44页。

凉府同知。①

文　行　　　联句和黄寿诗记　　明正德五年(1510)

涪州(今重庆涪陵)人。曾任湖南辰州府通判。②

文羽夏　　　联句和黄寿诗记　　明正德五年(1510)

吴崇夔　　　联句和黄寿诗记　　明正德五年(1510)

吴　珂　　　张天如等镌石鱼志　　清康熙二十三年(1684)

张天如门人。

吴　玫　　　张天如等镌石鱼志　　清康熙二十三年(1684)

张天如门人。

王运亨　　　萧星拱重镌双鱼记　　清康熙二十四年(1685)

字符公,四明(今浙江宁波)人,康熙二十四年(1685)涪州

---

① (明)赵时春等修纂(嘉靖)《平凉府志》卷一《职官》,《中国地方志集成·甘肃府县志辑(第13辑)》,凤凰出版社,2008年,第36页。
② 王鉴清、施纪云等修纂(民国)《涪陵县续修涪州志》卷一二《人物二笃行》,民国十七年铅印本,第5页。

州佐。

吴天衡　　　　萧星拱重镌双鱼记　清康熙二十四年(1685)

　　字高伦,盱江(今江西南城)人。

文　珂　　　　萧星拱重镌双鱼记　清康熙二十四年(1685)

　　字奚仲,涪陵(今重庆涪陵)人。

王正策　　　　王正策题诗　约清乾隆四十年(1779)

　　大足(今重庆大足)人,乾隆四十年(1779)为涪州学政。

王士禛　　　　陈廷璠书王士禛诗　清乾隆四十五年至道光五年(1780—1829)

　　原名王士禛(1634—1711),又作士贞,字子真,一字贻上、豫孙,号阮亭,又号渔洋山人,人称王渔洋,谥文简。新城(今山东桓台)人,常自称济南人,清初杰出诗人、文学家。博学好古,能鉴别书、画、鼎彝之属,精金石篆刻,诗为一代宗匠,与朱彝尊并称。
　　顺治十五年(1658)戊戌科进士,康熙四年(1665),任户部郎中。康熙十一年(1672)典试四川乡试、户部郎中。

民国《涪州志》有其《道经涪陵游北岩注易洞》诗:①

> 鸡鸣截江去,磊落见残星。古洞生苍藓,层岩列翠屏。
> 五溪秋水岸,万里碧云亭。蜀洛清流尽,千秋忌独醒。

有《江心石鱼》诗:

> 涪陵水落见双鱼,北望乡园万里余。
> 三十六鳞空自好,乘潮不寄一封书。

此诗作后来由涪陵名士陈廷鐇镌刻在白鹤梁上。

吴　瑜　　　濮文升题记　　清光绪七年(1881)

归安(今浙江湖州)人。

吴鸿基　　　范锡朋观石鱼记　　清宣统元年(1909)

宣统元年(1909)涪州同知。

王叔度　　　杨鸿□题记　　民国十二年(1924)

直隶省保定道安平(今河北衡水)人。

文德铭　　　文德铭题诗记　　民国二十六年(1937)

---

① 以下两首诗作见(民国)《涪陵县重修涪州志》卷二一《艺文志四》。王鉴清、施纪云等修纂(民国)《涪陵县续修涪州志》,民国十七年铅印本,第6页。

涪陵人。20世纪涪陵文化名人。文德铭创作有短篇小说集6部,中篇小说2部,其中篇小说《满城风雨》①于1944年获全国抗战文艺奖助金管理委员会小说三等奖。他还有正式出版创作的剧本四幕话剧和四幕歌剧各1个。重庆图书馆还藏有文德铭著《家与国》②。

曾任涪陵市政协委员、涪陵市太平天国历史研究会会员,晚情诗社顾问。

文德修　　　文德铭题诗记　民国二十六年(1937)

涪陵人,文德铭弟。

文德禄　　　文德铭题诗记　民国二十六年(1937)

涪陵人,文德铭弟。

文德禧　　　文德铭题诗记　民国二十六年(1937)

涪陵人,文德铭弟。

王和欣　　　何耀萱"白鹤梁记"　民国二十六年(1937)

文明盛　　　刘镕经"游白鹤梁"　民国二十六年(1937)

---

① 重庆指南编辑社,1944年出版,重庆市图书馆藏本。
② 重庆指南编辑社,1941年出版,重庆市图书馆藏本。

王伯勋　　　刘镕经"游白鹤梁"　民国二十六年(1937)

魏哲明　　　卢学渊题记　民国二十六年(1937)

吴仲一　　　张拱题诗　时代不详

　官石匠。

谢昌瑜　　　谢昌瑜题记　　北宋开宝四年(971)

　　开宝四年(971)涪州左都押衙。

谢□□　　　谢昌瑜题记　　北宋开宝四年(971)

　　知黔州事银青光禄大夫、检校工部尚书、上柱国。

徐　爽　　　刘仲立题记　　北宋嘉祐二年(1057)

　　字□之。嘉祐二年(1057)涪州州学教授,总领州学、掌训导、功课、考试之事。

徐　庄　　　徐庄等题记　　北宋熙宁元年(1068)

　　熙宁元年(1068)涪州军事判官。

向　修　　　庞恭孙题记　　北宋大观二年(1108)

大观二年(1108)涪陵县主簿、将仕郎。

向文登　　　文悦等题记　南宋建炎三年(1129)

邢　纯　　　宋艾等题记　南宋绍兴六年(1136)

　　字叔端。① 越州上虞(今浙江上虞)人,宋代著名学者尹焞女婿。根据尹焞的相关活动记载,可以看到邢纯的部分仕宦情况,主要在绍兴二年至十年。

　　绍兴二年(1132),邢纯在遂宁府(武信军)任职。"焞自商州奔蜀,至阆,得程颐《易传十卦》于其门人吕稽中,又得全本于其婿邢纯,拜而受之。"②《和靖集》对此记载更加详细:"焞至阆中,求《易传》,得上十卦于吕稽中,实余门生也。后至武信,婿邢纯多方求获全本,以所收纸借笔吏成其书,为生日之礼,殆与世俗相祝者异矣,敬而受之。乃言曰:誓毕此生,当竭吾才,不负吾夫子传道之意。壬子七月二十五日,门人尹焞书。"③

　　绍兴四年(1134),邢纯为涪陵监酒税。"四年甲寅,七月二十三日,邢纯监涪陵酒税,复迎侍先生以往,先生寓馆于涪州千福院。十二月望日,门人冯忠恕来,有题冯圣先墓铭跋语。"④

---

① (清)黄宗羲原著、全祖望补修,陈金生、梁运莘点校《宋元学案》卷二七《和靖学案》,中华书局,1986年,第1017页。
② (元)脱脱等《宋史》卷四二八《道学》,中华书局,1985年,第12735页。
③ (宋)尹焞《和靖集》卷三《书易传后序》,景印文渊阁四库全书,第1136册,台湾商务印书馆,1983年,第22页。
④ (宋)尹焞《和靖集》卷三《跋冯圣先墓志》,景印文渊阁四库全书,第1136册,台湾商务印书馆,1983年,第56页。

绍兴六年(1136),邢纯在涪陵任上。九月,尹焞应诏离开涪陵。①

绍兴十年(1140),邢纯为浙东抚属,官于会稽。"十年庚申,先生年七十,……乞致仕,(正月)二十二日,得旨迁一官,依所乞致仕。时先生子塪程皡为桐庐令。九月十五日,先生自平江往桐庐,馆于县斋。二十五日,有题桐庐县斋诗。十月初十日,有题杂后语。十二月,子塪邢纯为浙东抚属,遂迎侍先生往会稽,时门人吕稽中、坚中,虞仲琳,祁宽从行。"②

幸　永　　　　杨谔等题记　　南宋绍兴十五年(1145)

许万钟　　　　张绾再题　　　南宋绍兴二十五年(1155)

涪陵(今重庆涪陵)人。

向之问　　　　向之问题记　　南宋乾道三年(1167)

向之望　　　　向之问题记　　南宋乾道三年(1167)

向之问弟。

---

① (宋)尹焞《和靖集》卷三《跋冯圣先墓志》,景印文渊阁四库全书,第1136册,台湾商务印书馆,1983年,第57页。

② (宋)尹焞《和靖集》卷三《跋冯圣先墓志》,景印文渊阁四库全书,第1136册,台湾商务印书馆,1986年,第60页。

向之才	向之问题记	南宋乾道三年(1167)

向之问弟。

向之□	向之问题记	南宋乾道三年(1167)

向之问弟。

向显□	向之问题记	南宋乾道三年(1167)
向　益	向之问题记	南宋乾道三年(1167)
向仲卿	贾振文题记	南宋乾道三年(1167)
	向仲卿题记	南宋淳熙五年(1178)

贾振文外甥。

向士价	冯和叔题记	南宋淳熙五年(1178)

字邦辅,河内(今河南修武一带)人,前忠州知州。

胥　挺	冯和叔题记	南宋淳熙五年(1178)
	朱永裔题记	南宋淳熙六年(1179)

字绍祖,武信(今四川遂宁)人,淳熙五年至六年(1178—

1179)涪州涪陵县令、秋官。武信军(遂宁府)遂宁县人,进士。①

夏　敏　　　夏敏等题记　南宋淳熙十一年(1184)

字彦博,眉山(今四川眉山)人,淳熙十一年(1184)涪州知州。

徐嘉言　　　徐嘉言题记　南宋庆元四年(1198)

字公美,南郡(今湖北江陵一带)人,庆元四年(1198)涪州文学掾。

谢兴甫　　　谢兴甫等题记　南宋绍定三年(1230)

字起□,长沙(今湖南长沙)人。《鹤山集》载:"博士谢侯兴甫来为守,慨然曰:'事有大于此乎。'度郡之东为坛三,成者二,坛各有墠为斋庐,三楹于北墉下。"②"长沙谢兴甫,繇太学博士外补,继守是郡。"③度正《性善堂稿》记载陈罻由时也有:"(陈罻由)升从政郎再调涪州教授。知州事谢侯,艮好善不倦,每闻其讲说,深用叹赏,举之曰:'学有源流,行无瑕玷,人谓此语,惟罻由可以当

---

① (清)黄廷桂、张晋生等纂修(雍正)《四川通志》卷三三《选举》,景印文渊阁四库全书,第561册,台湾商务印书馆,1986年,第624页。

② (宋)魏了翁《鹤山集》卷四八《涪州社稷坛记》,景印文渊阁四库全书,第1172册,台湾商务印书馆,1986年,第541页。

③ (宋)魏了翁《鹤山集》卷四八《涪州太守题名石记》,景印文渊阁四库全书,第1172册,台湾商务印书馆,1986年,第542页。

之无愧。'"①

绍定三年(1230),题刻记载,谢兴甫再知涪州军州事。

谢　篯　　　谢兴甫等题记　南宋绍定三年(1230)

长沙(今湖南长沙)人,谢兴甫之子。

向大源　　　何震午等题记　南宋宝祐六年(1258)

字清夫,汴阳(今河南开封)人。

徐朝卿　　　徐朝卿等题记

铜鞮(今河北武乡一带)人。

宣侯爰　　　王正题记　元天历二年(1329)

天历二年(1329)监郡。

荀仕能　　　雷懿题记　明永乐三年(1405)

永乐三年(1405)从仕郎。

————————

① (宋)度正《性善堂稿》卷一三《涪州教授陈孚由墓志铭》,景印文渊阁四库全书,第1170册,台湾商务印书馆,1986年,第258页。

肖　鼎　　　　戴良臣题诗　　明天顺三年(1459)

涪陵刻工。

徐　崧　　　　李宽观石鱼记　　明正德元年(1506)

正德元年(1506)江安县知县。

夏可洲　　　　七叟胜游题记　　明天启七年(1627)

涪陵人,号海鹤。明代涪州著名的文人,出身于涪州望族夏氏,"博通词赋,读书大渠间,架草亭于江岸,日吟咏著述。渝州倪司农禹同颜其居,曰野史堂,因赠一联云:有才司马因成史,未老虞卿已著书。始犹名,露副榜,继则身达市,城人号野史名儒"。①

萧星拱　　　　萧星拱观石鱼记　　清康熙二十三年(1684)
　　　　　　　萧星拱重镌双鱼记　　清康熙二十四年(1685)

字薇翰,盱江(即江西南城)人。《凤翔府志》载:"(凤翔县,国朝知县),萧星拱,江西建昌府南城县人,供事,康熙十四年任,修公署,办军储,兵民无亏,升任去。"②由府志可知,萧星拱于康熙

---

①　(清)董维祺主修、冯懋桂等纂《重庆府涪州志》卷三《隐逸》,《日本藏中国罕见地方志丛刊》第32册影印本,书目文献出版社,1992年,第438页。

②　(清)达灵阿修,周方炯、高登科纂(乾隆)《重修凤翔府志》卷五《职官》,《中国地方志集成·陕西府县志辑(第31辑)》,凤凰出版社,2007年,第141页。

十四年至十八年(1675—1679)为陕西凤翔府凤翔县知县。

康熙二十一年(1682)任忠州知州。① 康熙二十三至二十四年(1684—1685)为涪州知州。康熙三十年(1691)任重庆府知府。②

康熙四十一年(1702),"本朝萧星拱,南城人,康熙四十一年知东川府,勤于政事,整顿地方,以东川土地空旷难守,乃于东门截筑土城,约退三十余丈。捍卫赖之"。③

徐上升　　　预兆年丰题诗　清康熙三十四年(1695)

庠士。

徐上胤　　　预兆年丰题诗　清康熙三十四年(1695)

徐上升兄。

徐上朝　　　预兆年丰题诗　清康熙三十四年(1695)

徐上升兄。

---

① (清)黄廷桂、张晋生等纂修(雍正)《四川通志》卷三一《职官》,景印文渊阁四库全书,第560册,台湾商务印书馆,1986年,第670页。

② (清)黄廷桂、张晋生等纂修(雍正)《四川通志》卷三一《职官》,景印文渊阁四库全书,第560册,台湾商务印书馆,1986年,第671页。

③ (清)和珅撰《大清一统志》卷三七五《东川府志》,景印文渊阁四库全书,第483册,台湾商务印书馆,1986年,第65页。

许丽生　　　　许丽生敬摹观音像题记　清光绪二年(1876)

杭州(今浙江杭州)人。

谢　彬　　　　谢彬题"中流砥柱"　清光绪七年(1881)

涪陵人。

袁　能　　　徐庄等题记　北宋熙宁元年(1068)

涪陵刻工。

游以忠　　　王珪直等题记　北宋元祐五年(1090)

太原(今山西太原)人。

杨嘉言　　　杨嘉言题记　北宋元祐六年(1091)

字令绪,元祐六年(1091年)朝奉郎知涪州军州事。

绍圣四年(1097),以朝散郎任漳州知州,至崇宁二年(1103)。① 崇宁三年(1104)为处州太守。② 浙江《丽水县志》也记

---

① (清)沈定均续修,吴联薰增纂(光绪)《漳州府志》卷九《职官》,《中国地方志集成·福建府县志辑(第29辑)》,上海书店,2000年,第162页。

② (清)顾祖禹《读史方舆纪要》,中华书局,2005年,第684页。

载:"烟雨楼,郡守杨嘉言建,范成大书榜。"①

姚 珏　　　姚珏等题记　北宋元祐八年(1093)

元祐八年(1093)涪州知州。

袁天倪　　　姚珏等题记　北宋元祐八年(1093)

元祐八年(1093)武龙县令。

杨元永　　　杨元永题记　北宋崇宁元年(1102)
　　　　　　太守杨公留题　北宋崇宁元年(1102)

字刚中,出自弘农杨氏。崇宁元年(1102)涪州知州。
元祐五年至六年(1090—1091),杨元永曾任山东费县知县。元祐六年,杨元永路过颜鲁公故里诸满村,见颜鲁公祠庙低矮破旧,决议重加修葺。颜鲁公即颜真卿,与其兄颜杲卿为唐代平定"安史之乱"之能臣干将。颜鲁公庙在县城建成后,杨元永又谋筹立碑,他写信送京都开封,邀请好友左承议郎、尚书职方员外郎、文名震于朝野的曹辅撰写阳面碑文。《费县志》载曹辅《改建颜鲁公新庙记》,碑文叙述改建颜鲁公庙的缘由和经过,以仰慕之情叙议颜氏先祖、三国魏青、徐二州刺史、关内侯颜盛,始自鲁居于琅琊孝悌里,及后裔颜真卿、颜杲卿二公忠义光天下的事迹。碑文

---

① 李钟岳等修,孙寿芝纂(民国)《丽水县志》卷六《古迹》,《中国方志丛书》,成文出版社有限公司,1975年,第469页。

记载"元祐六年,宏农杨公元永建言于州"。① 此"宏农"即"弘农"。

杨　　纬　　　杨元永题记　北宋崇宁元年(1102)
　　　　　　　　孙羲叟等题记　北宋崇宁元年(1102)

　　字文叔,祥符(今河南开封一带)人,崇宁元年(1102)涪州理掾。

宇文湛　　　　杨元永题记　北宋崇宁元年(1102)

　　字深之,赵郡(今河北赞皇一带)人,崇宁元年(1102)涪陵县尉。

阎　　璟　　　赵子逌等观石鱼题名　南宋绍兴二年(1132)

　　字国华。

虞中立　　　　赵子逌等观石鱼题名　南宋绍兴二年(1132)

　　字和甫。

姚邦孚　　　　孙仁宅题记　南宋绍兴十年(1140)

---

① (清)李敬修修(光绪)《费县志》卷五下《祠堂》,《中国地方志集成·山东府县志辑(第57辑)》,凤凰出版社,2004年,第149页。

　　　　　　　黄觉先题记　南宋绍兴十年(1140)
　　　　　　　张宗宓等题记　南宋绍兴十年(1140)
　　　　　　　宋亢等题记

东平(今山东东阿一带)人,姚邦荣之弟。

姚邦荣　　　张宗宓等题记　南宋绍兴十年(1140)
　　　　　　　黄觉先题记　南宋绍兴十年(1140)

东平(今山东东阿一带)人,姚邦孚之兄。

袁　颜　　　潘居实等题记　南宋绍兴十年(1140)

字晞之。

杨　侃　　　晁公溯题记　南宋绍兴十五年(1145)

字和甫,古汴(今河南开封)人。

杨　谔　　　杨谔等题记　南宋绍兴十五年(1145)

杨彦广　　　杜与可等题记　南宋绍兴十八年(1148)

涪陵(今重庆涪陵)人。

游　蒙　　　盛芹等题记　南宋绍兴二十六年(1156)

庾端卿　　　贾振文题记　南宋乾道三年(1167)

杨　灼　　　禄几复等游记　南宋嘉定元年(1208)

　　嘉定元年(1208)涪陵县令。

杨坤之　　　谢兴甫等题记　南宋绍定三年(1230)

　　字夷叔,资中(今四川资中)人。

虞　会　　　谢兴甫等题记　南宋绍定三年(1230)

　　字和叔。

袁逢龙　　　何震午等题记　南宋宝祐六年(1258)

　　字清甫,宕渠(今四川渠县)人,宝祐六年(1258)涪陵县纠曹参军。

咬寻进义　　聂文焕题记　元至大四年(1311)

　　至大四年(1311)忠翊校尉、涪州同知。

杨辉敬　　　　聂文焕题记　元至大四年(1311)

至大四年(1311)涪州判官、副尉。

颜　亮　　　　刘冲宵诗并序　明洪武十七年(1384)

洪武十七年(1384)涪州吏目。

晏孟宣　　　　雷懿题记　明永乐三年(1405)

江右(今江西)人,永乐三年(1405)赴涪州朝使。

易　巽　　　　雷懿题记　明永乐三年(1405)

西陵(今湖北长阳一带)人,永乐三年(1405)涪州训导。

晏　英　　　　晏英诗并序　明天顺三年(1459)

姚昌遇　　　　姚昌遇题记

袁宗夔　　　　李宽观石鱼记　明正德元年(1506)

石首(今湖北石首)人,成化癸卯年(1483)与其兄袁宗皋同时考中举人,乡人称赞曰"荆南二凤"。其兄袁宗皋,仕至礼部尚书兼文渊阁大学士,乡人称"袁阁老"。

据巴县江朝宗墓志可见,袁宗夔曾受业于江朝宗,"先生平生所与莫逆者:同邑牟都宪公爵,资阳熊方伯元吉,荣昌李太守士杰。所从受业者:司寇翟廷辅,侍御刘应乾,少参李士清,进士陶铭,知州袁宗夔,皆知名士"。①

正德元年(1506)为涪州知州。

杨名时　　预兆年丰题诗　清康熙三十四年(1695)

康熙三十四年(1695)涪州庠生。后为绵竹县训导。②

姚觐元　　姚觐元题记　清光绪元年(1875)

姚觐元(1823—1890),原名经炳,号彦侍,又作彦士、念慈,晚号复丁老人,浙江归安(吴兴,今湖州)人,清代著名的学者、目录学家、藏书家。

姚氏家学渊源深厚,祖父姚文田(1758—1827),字秋农,号梅漪,嘉庆四年(1799年)己未科进士,以一甲一名状元及第,授职翰林院修撰,后官至礼部尚书。著有《说文声系》《古音谐》《四声易知录》《易言》《广陵事略》《邃雅堂学古录》《邃雅堂文集》及《春秋经传朔闰表》等。谥"文僖"。

父姚培赏,更名衡,太学生,曾任江西建昌府同知。著有《寒

---

① (清)王尔鉴等修,王世沿等纂(乾隆)《巴县志》卷一七《翰林院侍读江东之学士墓表》,嘉庆二十五年刻本,第72页。

② 王鉴清、施纪云等修纂(民国)《涪陵县续修涪州志》卷一四《人物志四仕进》,民国十七年铅印本,第4页。

秀草堂笔记》四卷,《清史稿》卷一四七著录。①

姚觐元于道光三年(1823)十二月出生于京师,自幼刻苦读书。道光二十三年(1843),中顺天乡试举人。

咸丰五年(1855),补内阁中书,六年,协办侍读。咸丰十年(1860),入江苏巡抚幕府,协助镇压太平天国起义。咸丰十年五月,"以浙江湖州解围,并克服淳安县城,赏在籍知府赵景贤花翎、巴图鲁名号……在籍员外郎姚觐元、同治颜森玉等花翎"。②

同治元年(1862),签分户部云南司,加三品衔,在户部十年间,姚觐元勤于部务,获得良好声誉。同治九年(1870)二月,"交军机处记名以道府用。"③六月,"以顺天通州验收漕粮完竣,予户部左侍郎魁龄,仓场侍郎乔松年议叙,郎中姚觐元等加衔升叙有差"。④

同治十年(1871),被任命为分巡川东兵备道,此年五月上任。⑤ 同治十二年(1873)六至七月,处理"黔江教案"。同治十三(1874)年三月,"以筹济贵州兵饷,予……道员姚觐元、黄云鹄、延

---

① 赵红娟《姚觐元、姚慰祖父子生平与藏书活动考述》,《中国典籍与文化》,2012年第3期。
② 《清实录》第44册《文宗显皇帝实录(五)》卷三一九,中华书局,1987年,第33页。
③ 《清实录》第50册《穆宗毅皇帝实录(六)》卷二七六,中华书局,1987年,第835页。
④ 《清实录》第50册《穆宗毅皇帝实录(六)》卷二八四,中华书局,1987年,第928页。
⑤ 赵红娟《姚觐元、姚慰祖父子生平与藏书活动考述》,《中国典籍与文化》,2012年第3期。

祜优叙"。①

光绪元年(1875),二品顶戴布政使衔、分巡川东兵备道的姚觐元在白鹤梁上留下题刻。

光绪四年(1878)七月,"以四川川东道姚觐元为湖北按察使"。②

光绪五年(1879)十二月,任广东布政使,次年上任。③

光绪八年(1882)正月,"谕军机大臣等:有人奏广东藩司姚觐元于厘捐积弊,并不整顿,倚任姚颐寿、姚晋蕃,粤人目为三姚。候补知县周福昌,由户部司员改捐,该藩司屡令来京,打点报销等语。所奏是否属实,著张树声确切查明,据实具奏,毋稍瞻徇"。④后因户部尚书阎敬铭整顿积弊,姚觐元被革职,侨寓苏州。光绪十六年(1890),姚觐元卒。⑤

姚觐元有《咫进斋善本书目》四卷。金石学家叶昌炽《藏书纪事诗》中首录姚氏父子的藏书刻书事迹,共著录姚氏所藏善本书335种约10254卷(未说明卷数或未分卷的,均视作一卷,附录无卷数的也作一卷计,另外分册的每册按一卷计),其中宋版书36

---

① 《清实录》第51册《穆宗毅皇帝实录(七)》卷三六四,中华书局,1987年,第818页。

② 《清实录》第53册《德宗景皇帝实录(二)》卷七六,中华书局,1987年,第165页。

③ 《清实录》第53册《德宗景皇帝实录(二)》卷一〇六,中华书局,1987年,第572页。

④ 《清实录》第54册《德宗景皇帝实录(三)》卷一四二,中华书局,1987年,第11页。

⑤ 赵红娟《姚觐元、姚慰祖父子生平与藏书活动考述》,《中国典籍与文化》,2012年第3期。

种,元版书40种,明版书99种,其他旧抄、精抄、传抄、稿本、校刻本等160种。①

姚觐元之子姚慰祖(1857—1891),原名学葵,字公蓼。太学生。候选主事。以军功保分省候补知州。受父亲影响,姚慰祖博览群书,精研古学,"工小篆,诗文有法度,善鉴别古器、鼎彝、泉币",尤精目录之学,"凡某书之源流,某刻之行款字数,言之凿凿"。光绪十七年(1891)十月,因病卒于苏州。②

姚茂清　　娄櫄题记　清光绪七年(1881)

桐城(今安徽桐城)人。

岳尚先　　濮文升题记　清光绪七年(1881)

潼川府中江(今四川中江)人。

颜广恕　　施纪云题记　民国四年(1915)

秀才。

杨鸿□　　杨鸿□题记　民国十二年(1924)

---

① 赵红娟《姚觐元、姚慰祖父子生平与藏书活动考述》,《中国典籍与文化》,2012年第3期。

② 赵红娟《姚觐元、姚慰祖父子生平与藏书活动考述》,《中国典籍与文化》,2012年第3期。

颜爱博　　　颜爱博等题记　民国十九年(1931)

颜爱博,原名苍霖,以字行。贵州正安人,祖籍山东曲阜。1884年生。幼于家中攻读文史古籍,兼习中医,能诗文。清末入贵州陆军小学第一期,与贞丰胡刚、兴义王文华志趣相同,倡言革命,曾填写新词一首,寓意反清,被当局拘捕。大义凛然,直陈不讳,后被释放但也被开除出校。不久,报名入伍,驻贵阳南厂新军营。贵州辛亥革命成功,被委为清镇县长,本想为民兴利除弊,却因政治黑暗,难展抱负,遂辞职挂冠而去,有《宰清事略》一册留下,以表其心。

民国十四年(1925),贵州安龙乡绅袁廷泰等创办盘江中学,延请颜爱博等名师执教。

民国十七年(1928),应王伯群(贵州兴义人,中国同盟会先驱、中国近代民主革命先驱、政治家和教育家)之邀,任职重庆及涪陵电报局及任四川善后督办公署、四川省政府参议顾问、秘书等职;其间还应聘重庆求精中学国文教员。抗战后期,退职返回乡里,寄情于诗词文章之中。

诗词文赋俱佳,尤擅作赋,亦工散曲,以表达其心情志趣。贵阳解放时所作小曲"今日个盛世重瞻,天际乌云不再"就表达了他热爱新生活的无限深情。有《孟子训诂》《学庸会参》《唐诗铨释》《老子用》《和陶渊明归去来辞》《广士不遇赋》《衍闲情赋》等著述文章,还有《和陶诗》100首。晚年曾有《明代黔人诗选》稿本,选79家,录诗177首,惜均未付梓。

1953年被聘为贵州省文史研究馆馆员。1957年2月病逝。①

杨茂苍　　　　颜爱博等题记　民国十九年(1931)

四川省川西道崇庆(今四川崇州)人。

殷平志　　　　卢学渊题记　民国二十六年(1937)

殷平志,1928年考取民国长江下游(吴淞口至汉口)引水资格第7名,后任长江下游引水协会理事长。②

袁大武　　　　袁大武等游记　时代不详

涪陵人。

---

① 以上内容参见赵少伏、蒙育民等编《贵州省文史研究馆志》,贵州人民出版社,2003年,第227页。

② 小艇《百年前的信》,载《武汉晚报》2011年2月5日,第8版。

郑令珪	谢昌瑜题记　北宋开宝四年(971)
	卢棠题记　南宋乾道七年(1171)
	向仲卿题记　南宋淳熙元年(1178)

唐广德年间涪州刺史、涪州团练使。今据题刻记载可补充郁贤皓《唐刺史考全编》涪州刺史条失载。

朱　昂	朱昂题诗记　北宋端拱元年(988)
	郑顗题记　北宋元丰八年(1085)
	孙羲叟等题记　北宋崇宁元年(1102)

字举之。端拱元年(988)为朝请大夫、行尚书库部员外郎、峡路诸州水陆计度转运使、柱国。《宋史》卷四三九《文苑一》有传：

> 朱昂,字举之,其先京兆人,世家漢陂。唐天复末,徙家南阳。梁祖篡唐,父葆光与唐旧臣颜荛、李涛数辈挈家南渡,寓潭州。每正旦夕至,必序立南岳祠前,北望号恸,殆二十年。后涛北归,葆光乐衡山之胜,遂往家焉。

昂少与熊若谷、邓洵美同学。朱遵度好读书,人号之为"朱万卷",目昂为"小万卷"。昂尝间行经庐陵,道遇异人,谓之曰:"中原不久当有真主平一天下,子仕至四品,安用南为?"遂北游江、淮。时周世宗南征,韩令坤统兵至扬州,昂谒见,陈治乱方略,令坤奇之,署权知扬州扬子县。适兵革之际,逃亡过半,昂便宜绥辑,复逋亡者七千余家,令坤即表授本县令。

宋初,为衡州录事参军,尝读陶潜《闲情赋》而慕之,因广其辞曰:

维禀气兮清浊,独得意兮虚徐。耳何聪兮无瑱,衣何散兮无裾。务冥怀于得丧,宁勤体乎灾畲。将使同方姬、孔,抗迹孙、蘧。精骛广漠,心游太虚。傲朝曦兮南荣,溯夕飙兮北疏。非道之病,惟情之舒。

繇是含颖怀粹,凝和习懿。器瀹沦兮幽忱,德芬馨兮周比。井无渫兮泉融,珠潜辉兮川媚。又何必陋雄之尚《玄》,笑奕之心醉,悲墨之素丝,叹展之下位?苟因时之明扬,乃斯文之不坠。

睇烟景兮飘飘,心悬旌兮摇摇。感朝荣而夕落,嗟响蛩而鸣蜩。姑藏器以有待,因寄物而长谣。愿在首而为弁,束玄发而未衰。会名器之有得,与缨珥兮相宜。愿在足而为舄,何坎险之雇忧。欲效勤于竖亥,思追踵于浮丘。愿在服而为袂,传缯素而饰躬。异化缁之色涅,宁拭面而道穷。愿在目而为鉴,分妍丑于崇朝。惊青阳之难久,庶白首以见招。愿在地而为簟,当暑溽而冰寒。伊肤革之尚疲,胡寤寐以求安?愿在觞而为醴,不乱德而溺真。体虚受之为器,革谣性以归淳。愿在握而为剑,每辅祍而保裾。殊铅铦之效用,比䂶刃而有余。愿在橐而为矢,羡筈羽之斯全。畴懋勋而锡晋,射穷垒而衄燕。愿在体而为裘,托针缕以成功。非珍华而取饰,将被服而有容。愿在轩而为篁,贯岁寒而不改。挺介节以自持,廓虚心而有待。

人之愿兮实繁,我之心兮若此。蓄为志兮璞藏,发为文兮雾委。既持瑾兮掌瑜,复撷兰兮艺芷。始无言兮植杖,终俯首兮嗟髀。振襟兮自适,觌物兮解颐。云无心兮遐举,萝倚干兮丛滋。想陵谷之变地,况玄黄之易丝。人可汰而可锻,己不磷而不缁。苟一鸣而惊人,何五鼎而勿饴?

已而拥膝清啸,倾怀自宽。枢桑户荜兮差乐,鸠飞梭跃兮胡难。指夜蟾兮为伍,仰疏籁兮邀欢。何孙牧而伊耕?何巢箕而吕磻?涤我虑兮绿绮。清我眠兮琅玕。周旋兮有则,徙倚兮可观。终卷舒兮自得,契休哉于《考盘》。

李昉知州事,暇日多召语,且以文为贽,昉深所嗟赏。历宜城令。开宝中,拜太子洗马、知蓬州,徙广安军。会渠州妖贼李仙众万人劫掠军界,昂设策禽之。自余果、合、渝、涪四州民连结为妖者,置不问,蜀民遂安。宰相薛居正称其能,迁殿中丞、知泗州。

尝作《隋河辞》,谓浚决之病民,游观之伤财,乃天意之所以亡隋也。使隋不兴役费财以害其民,则安得有今日之利哉!

尝聚淮水流尸三千,为冢瘗之。有戍卒谋乱,昂诛其首恶,凡支党之诖误者悉贳之。就迁监察御史、江南转运副使。太平兴国二年,知鄂州,加殿中侍御史,为峡路转运副使,就改库部员外郎,迁转运使。端拱二年,以本官直秘阁,赐金紫。久之,出知复州,表求谢事,不许。迁水部郎中,复请老,召还,再直秘阁,寻兼越王府记室参军。

真宗即位,迁秩司封郎中,俄知制诰,判史馆,受诏编次三馆秘阁书籍,既毕,加吏部。咸平二年,召入翰林为学士。逾年,拜章乞骸骨,召对,敦谕,请弥确,乃拜工部侍郎致仕。翌日,遣使就第赐器币,给全奉,诏本府岁时存问,章奏听附驿以闻。命其子正辞知公安县,以便侍养,许归江陵。旧制,致仕官止谢殿门外,昂特延见命坐,恩礼甚厚。令俟秋凉上道,遣中使赐宴于玉津园,两制三馆皆预,仍诏赋诗饯行,缙绅荣之。

昂前后所得奉赐,以三之一购奇书,以讽诵为乐。及是闲居,自称退叟,著《资理论》三卷上之,诏以其书付史馆。弟协以纯谨著称,仕至主客郎中、雍王府翊善。昂以书招之,协亦告老归。兄弟皆眉寿,时人比汉之二疏。知府陈尧咨署其居曰东、西致政坊。昂于所居建二亭:曰知止,曰幽栖。颇好释氏书。晚岁自为墓志。景德四年卒,年八十三,门人谥曰正裕先生。诏加赙赠,录其孙适出身。

昂好学,纯厚有清节,淡于荣利,为洗马十五年,不以屑意。居内署,非公事不至两府。在王邸时,真宗居储宫,知其素守,故每加褒进,然昂未尝有所私请,进退存礼,士类多之。有集三十卷。子正彝、正辞并登进士第,正基虞部员外郎。[1]

邹　霖　　刘忠顺等唱和诗　北宋皇祐元年(1049)

---

[1] (元)脱脱等《宋史》卷四三九《文苑一》,中华书局,1985年,第13005页。

字仲说,由浙江钱塘迁居常州,天禧三年(1019)进士,历任筠州推官、尚书都官、涪州、鼎州知州,为常州邹氏始祖,娶孙氏,生一子戬,至和元年(1054)卒。邹霖约生于淳化三年(992),邹霖之孙邹浩有《道乡集》,载:"先祖以天禧三年擢进士甲科,至至和元年,仕三十六年,年六十三以殁。盖由军事推官积累为都官郎中、郡太守。"①

邹霖之父邹元庆,字进发,《道乡集》载其曾为"东头供奉官,阁门祗侯、赠左屯卫大将军",②娶周氏,生十子(常州城内十子街地名即源于此)。其中邹贾、邹覃、邹霖皆中进士,其余七子散居四方。③《道乡集》也记载:"先祖有兄九人,其后散居四方者多矣。"④

邹霖的长孙邹浩(1060—1111),字志完,神宗元丰五年(1082)进士。历扬州、颍昌府教授。哲宗元祐中为太常博士、襄州教授。元符元年(1098),除右正言,数次上疏反对章惇,并论罢立刘后,激怒宋哲宗,被除名勒停,羁管新州。徽宗即位,复右正言,迁左司谏,曾上疏《乞先恤公议而后谨独断》《乞至诚始终纳谏

---

① (宋)邹浩《道乡集》卷三〇《曾祖诗训后语》,景印文渊阁四库全书,第1121册,台湾商务印书馆,1986年,第442页。

② (宋)邹浩《道乡集》卷三六《至明弟墓志铭》,景印文渊阁四库全书,第1121册,台湾商务印书馆,1986年,第489页。

③ 关于常州邹氏相关情况,参阅上海图书馆藏,邹元瀛等纂修《余姚北城邹氏宗谱》,光绪六年(1880)敦睦堂木活字本;江苏省常州市图书馆藏,邹瑞发、邹松南主修《江苏武进毗陵邹氏赵墅宗谱》,光绪十一年(1885)显忠堂木刻活字印本;中国社会科学院历史研究所图书馆藏,吴敏纂修《江苏武进邹氏家乘(四十八卷)》,光绪十四年(1888)敦睦堂铅印本。

④ (宋)邹浩《道乡集》卷三〇《曾祖诗训后语》,景印文渊阁四库全书,第1121册,台湾商务印书馆,1986年,第442页。

疏》《请继述五朝善政》等,一度受到重用。重理罢立刘后事,为蔡京陷害,责衡州别驾,永州安置。半年后,除名勒停,至昭州。昭州三年里,他的高风亮节受到当地人民的敬仰和爱戴,他游览当地的古迹,交友唱和。崇宁五年(1106)四月,归常州。政和元年(1111)卒,年五十二。邹浩一生著述甚丰。他主张诗歌清新雅正、追怀古风,推崇陶潜之清淡、杜甫之沉郁、李白之豪迈。诗文收在《道乡集》中。①

郑　颙　　郑颙题记　北宋元丰八年(1085)
　　　　　　吴缜题记　北宋元丰九年(1086)

　　字愿叟,昌州大足(今重庆大足)人,"治平中进士,年份无考"。② 元丰八年至九年(1085—1086)涪州知州。《苏魏公集》有《屯田员外郎郑颙可都官员外郎太常博士陈纮可屯田员外郎秘书丞彭愭可太常博士》。③

郑知□　　郑颙题记　北宋元丰八年(1085)

　　郑颙之子。

郑知□　　郑颙题记　北宋元丰八年(1085)

---

① (元)脱脱等《宋史》卷三四五《邹浩传》,中华书局,1985年,第10955页。
② (清)王德嘉、高云从修《大足县志》,光绪三年刻本,第36页。
③ (宋)苏颂《苏魏公集》卷三〇,中华书局,1988年,第1036页。

郑颙之子。

郑知常　　郑颙题记　北宋元丰八年(1085)

郑颙之子。

郑知荣　　郑颙题记　北宋元丰八年(1085)

郑颙之子。

钟　浚　　徐庄等题记　北宋熙宁元年(1068)

熙宁元年(1068)涪州乐温县令。据《蜀中名胜记》可见,其任乐温县令至迟是在治平二年(1065)。[1] 熙宁三年(1070)四月丁亥,"知涪州乐温县钟浚为著作佐郎,以考课院言浚治状入优等故也"。[2] 元丰五年(1082),为将作少监。[3] 元丰六年(1083)八月,宋神宗因修缮西府事,"诏中大夫、尚书左丞蒲宗孟守本官知汝州,工部侍郎王克臣、将作少监钟浚罚铜二十斤,工部郎中范子琦、员外郎高遵惠、将作监丞韩玠各罚铜十斤……浚坐违法不分紧慢修造"。[4]

---

[1] (明)曹学佺著,刘知渐点校《蜀中名胜记》卷二三《下川东道·云阳》,重庆出版社,1984年,第367页。

[2] (宋)李焘《续资治通鉴长编》卷二一〇,中华书局,1995年,第5115页。

[3] (宋)李焘《续资治通鉴长编》卷三二七,中华书局,1995年,第7886页。

[4] (宋)李焘《续资治通鉴长编》卷三三八,中华书局,1995年,第8148页。

元祐元年(1086)八月二日,苏辙《论差除监司不当状》言:

右臣伏以天下之治,寄于守令。守令之众,朝廷不能尽知,其要寄于监司。方今民力凋残,疲瘵未复,见议差役,措置未定,正宜使监司得人,以督察州县。朝廷近日沙汰残刻之吏,多系提转等官,民间承望此风,思见循吏。然臣窃观近日所命,颇未得人,博采公言,略见一二。如李之纪、楚潜、王公仪皆碌碌凡材,无善可名,不知何以获用。至于余人,又加以过恶。如孙路奴事李宪,贪冒无耻,程高谄附贾青,借名买珠,钟浚天资邪险,累作过犯,张公庠为事刻薄,不近人情,张璹久领市易,与牙侩杂进。而皆擢自稠人之中,付以一道之政。陛下诚欲尊重朝廷,爱惜民物,则如此辈人,皆未可轻用也。或言朝廷近令侍从以上博举监司名姓。既闻,率皆注籍,每有员阙,执政不复慎选,一切揭簿定差,是以贤愚并进,人物杂乱。窃惟中外侍从,其徒实烦。被诏举官,初无旌别,承举即用,近于粗疏,而欲待其不职,乃坐举者。天下之广,监司得失,朝廷未必一一详知。民独何辜,枉被涂炭。自古用人,实无此比。臣欲乞应自前所用监司,令执政更加审议,其尤不可者,当与改差。今后差除,须名迹著闻,公议共许,然后擢用,庶几监司,稍得良吏,不至害民,此最当今之急务也。谨录奏闻,伏候敕旨。……钟浚六月二十三日铸钱,张公庠六月八日广东漕……①

元祐六年(1091),钟浚为淮南东路提点刑狱。② 八月,有监察

---

① (宋)李焘《续资治通鉴长编》卷三八四,中华书局,1995年,第9355页。
② (宋)李焘《续资治通鉴长编》卷四五八,中华书局,1995年,第10970页。

御史安鼎言:"有赵彦若诬告钟浚及奏书不实之罪,未见朝廷依法施行。"①"监察御史虞策言:臣伏见京西提刑钟浚……"②《全宋文》有赵彦若劾钟浚状。③

元祐八年(1093),"淮南提点刑狱钟浚根究王巩在任日秽恶狼藉,实迹具存,遂谪为监当,而辙亦恬然自若,略不引咎。"④

绍圣元年(1094)知湖州,《嘉泰吴兴志》载:"钟浚,左朝请郎,绍圣元年七月初五日到任,二十四日卒于郡。"⑤

赵君仪　　　徐庄等题记　北宋熙宁元年(1068)

熙宁元年(1068)涪陵县令。

郑阶平　　　徐庄等题记　北宋熙宁元年(1068)

熙宁元年(1068)涪陵县尉。

《蜀中名胜记》载:"乐温令钟,涪陵尉郑阶平,治平乙未六月五日同游,住持本院主僧法能刻石。"⑥治平为宋英宗赵曙的年号,

---

① (宋)李焘《续资治通鉴长编》卷四五九,中华书局,1995年,第10980页。

② (宋)李焘《续资治通鉴长编》卷四五九,中华书局,1995年,第10981页。

③ 曾枣庄、刘琳主编《全宋文》卷一八三三《赵彦若劾钟浚状》,上海辞书出版社,第42册,2006年,第189页。

④ (宋)李焘《续资治通鉴长编》卷四五九,中华书局,1995年,第10988页。

⑤ (宋)谈钥《嘉泰吴兴志》卷一四《郡守题名》,《宋元方志丛刊》,中华书局,1990年,第4781页。

⑥ (明)曹学佺著,刘知渐点校《蜀中名胜记》卷二三《下川东道·云阳》,重庆出版社,1984年,第367页。

治平元年(甲辰,1064)到四年(丁未,1067),期间无乙未,只有治平二年(1065)为乙巳。由以上可见:一是《蜀中名胜记》记载时间有误,应为治平乙巳,而非乙未;一是钟浚任乐温县令、郑阶平任涪陵县尉至迟在治平二年(1065)。

张　微　　　杨嘉言题记　北宋元祐六年(1091)
　　　　　　姚珏等题记　北宋元祐八年(1093)

　　字明仲,竟陵(今湖北天门)人。元祐六年(1091)为涪陵县主簿,元祐八年(1093),仍为主簿。绍圣四年(1097)为忠州临江县令。①

张延年　　　杨元永题记　北宋崇宁元年(1102)

　　字希逸,冀阳(今辽宁朝阳一带)人,崇宁元年(1102)涪陵县主簿。

朱仲隐　　　孙羲叟等题记　北宋崇宁元年(1102)

　　朱昂四世孙。

张永年　　　庞恭孙题记　北宋大观元年(1107)

---

①　(明)曹学佺著《蜀中广记》卷一九《下川东道·重庆府》,景印文渊阁四库全书,第591册,台湾商务印书馆,1986年,第236页。

大观元年(1107)涪陵县令权签判、通仕郎。

周　　禧　　　蒲蒙亨再题　北宋政和二年(1112)

政和二年涪陵令。

张时行　　　吴革题记　北宋宣和四年(1122)

宣和四年(1122)涪陵县尉、迪功郎。

周　　祉　　　陈似题记　南宋建炎三年(1129)
　　　　　　　刘公亨等题记　南宋建炎三年(1129)
　　　　　　　文悦等题记　南宋建炎三年(1129)

字受卿。

周南廷　　　文悦等题记　南宋建炎三年(1129)

唐安(今四川崇州一带)人。

赵子遹　　　赵子遹等观石鱼题名　南宋绍兴二年(1132)

字述道。

张宗宪　　　张宗宪题记　南宋绍兴二年(1132)

贾公哲等题记　南宋绍兴二年（1132）
蔡兴宗等题记　南宋绍兴五年（1135）

汝南（今河南汝南）人。

张　稷　　　贾公哲等题记　南宋绍兴二年（1132）

赵子仪　　　贾思诚题记　南宋绍兴七年（1137）
　　　　　　贾思诚等题记　南宋绍兴七年（1137）
　　　　　　张仲通等题记　南宋绍兴十年（1140）

字景温。

张振孙　　　贾思诚题记　南宋绍兴七年（1137）
　　　　　　贾思诚等题记　南宋绍兴七年（1137）

字厚之，雒阳（今河南洛阳）人。《涪陵县续修涪州志》载：绍兴五年（1135）"右承直郎、涪州军事判官。"[①]

张仲通　　　贾思诚等题记　南宋绍兴七年（1137）
　　　　　　孙仁宅题记　南宋绍兴十年（1140）
　　　　　　冯忠恕等题记　南宋绍兴十年（1140）
　　　　　　张彦中等题记　南宋绍兴十年（1140）

---

① 王鉴清、施纪云等修纂（民国）《涪陵县续修涪州志》卷二〇《伊川先生祠堂记》，民国十七年铅印本，第1页。

张仲通等题记　南宋绍兴十年(1140)

字彦中,济南(今山东济南)人。《金石苑》有《巴州西龛诗》,题有:"绍兴壬子岁端午后二日,陈揖,济川张仲通彦中,李延嗣修仲,曾敏仲……"①

周　诩　　　黄觉先题记　南宋绍兴十年(1140)

张杰亿　　　张彦中等题记　南宋绍兴十年(1140)

张彦中之子,济南(今山东济南)人。

张　修　　　张仲通等题记　南宋绍兴十年(1140)

张宗忑　　　张宗忑等题记　南宋绍兴十年(1140)

汝南(今河南汝南)人。

赵子澄　　　李景旻等题记　南宋绍兴十三年(1143)
　　　　　　李景旻等再题　南宋绍兴十四年(1144)
　　　　　　晁公溯题记　南宋绍兴十五年(1145)

字处度,古汴州(今河南开封)人,宋宗室。"廉介修洁,流落

---

① (清)刘喜海辑《金石苑》第5册,道光二十六年东武刘氏来凤堂印本,第217页。

巴峡四十年,藉添差禄以自给。善草隶,长歌诗,人不知其能画也。绍兴末,官秭归,士子重其风度,每载酒从之游。一日,乘醉入小肆,见素壁可爱,案上拈秃笔作溅瀑,势欲动屋,笔力极遒壮也。"①

赵公蒙　　　李景翚等题记　南宋绍兴十三年(1143)
　　　　　　晁公溯题记　　南宋绍兴十五年(1145)

字景初,古汴(今河南开封)人。

张　珛　　　张珛等题记　　南宋绍兴十四年(1144)
　　　　　　晁公溯题记　　南宋绍兴十五年(1145)

字廷镇,唐安(今四川崇州一带)人。

张文遇　　　杜肇等题记　　南宋绍兴十四年(1144)

张　憍　　　杜肇等题记　　南宋绍兴十四年(1144)

张　度　　　晁公溯题记　　南宋绍兴十五年(1145)

字伯受,荆南(今湖北荆州)人。

---

① (宋)邓椿《画继》卷二《侯王贵戚》,景印文渊阁四库全书,第813册,台湾商务印书馆,1986年,第509页。

| 张　猷 | 杨谔等题记　南宋绍兴十五年(1145) |

| 张　□ | 杨谔等题记　南宋绍兴十五年(1145) |

| 赵子经 | 邓子华等题记　南宋绍兴十八年(1148) |

张　绾	张绾题记　南宋绍兴二十五年(1155)
	张绾再题　南宋绍兴二十五年(1155)
	张绾三题　南宋绍兴二十五年(1155)

字处权,绍兴二十五年(1155)前涪陵县令张维之弟。

张　维	张绾题记　南宋绍兴二十五年(1155)
	张绾再题　南宋绍兴二十五年(1155)
	张绾三题　南宋绍兴二十五年(1155)

字持国,绍兴二十五年(1155)前涪陵县令。

| 张松兑 | 张松兑等题记　南宋绍兴二十六年(1156) |

张浚从子,绍兴五年(1135)"正月,癸丑,左迪功郎枢密行府书写机密文字张松兑为左承奉郎。松兑,浚从子,上召对而命之"。①

---

① (宋)李心传《建炎以来系年要录卷》卷八四,中华书局,1956年,第1376页。

乾道四年(1168)"四月二日,诏金州守臣带管内安抚。以刑狱公事张松兑言:'金州最为阔远,守臣若不稍假以权,则统兵主将势为独重,州郡施为措置皆有所牵制。初因武臣兼总兵民之权,故加销削以相维带。今以列郡处于其下,其势必不能相制,欲望许令金州守臣带管内安抚。'故有是诏。"①

张　适　　　盛芹等题记　南宋绍兴二十六年(1156)

张　逊　　　盛芹等题记　南宋绍兴二十六年(1156)

赵彦球　　　赵彦球题记　南宋乾道三年(1167)

南宋宗室。乾道三年(1167)涪州知州。

赵伯□　　　赵彦球题记　南宋乾道三年(1167)

南宋宗室。

张□□　　　张□□题记　南宋乾道三年(1167)

张□卿　　　贾振文题记　南宋乾道三年(1167)

---

① （清）徐松辑《宋会要辑稿》卷一三三〇四《职官》四一之一一三,中华书局,1957年,第3223页。

曾　稷　　　　卢棠题记　南宋乾道七年(1171)
　　　　　　　朱永裔题记　南宋淳熙六年(1179)

温陵(今福建泉州)人,乾道七年(1171)涪州录事参军,淳熙六年(1179)涪州郡幕。

朱永裔　　　　朱永裔题记　南宋淳熙六年(1179)

绍兴十八年(1148)进士。《绍兴十八年同年小录》载:

　　　第五甲第六十四人朱永裔,字光叔,小名信哥,小字冠先,年二十二,六月十六日生。外氏鲜于,永感,下第十九。兄弟一人一举。娶费氏。曾祖问之,故不仕;祖绶,故不仕;父骥,故任左迪功郎。本贯阆州阆中县新安里,伯从政郎章为户。①

淳熙六年(1179)代理涪州知州,时年54岁。

张庆延　　　　徐嘉言题记　南宋庆元四年(1198)

字元祚,蕲春(今湖北蕲春)人。庆元四年(1198)前郡掾。

左　延　　　　徐嘉言题记　南宋庆元四年(1198)

---

① (宋)不著编人《绍兴十八年同年小录》景印文渊阁四库全书,第448册,台湾商务印书馆,1986年,第392页。

字庆椿,上邽(今甘肃清水)人,庆元四年(1198)涪州征官。

赵时儴　　赵时儴题记　南宋嘉泰二年(1202)

南宋宗室,嘉泰二年(1202)为涪州官员。

赵若金　　赵时儴题记　南宋嘉泰二年(1202)

南宋宗室,赵时儴之子。

赵善暇　　禄几复等游记　南宋嘉定元年(1208)

嘉定元年(1208)涪州兵官。

张□□　　李公玉题记　南宋宝庆二年(1226)

张　霁　　张霁题记　南宋淳祐三年(1243)
　　　　　王季和等题记　南宋淳祐三年(1243)

字明父,山西人,淳祐三年(1243)涪州知州。

赵万春　　张霁题记　南宋淳祐三年(1243)

字伯寿,长沙(今湖南长沙)人,淳祐三年(1243)涪州录事参军。

赵与礽　　　张霁题记　南宋淳祐三年(1243)

　　字仲器,淳祐三年(1243)涪州司户参军。

张应有　　　张霁题记　南宋淳祐三年(1243)

　　字嗣行,资中(今四川资中)人,淳祐三年(1243)涪州监税。

赵广禧　　　张霁题记　南宋淳祐三年(1243)
　　　　　　赵广禧等题记　南宋淳祐三年(1243)

　　字公叔,武信(今四川遂宁)人,淳祐三年(1243)涪州涪陵县令。

周仪可　　　张霁题记　南宋淳祐三年(1243)
　　　　　　赵广禧等题记　南宋淳祐三年(1243)

　　字义父,成都(今四川成都)人,淳祐三年(1243)忠州节干,忠州知州属官。

张申之　　　张霁题记　南宋淳祐三年(1243)
　　　　　　王季和等题记　南宋淳祐三年(1243)

　　字西卿,益昌(今四川广元一带)人,淳祐三年(1243)涪州节属。

张文龙　　　　王季和等题记　南宋淳祐三年(1243)

赵汝廪　　　　赵汝廪观石鱼诗　南宋淳祐十年(1250)

祖籍开封(今属河南),宋宗室。曾任惠安知县。曾出知潮州。

理宗淳祐庚戌(1250)知涪州,知州任上颇有政声,史载:"赵汝廪知涪州,劝农兴学,民立生祠于学宫,以配程黄尹谯四贤。"①

赵汝廪知涪州,感怀涪州突出的易理文化而刊刻《易学启蒙》一书。《易学启蒙》,由朱熹、蔡元定师生合撰,成于淳熙十三年(1186)。该书与《周易本义》互为表里,围绕《周易本义》卷首九图作论,虽名为"启蒙",却并不是仅给初学者开蒙之用,更多地是为了阐发九图的哲学意义,系统发挥了朱熹的象数之学。该书的刊刻,促进了涪州易学的进一步发展,也推动了教育文化事业的进步。

《字溪集》载:

> 金沙赵公,贤而乐道,常遣其子今重庆节判(赵)崇权,从某(阳枋)问启蒙,而乐其说,公今守涪,祠莲荡于北岩,并刻启蒙书于涪。介来命予跋,某识见浅陋,何足以尽文公之旨?始以所闻于师者识其末。②

---

①　(明)李贤等奉敕撰《明一统志》卷六九《夔州府》.景印文渊阁四库全书,第473册,台湾商务印书馆,1986年,第476—477页。

②　(宋)阳枋《字溪集》卷八《赵使君汝廪刊易学启蒙于涪属予为跋》,景印文渊阁四库全书,第1183册,台湾商务印书馆,1986年,第367页。

莲荡,即莲荡先生晁渊,理学大师谯定的三传弟子,更是史学大家李焘和理学大师朱熹的嫡传弟子,是享誉巴蜀的理学家、教育家。晁渊出任涪陵北岩书院堂长,传道授业二十余年,淳祐十年(1250)去世,促成了朱熹学说在四川的传播,即所谓闽学入蜀,并且使此时的北岩书院,与著名的东湖、濂溪、象山等书院并闻于朝野,过往达官显宦、名流学者无不频来瞻吊,盛极一时。晁渊逝世后,其弟子阳枋绍师遗德,以古稀高龄主讲北岩书院达五年,并与涪州知州赵汝廪讲学论道,过从甚密。赵氏在涪州刊刻《易学启蒙》,即由阳枋为之做跋。

赵汝廪辟凤山堂,请阳枋日讲一卦,命子赵崇樵师事阳氏。并"相与讲明《易》书,答问往还,逐卦各有义疏"①。

宝祐元年(1253),赵汝廪已在绍庆任上,据《字溪集》载:"宝祐元年癸丑,(阳枋)公年六十七,与税巽父论启蒙小传,与湖北漕袁君鼎东论进学,与绍庆守赵公汝廪论易……"②

赵兴珞　　何震午等题记　　南宋宝祐六年(1258)

字思复,题刻载为燕国人,燕国即今河北北部、北京一带,宝祐六年,此地早已为蒙古占领,赵兴珞应籍贯在此。宝祐六年(1258)涪州乐温知县。

祥兴元年(1278),赵兴珞为海外琼州安抚使。据《琼州府志》记载:海口港南岸有神应港,旧名白沙津,番舶所集之地,初港不

---

① 金生杨《论南宋合州阳氏易学》,《周易研究》,2011 年 3 期。
② (宋)阳枋《字溪集》卷一二《附录》,景印文渊阁四库全书,第 1183 册,台湾商务印书馆,1986 年,第 435 页。

通大舟,而海岸多风涛之虞,宋淳熙中琼帅王光祖(字君俞,开封人,官安抚使)欲开而未遂,忽飓风作自冲一港,人皆以为神应,因名,亦谓之白沙口。宋祥兴元年(1278)元阿里海涯略地,海外琼州安抚赵兴珞等率兵拒之于白沙口,援兵不至,州民遂以州叛,附于元,即此。①

周品级　　　　周品级等题记

张八歹　　　　张八歹题记　元至顺四年(1333)

元代至顺四年(1333)涪州太守、奉议大夫。

张敬先　　　　刘冲宵诗并序　明洪武十七年(1384)

洪武十七年(1384)涪州州学训导。

张致和　　　　雷懿题记　明永乐三年(1405)

武陵(今湖南常德一带)人,明建文元年己卯(1399)乡试举人。② 永乐三年(1405)涪州州学训导。天启《成都府志》载:

张致和,字道用,永乐间任(仁寿)教谕。德性温厚,问学

---

① (清)明谊修(道光)《琼州府志》卷三《地理》,海南出版社,2006年,第87页。
② (清)迈柱监修,夏力恕编纂(雍正)《湖广通志》卷三四《选举志》,景印文渊阁四库全书,第532册,台湾商务印书馆,1986年,第294页。

优长,平居施教,无间寒暑,一邑人才,来所造就者多。九载秩满,生徒耆老不忍去,列状请留。历任二十年如一日,君子谓仁寿衣冠文物之甚多其化导之力。常预修郡志,去取惟公,手为诗文,有春容冲澹之意,惜遗稿散佚,可见者特千百中一二云。①

题刻称其为义陵人,但《成都府志(天启)》《湖广通志(雍正)》均记载为武陵人。据《汉书·地理志》记载:"武陵郡,高帝置,莽曰建平。属荆州。县十三:索、孱陵、临沅、沅陵、镡成、无阳、迁陵、辰阳、酉阳、义陵、佷山、零阳、充。"②"武陵郡"又称"义陵郡",据晋人常林《义陵记》载:"项羽弑义帝于郴,武陵人缟素哭于招屈亭,高帝闻而义之,故曰义陵。"③唐代颜师古注《汉书》,认为武陵郡"旧治义陵,非郡名义陵也"。④ 因此,张致和为古义陵县人,属古武陵郡。

赵建用　　戴良臣题诗　明天顺三年(1459)

天顺二年(1459)舍人。

---

① (明)冯任修,张世雍等纂(天启)《成都府志》卷一二,成都市地方志编纂委员会、四川大学历史地理研究所整理《成都旧志》,2007年,172页。

② (汉)班固《汉书》卷二八上《地理志上》,中华书局,1962年,第1594—1595页。

③ (清)顾祖禹撰,贺次君、施和金点校《读史方舆纪要》卷八一《湖广七》,中华书局,2005年,第3825页。

④ (汉)班固《汉书》卷二八上《地理志上》,中华书局,1962年,第1595页。

张本仁　　　张本仁等题记　明成化七年(1471)

成化七年(1471)涪州知州属吏。

张　楫　　　张楫拜和诗　明正德五年(1510)
　　　　　　张楫题诗　明正德五年(1510)

涪陵(今重庆涪陵)人。

《新中国出土墓志·重庆》有《明故奉直大夫云南晋宁州刺史张公墓志铭》，墓主为张楫同父异母兄弟张模，《墓志铭》载：

> 公先世本楚应山人，始祖讳寿一，元季徙蜀，遂籍于涪之黑石里家焉。曾大父讳德昱。生大父云庵君，讳玄，正统辛酉科亚元，任济南教授，配唐氏。生牧庵君，讳善吉，丙戌进士，兵科都给事中，娶冯氏、武氏。冯氏生子三：曰柱，壬戌进士，南京户部主事；曰格，未仕；曰楫，楚府教授。武氏生三子：曰模，即公；曰檀，为都事；曰榜，郡庠生。①

另外，还有《明故显考妣张公石氏墓志铭》，墓主为张楫之兄张格夫妇，其中记载："次讳楫，由岁贡官辽府教授。"②

可见张楫为涪州名士，出身名门。由岁贡入关，曾任辽府、楚府教授。张氏与明代涪州望族夏氏(夏邦谟、夏国孝)还有姻亲。

---

① 中国文物研究所、重庆市博物馆编《新中国出土墓志·重庆》，文物出版社，2002年，259页。

② 中国文物研究所、重庆市博物馆编《新中国出土墓志·重庆》，文物出版社，2002年，254页。

张　璊　　　　联句和黄寿诗记　　明正德五年(1510)

张儒臣　　　　联句和黄寿诗记　　明正德五年(1510)

　　从《新中国出土墓志·重庆》所收录的《明故显考妣张公石氏墓志铭》可考得,张儒臣为张楫侄子,张楫之兄张格之子。墓志记载张儒臣有兄弟三人:"儒臣,陕西平凉府泾州儒学训导;舜臣,湖广长沙府攸县儒学训导;武臣,郡学生。"墓志铭亦载张儒臣之父母张格和石氏夫妇事父母、叔伯父母至诚至孝,"郡守黄公寿大书孝友表其门。而修郡志者更采取以垂范立教"。[①] 可见张氏与郡守黄寿之间的关系,因而,张儒臣之名出现在《联句和黄寿诗记》中,诗句为"小子心当同",且做为末句。

曾彦甲　　　　七叟胜游题记　　明天启七年(1627)

　　涪陵(今重庆涪陵)人。

朱麟祯　　　　萧星拱观石鱼记　　清康熙二十三年(1684)

　　明太祖朱元璋裔孙,出自代简王支。辽东荫生,康熙三年

---

① 中国文物研究所、重庆市博物馆编《新中国出土墓志·重庆》,文物出版社,2002年,254页。

(1664)曾任涪州知州。① 后因罪免。《姚端恪公集》载:"康熙九年(1670)五月,部覆,四川涪州知州朱麟祯戴罪造册援赦销案一事……"②

康熙二十三年(1684)忠州知州朱之琏叔夫。

朱之琏　　　萧星拱观石鱼记　清康熙二十三年(1684)

字商玉,号苍岩,奉天(今沈阳)人,汉军镶白旗人。监生,明太祖朱元璋第十三子代简王朱桂之后,恩赐阿思罕尼哈番朱廷槛之嫡孙,封为一等侯,世袭。③ 朱麟祯侄子。

康熙二十年(1681)任福建建阳县知县。④ 康熙二十三年(1684)继萧星拱之后为忠州知州。平恕为政,不事刑求,任内创修崇圣祠。⑤ 康熙三十一年(1690)知亳州,修学勤耕,才政交著。

---

①　(清)董维祺主修、冯懋桂等纂《重庆府涪州志》卷二《官籍》,《日本藏中国罕见地方志丛刊》第32册影印本,书目文献出版社,1992年,第413页。(清)黄廷桂、张晋生等纂修(雍正)《四川通志》卷三一《职官》,景印文渊阁四库全书,第560册,台湾商务印书馆,1986年,第671页。

②　(清)姚文然《姚端恪公集》卷五(清康熙二十二年姚士塈等刻本),《四库未收书辑刊》第7辑第18册,北京出版社,1997年,第274页。

③　(清)乾隆十二年敕撰《钦定皇朝文献通考》卷一二〇《群庙考二》,景印文渊阁四库全书,第634册,台湾商务印书馆,1986年,第641页。

④　(清)郝玉麟等监修,谢道承等编纂《福建通志》卷二七《职官八》景印文渊阁四库全书,第528册,台湾商务印书馆,1986年,第394页。

⑤　(清)黄廷桂、张晋生等纂修(雍正)《四川通志》卷三一《职官》,景印文渊阁四库全书,第560册,台湾商务印书馆,1986年,第670页。

迁安庆同知,后复委赈亳,饥民均沾实惠。① 三十六年(1695)调任,三十七年(1696)再任亳州知州。② 康熙五十三年(1714)任宣化府知府,雍正元年(1723)任正定府知府。③

雍正二年(1724)上谕称:

> 朕近于圣祖仁皇帝所贻书笥中检得未经颁发上谕一道,以明太祖崛起布衣,统一方夏,经文纬武,为汉唐宋诸君之所未及。其后嗣亦未有如前代荒淫暴虐亡国之迹,欲大廓成例,访其支派一人量授官职,以奉春秋,陈荐仍世袭之。朕伏读之下,仰见我圣祖仁皇帝海涵天覆,大度深仁,远迈百王,超轶万古。朕思史纪东楼诗歌白马,商周以来无不推恩前代,后世类多疑忌,以致历代之君,宗祀殄绝。朕仰体圣祖如天之心,远法隆古盛德之事,谨将圣祖所贻上谕颁发尔等。访求明太祖支派子姓一人,量授职衔,俾之承袭,以奉春秋祭飨。但恐有明迄今,年代久远,或有奸徒假冒致生事端,尔内阁大学士即会同廷臣详明妥议,以副圣祖仁皇帝宽仁矜恤之至意,钦此。"遵旨确访明代后嗣,镶白旗汉军知府朱之琏等六人引见。奉旨,朱之琏著授为一等侯世袭,其族内人丁准入正白旗。④

---

① (清)和珅等奉敕撰《大清一统志》卷八九《颍州府》,景印文渊阁四库全书,第475册,台湾商务印书馆,1986年,第778页。

② (清)赵弘恩等监修,黄之隽等编纂《江南通志》卷一一〇《职官志》,景印文渊阁四库全书,第510册,台湾商务印书馆,1986年,第239页。

③ (清)李鸿章修,黄彭年纂《畿辅通志》卷六〇《舆地志十五》,《续修四库全书》第631册,上海古籍出版社,2002年,第311页。

④ (清)乾隆十二年奉敕撰《钦定大清会典则例》卷三〇《吏部世爵》,景印文渊阁四库全书,第620册,台湾商务印书馆,1986年,第580页。

对于朱之琏后嗣情况,《皇朝文献通考》载:

> 一等侯朱之琏,汉军正白旗人,明太祖第十三子代简王桂后。雍正二年十二月,特旨加恩封一等侯,奉岁祀。乾隆十四年八月,赠一等延恩侯,世袭。朱震,朱之琏子,雍正九年四月袭。朱绍美,朱震子,乾隆十一年二月袭。十四年八月袭一等延恩侯缘事革职。朱仪凤,朱绍美侄,乾隆四十年十二月袭。①

周御奇　　萧星拱观石鱼记　　清康熙二十三年(1684)

字寅凡,浙江慈溪人。

张天如　　张天如等镌石鱼志　　清康熙二十三年(1684)

字明德,涪陵(今重庆涪陵)人。

张师范　　张师范题诗　　清嘉庆十八年(1813)
　　　　　　张师范题诗　　清嘉庆二十年(1815)

白鹤梁题刻所及之张师范,字晴湖,阳湖(今江苏武进)人。

---

① (清)乾隆十二年敕撰《钦定皇朝文献通考》卷二五四《封建考九》,景印文渊阁四库全书,第637册,台湾商务印书馆,1986年,第855页。

乾隆四十七年（1782）调任忠州巡检，有《郭建桥》七言绝句一首。① 诗云：

> 雨余云薄露峰高，洗出秋波可淡描。新接茅屋藏树底，夕阳市散郭公桥。

嘉庆十六年至二十二年（1811—1817）知涪州。涪陵人陈廷璠撰有《州牧晴湖张公祠碑记》载：②

> 公姓张氏，名师范，江苏阳湖人。初以簿秩入蜀，佐军务有功，擢县令。历任东乡、荥经、什邡、新繁等县，多惠政，有贤声，上官器重，复擢刺史。嘉庆十六年辛未来守是州。州，故涪陵郡也。左接巴渝，右界忠夔，前枕丰邑，却背黔彭，绵亘数百里，民物辐辏，俗尚不同，常称繁剧难理焉。公初下车，兴利除弊，有不便于民者悉更张之。政令严肃，听断若流，折狱必以情，虽世家巨族，亦不得干以私。廉明勤慎，与民休息，数年间风俗移易，狱讼衰息，几于刑措。方公之守涪也，岁屡旱，公设策备荒，无微不至。迨癸酉、甲戌间，旱尤甚，民大饥，死者相藉。郡县皆议请于上官发粟平粜。公曰，必待请于上而后行，文报往来，动需时日，则民死无噍类矣。乃先发粟而后以上闻，民藉以活者几千万人，上官亦祎之。涪旧有钩深书院，生童肄业其中，公岁延名师按月课艺，文风士习固已蒸蒸日上矣。而又虑幼学者之无所师资也，乃立义学二，一设东关，一设西关，捐俸延师，俾童蒙辈得就以归养

---

① （清）侯若源、庆徵修，柳福培纂《忠州直隶州志》卷一二《艺文志》，《中国地方志集成·四川府县志辑（第53辑）》，巴蜀书社，1992年，第608页。

② 涪陵市地方志编纂委员会《涪陵市志》，四川人民出版社，1995年，第1372页。

正。又大修孔子庙及北崖尹子三畏斋,其所以端教化而厚风俗,类如此。宋涪陵郡太守王公仙,守城不屈死,前明甲申殉难刑部主事我叔祖计安公大节凛然,向无特祀。公为请旨修建昭忠祠,春秋致祭,兼祀嘉庆二三年遭贼阵亡诸义民。并捐修三抚庙及厉坛、先农坛,则又所以重节义而崇祀典也。至若编联保甲,置买济田及重修养济院,虽皆奉行之事,要以实心行实政,而非徒苟且粉饰者。呜呼,士大夫平居论世,鲜不谓此身一出即可措斯民于仁寿,而末世之吏治不足言及,一旦躬膺简任,则又思所以恤身家、保妻子,大都计管钥耳,问苞苴耳,谁其虑及于士习民风,如公之廉而明、勤而慎哉。公之所治理如此卓卓,其系士民之思也固宜。丁丑春,公决计解组。涪士民遮道攀辕,请于上而留公行。公以年逾七旬,不欲久堕风尘,引疾去。士民感公之德,惜公之去,思而不已,乃立祠于三畏斋之西偏,以为岁时顶祝之所,以著涪士民客商爱戴之忱也,所以祝公之寿而康也。嘱璠为之记。璠亦部民也,部民共沐恩膏,戴德弗谖,只缘匏系边隅,心钦佩之而恨未得一见。然观于阖涪士民之思公如是诚,足以见公之所以出身加民者之大异乎俗吏之为也。古人云,得大贤而名益彰。璠不敏,合口碑以叙公德之可传,璠亦将附公之末以传矣,幸夫。

《涪陵县续修涪州志(民国)》载张师范涪州诗作两首,[①]一为《点易洞》:

---

① 王鉴清、施纪云等修纂(民国)《涪陵县续修涪州志》卷二二《艺文志五》,民国十七年铅印本,第7页。

烟波洞外一江横,岸碛研经独坐情。数百年前文运厄,九三驳里系辞精。时穷党祸符屯遯,道合天人有弟兄。涪水悠悠通洛水,古贤芳躅暮云平。

一为《不受暑斋》(地为伊川、和靖两先生后先栖身之所,壁镌伊子读书处):

书声去后梵音留,筑室今看洞壑幽。竹覆千竿忘九夏,襟批六月似三秋。羲皇一枕窗前卧,宏景三层物外游。面壁达摩尘垢净,飞泉漱漱泻山沟。

由于在一些研究中将张师范与书画家、桐乡乌镇张师范时常混淆,所以,对书画家张师范做一简单介绍。近代窦镇编《清朝书画家笔录》载:"张师范,乾隆十三、四年(1748、1749)以办军需有功,历官四川知县、知州。善为诗,尤工书。"[1]从白鹤梁题刻情况来看,《清朝书画家笔录》中记载的张师范与涪州知州张师范并非同一人。《清朝书画家笔录》所载张师范应该是:"(桐乡乌镇人),字司谏,号蒿村。雍正六年(1728)戊申岁贡生。善书法,工诗古文,有《蒿村遗诗》《平台记》《花外集》《谷堂集》。"[2]

朱　焜　　　白鹤梁铭(孙海题记)　清光绪七年(1881)

历下(今山东济南)人。

张元圭　　　濮文升题记　清光绪七年(1881)

---

[1] 窦镇《清朝书画家笔录》,台湾文史哲出版社,1983年,第213页。
[2] 窦镇《清朝书画家笔录》,台湾文史哲出版社,1983年,第213页。

营山(今四川营山)人。

张思源　　　濮文升题记　清光绪七年(1881)

顺德(今广东顺德)人,濮文升妹夫。

朱学曾　　　濮文升题记　清光绪七年(1881)
　　　　　　蒋蘅题记　清光绪八年(1882)
　　　　　　蒋蘅题记二　清光绪八年(1882)

宝应(今江苏宝应)人,濮文升外甥。

张元珏　　　濮文升题记　清光绪七年(1881)
　　　　　　蒋蘅题记二　清光绪八年(1882)

顺德(今广东顺德)人,濮文升外甥,张思源之子。

邹增祐　　　施纪云题记　民国四年(1915)

邹增祐(1857—1920),字受丞,涪陵人。成都尊经书院优材生,清光绪十七年(1891)举人,光绪二十一年(1895)进士。

光绪三十二年(1906)五月在广东新兴县知县任上,两广总督岑春煊上奏,朝廷传旨嘉奖。[①]

[①] 《清实录》第59册《德宗景皇帝实录(八)》卷五六〇,中华书局,1987年,第415页。

光绪三十三年(1907)三月,新兴县知县调补海阳县知县邹增祜……著传旨嘉奖。①

宣统元年(1908)十二月,嘉应州知州邹增祜,性情偏执,听断糊涂……著以教职归部铨选。②

邹增祜平生精研汉学,淹通经史,善诗文,著有《天风海水楼诗文集》。《涪州志》有其所作《圣门传经诸贤赞序》《募补成都郭外义冢启》《哀蓟北文》③《求雨救日月食议》《用兵古议述》《贞女议》《冷丧驳议》④《俄警乞盟》《黑鹰叹》《和议》《戊戌纪事》《庚子纪事》《新会厓门吊宋亡》⑤。

张树菁　　　施纪云题记　民国四年(1915)

秀才。

张宪星　　　杨鸿□题记　民国十二年(1924)

四川省下川东道隆昌(今四川隆昌)人。

---

① 《清实录》第59册《德宗景皇帝实录(八)》卷五七一,中华书局,1987年,第554页。

② 《清实录》第60册《宣统政纪》卷二八,中华书局,1987年,第519页。

③ 王鉴清、施纪云等修纂(民国)《涪陵县续修涪州志》卷二〇《艺文志三》,民国十七年铅印本,第3页。

④ 王鉴清、施纪云等修纂(民国)《涪陵县续修涪州志》卷二一《艺文志四》,民国十七年铅印本,第5页。

⑤ 王鉴清、施纪云等修纂(民国)《涪陵县续修涪州志》卷二二《艺文志五》,民国十七年铅印本,第3页。

周　□　　　　　杨鸿□题记　民国十二年（1924）

周极甫　　　颜爱博等题记　民国十九年（1931）

周极甫即周维干（1898—1952），又名极甫。祖籍合川县。曾读旧制中学，1922年入四川陆军讲武堂。历任川军刘湘部连长、营长、团长、少将旅长、少将指挥官等职。

抗日战争爆发后，川军出川作战，周极甫率部先后赴宜兴、溧水一带与日军作战。南京失守后，又奉调皖南一带接替江防任务，进而转赴繁阳、青阳、贵池一带对日作战。1938年，任21军147师439旅旅长，在江西鄱阳、景德镇等地抗日，曾参加江西马当战役，击溃日军进犯。这次战役震动较大，当时曾印《马当烽火》一书宣传，激励将士抗日卫国。1941年春，率部坚守彭泽、都昌、湖口三县。1942年，升任少将副师长。不久，因病回四川就医，遂脱离部队，定居遂宁北门"维园"。此后，未担任公职。这期间，除日常社交外，多勤于研究书法、篆刻。他擅长隶书、金石雕刻，好古典文学，爱集邮，粗通英文、法文。

遂宁县解放前夕，中国共产党地下党组织通过其子周必传（党员）做工作，积极争取周极甫出面组织"遂宁县临时治安委员会"，任主任委员；后更名"遂宁县解放委员会"，任主任委员，后又任副主任委员。为维持当时社会治安，迎接遂宁解放，做了有益的工作。

1950年1月5日，遂宁县人民政府成立后，曾任遂宁县第一届各界人民代表会议代表。1952年病故于江油，终年五十四岁。

张肇之　　　刘镜沅题记二　民国二十六年（1937）

曾海清　　　　何耀萱"白鹤梁记"　民国二十六年(1937)

周国均　　　　何耀萱"白鹤梁记"　民国二十六年(1937)

周哲生　　　　何耀萱"白鹤梁记"　民国二十六年(1937)

　　达县人,1927年考入上海联合中学。1928年于上海学成归来后任达县四高小校长。

赵海洲　　　　卢学渊题记　民国二十六年(1937)

张　拱　　　　张拱题诗　时代不详

中山乙公　　　　中山乙公游记　时代不详

张　侍　　　　张侍题记　时代不详

　　字行元。

附录一

北宋涪州知州考略

北宋乾德三年（965），宋灭后蜀。原后蜀的辖地纳入北宋版图，涪州成为北宋治下的州郡。两宋时期是涪州历史、文化、社会经济发展的重要时期，尤其是文化方面，一大批著名学者先后来到涪州，或讲学，或著述，一时之间，涪州几乎成为川东地区的学术文化中心。同样，两宋时期的涪州知州，对当地文化、经济的发展和繁荣产生了一定的影响。由于史书记载较为零散，多年来我们无法详细考察两宋时期涪州知州的情况。在李之亮先生的《宋川陕大郡守臣易替考》中，有夔州路，但也未见涪州。而白鹤梁题刻，不仅是我们对长江水文进行研究的重要数据，亦是我们梳理两宋涪州知州及其相关问题的主要资料，前贤对此问题的探讨还很薄弱。这里将依据白鹤梁题刻和其他典籍[①]，对北宋涪州知州任职情况及其相关职能等进行考察。

[①] 本文中对白鹤梁题刻内容的转录主要依据陈曦震、陈之涵《中国长江水下博物馆：白鹤梁题刻》，重庆出版社，2003 年；陈震曦主编《水下碑林——白鹤梁》，四川人民出版社，1995 年；（清）姚觐元《涪州石鱼文字所见录》，《石刻史料新编（第三辑一五）》，台北新文丰出版公司，1986 年；何凤桐《宋代长江水文题刻实录》，《贵州文史丛刊》，2002 年 1 期；曾超《三峡国宝——白鹤梁题刻汇录与考索》，中国文史出版社，2005 年。如无异议，直接录出不加注释，如有异议，则对相关内容进行说明并注释。

一、涪州知州编年考索

对北宋涪州知州的考索,实属不易。北宋时,涪州为下州,又在西南偏僻之地,史书对涪州的记载不仅简略而且稀少,今只能考出其中部分人物如下。

吴光辅　　太平兴国元年至端拱元年间(976—988)

吴光辅,大名人。北宋时,涪陵有灌溪名叫吴公溪,即是涪陵人民为了纪念涪州太守吴光辅而命名的。关于吴公溪的来历,康熙《涪州志》记载:"涪南水泛,多湻民居,光辅疏之,民免其害,故号吴公溪。"①宋人马提干《涪陵十韵》诗中也有"溪自吴公瀹,园由妃子传"②的句子。

北宋涪州城南还有吴公堂,"宋太守吴光辅疏城南溪便民取汲,其孙信仲仍守是邦,临溪建堂因名"③。

《舆地纪胜》载:"国初,太守吴侯游石瓮碛……"④

王　□　　端拱元年(988)

---

① (清)董维祺主修、冯懋桂等纂《重庆府涪州志》卷一《舆地》,《日本藏中国罕见地方志丛刊》第32册影印本,书目文献出版社,1992年,第146页。
② (宋)王象之《舆地纪胜》,台湾文海出版社,1971年,第1196页。
③ (清)黄廷桂、张晋生等纂修(雍正)《四川通志》卷二六《古迹》,景印文渊阁四库全书,第560册,台湾商务印书馆,1986年,第458页。
④ (宋)王象之《舆地纪胜》,台湾文海出版社,1971年,第1196页。

白鹤梁题刻《朱昂题记》载,端拱元年十二月,朱昂自瞿塘回遵义,途经涪陵,知郡琅琊王公□云:"石鱼再出水,岁复稔。"

吴信中(仲)　　约景德三年至天禧二年间(1006—1018)

《蜀中广记》记载:吴光辅为涪守,后三十年其孙仲复又守是邦,今吴公溪吴公山所为得名也①。

阮中度　　天圣元年(1023)之前

阮中度,字正甫。福建建阳人。阮思道从子(或侄子)。博学,尤邃于《易》。端拱二年(989)中进士。居官仁恕,曾知密城县。

《宋故太孺人阮氏墓志铭》载:"赠承议郎陈公公甫之配太孺人,阮氏,名徽,字德媛。其先建州建阳人,杨文公所称阮思道学士能默记数千言于书不再读者,太孺人之大宗也。其祖中度,与承议之曾大父文忠公同年进士,文忠公器其文行,以职方员外郎、知涪州卒。"②

陈文忠公,即陈尧叟,阆州阆中人,端拱二年状元及第。其弟文惠公尧佐,是年进士,康肃公尧咨,咸平三年状元及第,三人皆秦国公陈省华之子。鉴于陈文忠公在北宋王朝的身份以及家族

---

① (明)曹学佺著《蜀中广记》卷一九《下川东道·重庆府》,景印文渊阁四库全书,第591册,台湾商务印书馆,1986年,第239页。

② (宋)晁说之撰,晁子健编《景迂生集》卷二〇《宋故太孺人阮氏墓志铭》,景印文渊阁四库全书,第1118册,台湾商务印书馆,1986年,第387页。

地位,上述《阮氏墓志铭》中的记载应该是真实可信的。

张　迪　　天圣元年至景祐元年(1023—1034)

张迪,河南开封大梁人,宋代著名理学家张载之父。宋真宗天禧四年(1020),张迪在长安任职,张载出生在长安。宋仁宗天圣元年(1023)张载四岁,张迪知涪州事,张载与母随父至四川涪州(今涪陵县)任所。"父迪,仕仁宗朝,终于殿中丞,知涪州事。赠尚书都官郎中。涪州卒于西官,诸孤皆幼,不克归,侨寓于凤翔眉县横渠镇之南大振谷口,因徙而家焉。"① 宋仁宗景祐元年(1034),张载十五岁,弟张戬五岁,张载父张迪殁于涪州任所,由涪州地方出资运张迪灵柩出川回开封,张载和弟戬与母亲一起扶棺欲回开封,行至陕西眉县横渠镇,突闻前边发生兵变而无法前行,全家只好居住于横渠大振村,葬父张迪于大振谷口迷狐岭。

邹　霖　　皇祐元年(1049)

白鹤梁题刻《刘忠顺等唱和诗》:"圣宋皇祐元年正月十二日。知涪州军州事邹霖命工刻石。"

邹霖,字仲说,天禧三年(1019)进士,由浙江钱塘迁居常州,历任筠州推官、尚书都官、涪州、鼎州知州,为常州邹氏始祖,娶孙氏,生一子戬,至和元年(1054)卒。其父邹元庆,字进发,任宋东头供奉官,娶周氏,生十子(常州城内十子街地名即源于此)。其

---

① (宋)张载著,章锡琛点校《张载集》附《吕大临横渠先生行状》,中华书局,1978年,第381页。

中邹贾、邹覃、邹霖皆中进士,其余七子散居四方。①

武　陶　　嘉祐二年(1057)

白鹤梁题刻《武陶等游石鱼题记》载"尚书虞曹外郎、知郡事武陶熙古"。

武陶,字熙古。郡望不详。庆历四年(1044),曾任宁化军通判、大理寺丞,为人勤干。②

姚　涣　　约治平元年(1064)前

姚涣(999—1065),字虚舟,普州(治今四川安岳)人,仁宗景祐元年(1034)进士。姚涣世家长安。隋代开皇年中,姚涣先祖姚景彻,以征讨平泸夷战争,立战功被任命为普州刺史。姚景彻去世后,其子孙后代遂定居于普州。初任官监益州交子务(当在仁宗前期),后知峡州、知涪州,治平二年(1065),六十七岁终于光禄卿。③

---

① 关于常州邹氏相关情况,主要参阅上海图书馆藏,邹元瀛等纂修《余姚北城邹氏宗谱》,光绪六年(1880年)敦睦堂木活字本。江苏省常州市图书馆藏,邹瑞发、邹松南主修《江苏武进毗陵邹氏赵墅宗谱》,光绪十一年(公元1885年)显忠堂木刻活字印本。中国社会科学院历史研究所图书馆藏,吴敏纂修《江苏武进邹氏家乘(四十八卷)》,光绪十四年(1888年)敦睦堂铅印本。

② (宋)欧阳修撰,周必大编《文忠集》卷一一六《河东奉使奏草》卷下,景印文渊阁四库全书,第1103册,台湾商务印书馆,1986年,第191页。

③ (宋)郑克撰《折狱龟鉴》卷四《议罪》,景印文渊阁四库全书,第729册,台湾商务印书馆,1986年,第909页。

姚涣官任监益州交子务时,发现主管暗中贪污的隐情,贪罪应当判死罪。但姚涣说:"戮人以干泽,非吾志也,义不蔽奸而不已。"于是勒令贪者退还赃财物,请使者裁决,他不愿因此而受奖赏。虽然贪官都受到制裁,但都保住了性命。① "姚涣却赏"这个典故就是因此而来。

姜齐颜　　　熙宁七年(1074)

白鹤梁题刻《韩震等题记》载:"暇日,因陪太守、驾部员外郎姜齐颜亚之同观石鱼。"

郑　颢　　　元丰八年(1085)

白鹤梁题刻《郑颢题记》载有:"知(涪陵)郡事郑颢愿叟及其子知□、知□、知常、知荣。"

郑颢,昌州大足人,"治平中进士,年份无考"②。

赵士关　　　元祐四年(1089)

《长编》记载:"(元祐四年)十一月己巳,故陈州观察使陈国公仲合(邰)之嫡长子、右武卫大将军、涪州刺史士关为陈

---

① (明)曹学佺著《蜀中广记》卷四四《人物记四》,景印文渊阁四库全书,第591册,台湾商务印书馆,1986年,第611页。
② (清)王德嘉、高云从修《大足县志》,光绪三年刻本,第36页。

国公。"①

杨嘉言　　元祐六年(1091)

白鹤梁题刻《杨嘉言题记》:"圣宋元祐六年辛望日……朝奉郎知军州事杨嘉言令绪题。"

杨嘉言,元祐六年(1091)知涪州军州事。绍圣四年(1097),以朝散郎任漳州知州事,至崇宁二年(1103)。② 崇宁三年(1104)为处州太守。③ 浙江《丽水县志》也记载:"烟雨楼,郡守杨嘉言建,范成大书榜。"④

姚　珏　　元祐八年(1093)

白鹤梁题刻《姚珏等题记》载:"元祐癸酉正月中浣前一日,郡守姚珏率幕宾钱宗奇……"元祐癸酉年,即元祐八年(1093)。

杨元永　　崇宁元年(1102)

白鹤梁题刻《杨元永题记》载"知郡事□□杨元永刚中"。题

---

① (宋)李焘《续资治通鉴长编》卷四三五,中华书局,1995年,第10473页。
② (清)沈定均续修,吴联薰增纂(光绪)《漳州府志》卷九《职官》,《中国地方志集成·福建府县志辑(第29辑)》,上海书店,2000年,第162页。
③ (清)顾祖禹撰,贺次君、施和金点校《读史方舆纪要》卷九四《浙江》六,中华书局,2005年,第4346页。
④ 李钟岳等修,孙寿芝纂(民国)《丽水县志》卷六《古迹》,《中国方志丛书》,成文出版社有限公司,1975年,第469页。

刻中看不清楚的两个字,即"□□"应该是"弘农",杨元永的郡望。由此可知,杨元永,字刚中,弘农杨氏。

元祐五年至六年(1090—1091),杨元永曾任山东费县知县。① 元祐六年,杨元永任费县知县的第二年,路过颜鲁公故里诸满村,见鲁公祠庙低矮破旧,决议重加修葺。沂州知军州事梁彦深得报即上报京都太常寺,太常寺上言春宫,奏请朝廷批准了这项请求。由于原庙地僻在荒棘,经知县杨元永同意后,颜氏子孙自家出钱在县城东买地,当年冬将鲁公庙由诸满迁置至此。②

颜鲁公庙在县城建成后,知县杨元永又谋筹立碑,邀请好友左承议郎、尚书职方员外郎、文名震于朝野的曹辅撰写阳面碑文《唐鲁郡颜文忠公新庙记》,碑文叙述改建颜鲁公庙的缘由和经过,以仰慕之情叙议颜氏先祖、三国魏青、徐二州刺史、关内侯颜盛,始自鲁居于琅琊孝悌里,及后裔颜真卿、颜杲卿二公忠义光天下的事迹。碑文记载"元祐六年,洪农杨君元永为邑之二年也。"③ 可见杨元永的郡望是洪农,即弘农(今河南灵宝一带)。

庞恭孙　　崇宁年间至大观二年(约1106—1108)

白鹤梁题刻《庞恭孙题记》载:"大宋大观元年正月壬辰,水去鱼下七尺,是岁夏秋果大稔,如广德大和所纪云。二年正月壬戌,

---

① (清)李敬修修(光绪)《费县志》卷五下《祠堂》,《中国地方志集成·山东府县志辑(第57辑)》,凤凰出版社,2004年,第149页。

② 魏宝玉《碑拓奇珍——费县鲁公庙暨唐鲁郡颜文忠公新庙记》,《春秋》1997年5期。

③ (清)李敬修修(光绪)《费县志》卷五下《祠堂》,《中国地方志集成·山东府县志辑(第57辑)》,凤凰出版社,2004年,第144页。

朝奉大夫知涪州军州事庞恭孙记。"

庞恭孙,字德孺,武城(今属山东)人,北宋名臣庞籍之孙。《宋史·庞籍传》附有庞恭孙传记,但对知涪州事记载不详。

《续资治通鉴》记载道:"崇宁中,以斩叛蛮向文疆功,擢知涪州。"①庞恭孙在涪州的活动,与此地少数民族活动密切相关。政和二年(1112),"徙知成都,以开边为己任。"②《宋史》亦载:"席旦上章劾才叔为奸利敛困诸蕃之状,宰相不悦,代以庞恭孙,而徙旦永兴。恭孙俄罪去,加旦述古殿直学士,复知成都。"③

南宋绍兴十一年(1141)"柘皋之战",这是南宋初年宋军抗金战争中的一场重要战役,金军惨败而逃,一直北逃到紫金山(今寿县东南),被迫退出庐州。庞恭孙当即作《闻虏人败于柘皋作口号十首》,愤怒控诉南侵金兵罪行,热情歌颂抗金英雄战绩,无情嘲讽投降乞和派。

司马机　　政和二年(1112)

白鹤梁题刻《王蕃诗并序》载:"司马机才孺为涪陵督邮,实摄郡事。"司马机,字才孺,政和二年以涪州录事参军身份,摄郡事。

督邮,这里指州录事参军,位序在诸曹参军之上。原为汉代郡守佐官,掌纠举违法及狱讼等事,其执掌与录事参军事近。④ 宋

---

① (清)毕沅《续资治通鉴》卷八八《徽宗》,上海古籍出版社,1986年,第466页。
② (清)顾祖禹撰,贺次君、施和金点校《读史方舆纪要》卷七〇《四川》五,中华书局,2005年,第1724页。
③ (元)脱脱等《宋史》卷三四七《席旦传》,中华书局,1985年,第11016页。
④ 龚延明《宋代官制辞典》,中华书局,1997年,第546页。

代遂有将州府录事参军称之为"督邮"。

吴 革 宣和四年(1122)

白鹤梁题刻《吴革题记》载:"时宣和四年十二月十五日……朝奉郎、权知军州事吴革题。"

吴革,宣和年间出任涪州知州,南宋建立后,历任江西转运副使、两浙转运使,曾知衢州等地。

对于在白鹤梁留题的涪州知州吴革,长期以来有不同意见和认识。较多的指向是吴延祚七世孙、靖康二年死难的吴革。我们以为,在《宋史》卷四五一《忠义传》里对吴革之事的记载没有丝毫提到吴革任涪州知州之事是准确的,此人并未在宣和年间南下为官,也未出任过涪州知州。宣和四年出任涪州知州的吴革并非此人,而是另有他人。

二、涪州知州执掌及相关问题

宋代涪州,为下州,军事州。《宋史》载:"熙宁三年,废温山县为镇。大观四年,废白马砦。咸淳二年,移治三台山。元丰户一万八千四百四十八。贡绢。县三:涪陵,下。有白马盐场。乐温,下。武龙。下。宣和元年,改武龙县为枳县。绍兴元年依旧。"①

1. 涪州知州基本职能

宋代知州全称为知某州军州事,习惯上又称为郡守、太守、刺

---

① (元)脱脱《宋史》卷八九《地理志五》,中华书局,1985 年,第 2228 页。

史、牧、州将、州长吏等别称。从下表可以看到,北宋涪州知州往往出现不同的称呼:

人名	吴光辅	王□	吴信中	阮中度	张迪	邹霖	武陶	姚涣	姜齐颜	郑顗	赵士关	杨嘉言	姚珏	杨元永	庞恭孙	司马机	吴革
官职称呼	涪守	知郡	涪守	知涪州	知州事	知军州事	知郡事	知涪州	太守	知郡事	刺史	知军州事	郡守	知郡事	知军州事	摄郡事	权知军州事

依据宋代的制度,根据官品的不同,知州还有判某州、充某州、权知某州、权发遣某州等之区别。《宋史》载:"宋初革五季之患,召诸镇节度会于京师,赐第以留之,分命朝臣出守列郡,号权知军州事,军谓兵,州谓民政焉。"①其后,文武官参为知州军事,二品以上及带中书、枢密院、宣徽使职事,称判某府、州、军、监。端拱以后"权知某州军州事"的"权"字被正式去掉,知州始成为名正言顺的州级最高长官。② 端拱以后,有"权"字者,往往是文臣资任差一任(或品未及)而任州守者。按条法,以知州资序人(第二任通判人)得荐举堪充知州,属隔一等而升,即需带"权"字。③ 宣和年间,吴革以朝奉郎(正七品)身份出任涪州知州(下州,从六品),或因品未及,或因资任差一任,因此,为"权知涪州军州事"。司马机以录事参军身份领涪州,则称为"摄郡事"。

在宋代,知州(府)事(即知州、知府)"掌总理郡政,宣布条教,导民以善而纠其奸慝;岁时劝课农桑,旌别孝悌;其赋役、钱

---

① (元)脱脱《宋史》卷一六七《职官志七》,中华书局,1985 年,第 3973 页。
② 苗书梅《宋代知州及其职能》,《史学月刊》1998 年 6 期。
③ (宋)李焘《续资治通鉴长编》卷三四五,中华书局,1995 年,第 8273 页。

谷、狱讼之事,兵民之政皆总焉"。①

所谓"知某州军州事"的"军"即指军政,"州"乃谓民政。宋代藩府要郡的知府或知州如太原府、定州等处长官多兼一路安抚使、马步军都总管等职,被称为帅守,其他一般州郡往往兼一州兵马都监、钤辖巡检等。知州是中央政府派在一州的政府代表,起着上情下达的桥梁作用,"宣布诏条,以教化导民善,而以刑罚纠其奸慝"②为知州的首要职责。凡朝廷所颁法令条制及赦宥诏令,知州须首先领会其旨意,然后率属官颁布于全境。而风俗治理、赈灾救济等事务也是知州的职责。

从白鹤梁题刻的内容可知,"涪以石鱼出水,占岁事之丰,彰太守之贤也。""石鱼出水兆丰年",地方官员们对石鱼出水极为重视,但凡石鱼出水必亲往而视之,还以题刻的方式留名于上,以彰显于后世。这也影响了涪州历任官员,在任时关心民政,积极处理地方事务,造福百姓,以期石鱼出水。史籍多有涪州知州在任上治理水患,疏浚河道溪流,以利百姓的记载。如宋太宗淳化四年(993)"自七月雨,至是不止。是月,河水溢,坏澶州。江溢,陷涪州。"涪州地方官员积极上奏朝廷,请求朝廷予以赈济,朝廷遂下诏:"溺死者给殓具,澶人千钱,涪人铁钱三千,仍发廪以振。"③

2. 处理民族事务

宋代涪州辖区内人口民族成分复杂,周边也是"蛮夷环绕",对政权的稳固和社会经济的发展有一定的影响。因此,作为涪州

---

① (元)脱脱《宋史》卷一六七《职官志七》,中华书局,1985年,第3974页。
② (元)脱脱《宋史》卷一九九《刑法志一》,中华书局,1985年,第4972页。
③ (元)脱脱《宋史》卷五《太宗本纪二》,中华书局,1985年,第92页。

知州,正确处理好当地的民族关系,事关重大。

先隶涪州、后隶南平军的宾化县就是以蛮夷为主的地区。"熙宁三年,转运使孙固、判官张诜使兵马使冯仪、弁简、杜安行图之,以祸福开谕,因进兵,复宾化寨,平荡三族。以其地赋民,凡得租三万五千石,丝绵一万六千两。以宾化寨为隆化县,隶涪州;建荣懿、扶欢两寨。其外铜佛坝者,隶渝州南川县,地皆膏腴。"后来,宋政府建南平军,"以渝州南川、涪州隆化隶焉"。①

涪州周边,蛮夷杂居,史载:

> 黔州、涪州徼外有西南夷部,汉牂柯郡,唐南宁州、牂柯、昆明、东谢、南谢、西赵、充州诸蛮也。其地东北直黔、涪,西北接嘉、叙,东连荆楚,南出宜、桂。俗椎髻、左衽,或编发;随畜牧迁徙亡常,喜险阻,善战斗。部族共一姓,虽各有君长,而风俗略同。宋初以来,有龙蕃、方蕃、张祷、石蕃、罗蕃者,号"五姓蕃",皆常奉职贡,受爵命。②

在涪州西南,还有高州蛮,"故夜郎也"。③

总体来看,"自黔、恭以西,至涪、泸、嘉、叙,自阶又折而东,南至威、茂、黎、雅,被边十余郡,绵亘数千里,刚夷恶獠,殆千万计。自治平之末讫于靖康,大抵皆通互市,奉职贡,虽时有剽掠,如鼠窃狗偷,不能为深忠,参考古今,辨其封域,以见琛赆之自至,梯航之所及者尔"。④

面对这种复杂的关系和形势,涪州知州的一项重要职责就是

---

① (元)脱脱《宋史》卷四九六《蛮夷传四》,中华书局,1985年,第14240页。
② (元)脱脱《宋史》卷四九六《蛮夷传四》,中华书局,1985年,第14241页。
③ (元)脱脱《宋史》卷四九六《蛮夷传四》,中华书局,1985年,第14243页。
④ (元)脱脱《宋史》卷四九六《蛮夷传四》,中华书局,1985年,第14244页。

处理与少数民族的关系。这种处理,不仅是采用适当的政策措施进行安抚,还要施行宋王朝的羁縻政策和互市制度,以加强对边疆少数民族地区的有效管辖。

姚浼"知涪州时,宾化蛮多犯境,浼施恩信抚纳,酋豪争罗拜庭下,迄浼去无警"。①

庞恭孙,"崇宁中,以斩叛蛮向文疆功,擢知涪州"。② 在庞恭孙的经营下,大观元年十二月,涪州夷骆世叶、骆文贵内附。③ 大观二年,"复置珍州亦曰乐源郡。时涪州守庞恭孙诱属夷内附置,时又置承州"。④ "西南夷赴涪、泸、南平军纳土归顺。三州地里辽远,泸州又隶梓州路。相望隔越,抚纳劳徕,守佐之臣未必能办其事。新附之民,初归王化,苟失其情,使其心悔,非率服蛮夷之道。除涪州已差庞恭孙外,泸州差赵遹、南平差崔于坚前去,专一措置,仍疾速施行。"⑤北宋政府通过对少数民族的恩威并施,加上羁縻府州的设立,同时以互市作为羁縻制度的重要补充,在地方官员的积极经营下,正确处理民族关系。

嘉祐年间,即在武陶出任涪州知州时期,"补涪州宾化县夷人为义军正都头、副都头、把截将、十将、小节级,月给盐,有功以次迁,及三年无夷贼警扰,即给正副都头,紫小绫绵旋襕一。涪陵、武龙二县巡遏将,砦一人,以物力户充,免其役"。而且进一步规

---

① (清)黄廷桂、张晋生等纂修(雍正)《四川通志》卷三三《选举》,景印文渊阁四库全书,第561册,台湾商务印书馆,1986年,第33页。
② (清)毕沅《续资治通鉴》卷八八《徽宗》,上海古籍出版社,1986年,第466页。
③ (元)脱脱《宋史》卷二〇《徽宗本纪二》,中华书局,1985年,第376页。
④ (清)顾祖禹撰,贺次君、施和金点校《读史方舆纪要》卷七〇《四川》五,中华书局,2005年,第1733页。
⑤ 司义祖《宋大诏令集》卷一四九《政事二》,中华书局,1962年,第552页。

定"其义军土丁,岁以籍上枢密院"。① 宋朝在民族成分复杂的西南地区实行羁縻政策。在涪州,我们看到了以归附的少数民族组成义军,由朝廷委任官职,并按照官职大小,每月给一定数目的盐,如果有军功,则以军功大小进行迁升。在这个过程中,涪州知州及其他地方官员就是这些事务的主要参与者和管理者。

大观三年(1109)六月,"泸南夷纳土,诏以为珍州"。九月,"黔南、安化上三州及南、思诸峒并湖北辰、靖等州诸蛮及涪州、夔州、南平军夷人并纳土,幅员二万七千余里。蔡京表贺"。②

由于朝廷措施得当,加之地方官处置有方,总体而言,终宋一代,西南地区的各民族与宋王朝的关系较为和睦。宋朝建立后,对南方和西南各民族施以羁縻之道,"树其酋长,使自镇抚,始终蛮夷遇之"③。不过,正如宋人所言,这种方法也并不是控制各民族的"经久之策"④。各民族"或以仇隙相寻,或以饥馑所逼,长啸而起,出则冲突州县,入则负固山林,致烦兴师讨捕。虽能殄除,而斯民之荼毒深矣"⑤。在这种情况下,宋王朝就利用互市作为羁縻制度的一项重要补充形式。终宋一代,宋王朝在四川边疆、荆湖南北路边境、广南西路边境的各州军开设众多的互市榷场,与各民族互市。⑥"凡遇蛮贼作过,必先止其岁犒,绝其互市,发兵增戍",待各民族"屈膝请命","乃赦其罪","与边吏歃血,申立信

---

① (元)脱脱《宋史》卷一九一《兵志五》,中华书局,1985 年,第 4743 页。

② (清)黄以周等辑注,顾吉辰点校《续资治通鉴长编拾补》卷二八,上海古籍出版社,2006 年,第 948 页。

③ (元)脱脱《宋史》卷四九四《蛮夷传一》,中华书局,1985 年,第 14189 页。

④ (元)脱脱《宋史》卷四九四《蛮夷传一》,中华书局,1985 年,第 14190 页。

⑤ (元)脱脱《宋史》卷四九四《蛮夷传一》,中华书局,1985 年,第 14190 页。

⑥ 林文勋《宋代西南地区的市马与民族关系》,《思想战线》1989 年 2 期。

誓,永不犯边,方与放行岁犒及通互市,渐次撤警班师,各使夷汉安于无事"。①

在川东一带的各民族,"无他求,所欲唯盐耳",上述给宾化夷人头目任职、给盐也是明证。宋王朝针对这一情况,决定与这些民族开展盐粮互市。这一消息在当地传播开来,"群蛮感悦,因相与盟:不为寇抄,负约者,众杀之。且曰:天子济我以食盐,我愿输与兵食。"②由此可见,宋王朝利用羁縻政策和互市对各民族施以控制的政策在一定程度上确实达到了目的。宋代涪州的地理位置和民族关系使其成为这种政策实施的主要地区,涪州知州等官员则成为主要的参与者,而从资料来看,姚涣、武陶、庞恭孙等知涪州时期则是宋朝这种政策在涪州实施的最典型的代表。

3. 管理贬黜官员

因为山水密布的地理特点和交通不便的地理条件,宋代涪州还是朝廷贬黜官员的常居之地。这样,涪州地方官员还要管理这些官员。这些官员被贬黜的原因各异,日后的结局也是未知,所以地方官员往往对这些人有礼有节,尽力善待。北宋时期,贬黜涪州的官员主要有以下几人:

阎矩。太平兴国七年(982)五月癸巳,"西京留守、判官阎矩,贬为涪州司户参军,前开封府推官孙屿为融州司户参军,皆秦王廷美官属,坐辅导无状也"。③

刘彝。福州人,字执中,熙宁年间,为两浙转运判官。在桂州

---

① 傅增湘《宋代蜀文辑存》卷七二,北京图书出版社,2005年,第1227页。
② (元)脱脱《宋史》卷四九四《蛮夷传一》,中华书局,1985年,第14189页。
③ (宋)李焘《续资治通鉴长编》卷二三,中华书局,1995年,第519页。

知州任上,禁止与交趾互市,致使交趾陷钦、廉、邕三州,遂被贬为均州团练副使,安置随州。又除名为民,编隶涪州,徙襄州。①

吴敏。真州人,字符中。钦宗即位,迁知枢密院事,拜少宰。吴敏主和议,与太宰徐处仁意见不合,常常于宋钦宗前相互攻讦。后以其言论庇护蔡京父子,"出知扬州,再贬崇信军节度副使,涪州安置。建炎初,移柳州。俄用范宗尹荐,起知潭州,敏辞免,丐宫祠,乃提举洞霄宫。绍兴元年,复观文殿大学士,为广西、湖南宣抚使"。②

黄庭坚,字鲁直,自号山谷道人,晚号涪翁,又称豫章黄先生,洪州分宁(今江西修水)人。绍圣初,新党谓其修史"多诬","贬为涪州别驾,黔州安置,言者犹以处善地为法"。③ 徽宗初,羁管宜州卒。

程颐,字正叔。绍圣四年(1097),以党论削籍,"编管"涪州,至元符三年(1100)正月解除管制,移往峡州(今湖北宜昌)"任便居住",在涪州总共生活了两年有余。④

对以上官员主要是采用"编管""安置""居住"等方式,都要由地方官员对其进行居住和活动的监视和管理,这些被管理的官员,也要定期接受当地知州的召见。

总体来说,在涪州的这些贬官还是能受到地方官员的礼遇的,所以,黄庭坚在涪州北岩留题刻书,与地方官员相互交游。而程颐在涪州两年期间,一直住在长江北岸北岩的普净院,并在这

---

① (元)脱脱《宋史》卷三三四《刘彝传》,中华书局,1985 年,第 10729 页。
② (元)脱脱《宋史》卷三五二《吴敏传》,中华书局,1985 年,第 11124 页。
③ (元)脱脱《宋史》卷四四四《文苑传六》,中华书局,1985 年,第 13110 页。
④ (元)脱脱《宋史》卷四二七《道学传一》,中华书局,1985 年,第 12720 页。

里完成了他最重要的学术著作《周易程氏传》(或称《程氏易传》《伊川易传》)。① 涪州北岩也因此在南宋庆元党禁以后成为了程朱理学的发祥地之一。

4. 川籍涪州知州问题

北宋平蜀后,四川地区归于宋朝版图,成为宋朝统一南方的财源基地。前期,宋朝侧重于从富庶的蜀地征敛财物,忽略了对蜀地士人的团结和民众的安抚,造成社会的动荡不安。中期以后,宋朝调整了治蜀方略,大量任用蜀人,蜀地遂社会安定,人才辈出,蜀人成为北宋朝廷重要的政治力量,活跃于政治舞台,尤其诏令蜀人可以在蜀地为官,也为宋代蜀地的发展产生了积极影响。

宋平蜀的次月,即965年三月,原后蜀文州刺史全师雄被叛宋的蜀兵推以为帅,聚众10余万,号"兴国军",攻占蜀地数州,这种形势下,先后有17州起兵响应,北宋调集大军进剿,直到次年八月方将叛乱平定下去。淳化二年(991),任诱为首的起义军攻打昌州、合州。三年(992),荣州、戎州、资州、富顺监一代相继发生起义。② 淳化四年(993),遍及四川一部的王小波、李顺起义爆发,次年,其部将张余率军先后攻克嘉、戎、泸、渝、涪、忠、万、开等州,③至道二年(996),起义失败。咸平三年(1000),又有王均兵变。

自965年至1000年,宋初四川地区的武装斗争长达30余年,

---

① 卢连章《二程学谱》,中州古籍出版社,1988年,第43页。
② (元)脱脱《宋史》卷三〇八《卢斌传》,中华书局,1985年,第10140页。
③ (宋)李焘《续资治通鉴长编》卷三六,中华书局,1995年,第789页。

规模大。时间长,给北宋政府带来了极大的震动。宋初四川地区大规模的起义被镇压下去之后,"川陕(峡)选官多惮行",①官员们心有余悸,都惧怕到四川做官。

宋初四川人民的反宋斗争,调整了四川地主阶级和北宋中央王朝之间的关系,北宋政府认识到,要在四川巩固统治,实现长治久安,必须依靠和团结四川的地方势力,太宗因"上言者以为四川兆乱,职豪民啸聚旁户之由也",因此下诏"州县,责任乡豪……得肃静寇盗,民庶安堵者,并以其豪补州县职以劝之。"②从而改变了宋代初期排斥、歧视四川地区地主阶级和知识分子的政策,开始注意联合和启用四川的地主阶级和知识分子,共同对四川人民进行统治。同样,利用四川士人出任四川地区的地方官员,也是充分利用他们对区域历史、地理、文化、语言、习惯等方面的熟悉。作为四川地区的地主阶级和知识分子,也改变了不乐仕进的态度,积极地入仕做官,从而促进了宋代四川地区文化的发展,也使宋代四川地区人才辈出。

宋朝还令益、利、梓、夔四路转运使、提点刑狱、钤辖等文武官员,"察所部官吏,弛慢贪虐"③和"贪滥苛刻、庸懦疾病以害民妨务"④者,上报朝廷,对他们进行严肃的处理。

宋朝在鼓励四川地区士大夫入仕的同时,还逐步解除了蜀人不能在蜀地为官的禁令,依靠四川人来治理蜀中的臣民。天禧四年(1010)规定,官吏中川峡有科名历任无赃罪经举荐者,三任内

---

① (元)脱脱《宋史》卷三〇七《凌策传》,中华书局,1985年,第10129页。
② (清)徐松辑《宋会要辑稿》卷三八九四《职官》七四之二,中华书局,1957年,第4062页。
③ (宋)李焘《续资治通鉴长编》卷一六五,中华书局,1995年,第3964页。
④ (宋)李焘《续资治通鉴长编》卷一七四,中华书局,1995年,第4201页。

许一任去本贯三百里外守官。其年老致仕者,"亦听还乡。"天圣八年(1020),宋朝正式允许蜀人在本地做官。"集贤校理彭乘以亲在蜀,恳求便官,诏乘知普州。蜀人得乡郡,自彭始。"①

从上述涪州知州的考索可以看到,姚涣,普州安岳人,治平元年前任涪州知州;郑顗,昌州大足人,元丰年间出知涪州。显然北宋王朝利用熟悉当地风俗民情和语言习惯的四川人出任四川地区的官员,尤其是知州一级,已经成为普遍的情况了。用蜀人治理蜀地的政策,收到了很好的效果,他们爱家乡、知乡情、熟乡语,勤政安民,使宋朝在四川的统治更加巩固。

这些四川人在当地为官,给北宋时期四川地区的稳定和发展都带来了积极的影响。史书记载,"赋无横敛,刑无滥罚,政无暴,民无党",政治统治较为清明。而百姓"力于农则岁丰,工于业则财羡。惟安和是恃,惟嬉游是图。甚者以至饥寒而竟逸乐。倪绳以赏罚而驱之于盗,不忍为也",社会风气较好。"士兵之籍于郡者,大率柔而多畏,冗而不足用",骄纵横行的士兵也很少见到。总之,呈现出"验于政则甚和,审于民则自安,度于兵则无状"②的社会秩序稳定,局面安定祥和的态势。由此也说明北宋政府的这项措施和制度是符合实际的。

结　语

白鹤梁题刻文献是研究宋代涪州的重要资料,其突出的作用不仅在于其对水文的记录,将题刻文献与其他古代典籍中关于涪

---

① (宋)李焘《续资治通鉴长编》卷一〇九,中华书局,1995年,第2545页。
② 傅增湘《宋代蜀文辑存》卷七二,北京图书馆出版社,2005年,第1227页。

州知州的记载进行梳理分析和深入探讨,更能使我们对北宋时期17位涪州知州的基本情况有了初步了解,从中还可看到北宋涪州知州正确积极地处理涪州及周边的民族关系和民族事务、管理贬黜涪州的官员的相关情况,而对于川籍士人出知涪州情况的探讨,反映出北宋王朝针对四川地区形势而在官员选任上采取的积极有效的对策。

原载《长江师范学院学报》2012年第9期

附录二

南宋涪州知州考略

北宋乾德三年（965），宋灭后蜀。原后蜀的辖地纳入北宋版图，涪州成为北宋治下的州郡，直到南宋灭亡纳入元代版图。两宋时期是涪州历史、文化、社会经济发展的重要时期，同样，两宋时期的涪州知州，也对当地文化、经济的发展和繁荣产生了一定的影响。由于史书记载较为零散，多年来我们无法对两宋时期涪州知州的情况详细考察。而白鹤梁题刻的内容，不仅是我们对长江水文进行研究的重要数据，亦是梳理两宋涪州知州的主要资料。本文将依据白鹤梁题刻和其他典籍，对南宋涪州知州任职情况及其相关问题等进行探讨。①

---

① 本文中，对白鹤梁题刻内容的转录主要依据的图版为陈曦震、陈之涵《中国长江水下博物馆：白鹤梁题刻》，重庆出版社，2003年；陈曦震主编《水下碑林——白鹤梁》，四川人民出版社，1995年；同时参考其文字介绍及以下各种典籍的记载，主要有：(清)姚觐元《涪州石鱼文字所见录》，见《石刻史料新编》(第三辑一五)，台北新文丰出版公司印行，1986年；(清)陆增祥《八琼室金石补正》，文物出版社，1985年；曾超《三峡国宝——白鹤梁题刻汇录与考索》，中国文史出版社，2005年；水利部长江水利委员会编《长江三峡工程水库水文题刻文物图集》，科学出版社，1996年；何凤桐《宋代长江水文题刻实录》，载《贵州文史丛刊》2002第1期。如记载无异议，仅列出题刻名称，不再注明出版物；如有异议，则对相关内容进行说明并注释。

一、知州任职编年考察

王　拱　　建炎三年(1129)

王拱,字应辰,白鹤梁题刻《吴革题记》载:北宋徽宗宣和四年(1122),为"宣教郎、涪州权司士曹事。"南宋建立之初,摄涪州事。白鹤梁题刻《陈似题记》载:"南宋建炎己酉(即建炎三年,1129)正月二十一日,宪属陈似龚卿还恭,摄郡事王拱应辰,送别江皋,僚友不期而会者。"

王择仁　　建炎三年(1129)

王择仁,字智甫,平阳(今山西临汾)人。建炎三年曾知涪州。《仙溪志》载:"建炎三年降德音,四方人才流寓四川者,众监司择其才能者以闻。涪守王择仁荐公(林宋卿)学识纯正,气节刚方,可备中兴,任使密院,遂移檄于涪趣之赴阙,湖北帅奏兵兴机密,帅幕参谋以儒知兵以节全城无出于林宋卿者,得旨差充湖南帅司参议。"[1]《闽中理学渊源考》亦记载此事:"建炎三年,以涪守王择仁及河北帅臣荐,(林宋卿)充湖南帅司参议。"[2]

---

[1] (宋)黄岩孙编,(元)黄真仲重订《仙溪志》,《宋元方志丛刊》,中华书局,1990年,第76页。

[2] (清)李清馥、徐公喜编《闽中理学渊源考》卷一,景印文渊阁四库全书,第460册,台湾商务印书馆,1986年,第21页。

王择仁　　绍兴二年至四年(1132—1134)

王择仁,字智甫,平阳(今山西临汾)人。建炎二年(1128),为经制司僚属抗金复永兴军。建炎三年曾知涪州。建炎四年(1130)初,以御营司参议官权河东制置使,平陈万信余党雷进乱。三月,由宣议郎知襄阳。①

绍兴二年(1132)再为涪州知州。白鹤梁题刻《王择仁题记》载:"绍兴壬子开岁十有四日,涪陵郡守平阳王择仁智甫……",绍兴壬子年为二年(1132)。绍兴五年(1135)二月丁亥,"左朝散郎王择仁知广德军,择仁自蜀还行在,上召对而命之。"②可见,绍兴五年初,王择仁改任广德军知军,离开涪州。

李　瞻　　绍兴五年至六年(1135—1136)

李瞻,绍兴五年,十月初三日,"宣司发省札至涪州,时涪守李瞻备礼至千福院津,遣(尹焞)先生申宣司,辞免"。③"六年丙辰,正月,宣司差官委夔路运副韩固,运判王肇,知涪州李瞻诣先生之庐,备礼再三劝勉,起发。"④

---

① 吴廷燮撰,张忱石点校《北宋经抚年表·南宋制抚年表》,中华书局,1984年,第503页。

② (宋)李心传《建炎以来系年要录》卷八五,中华书局,1956年,第1802页。

③ (宋)尹焞《和靖集》卷八《年谱》,景印文渊阁四库全书,第1136册,台湾商务印书馆,1983年,第57页。

④ (宋)尹焞《和靖集》卷八《年谱》,景印文渊阁四库全书,第1136册,台湾商务印书馆,1983年,第57页。

贾思诚　　绍兴七年至九年(1137—1139)

贾思诚,字彦孚,澶渊人。绍兴七年至九年(1137—1139)为涪州知州。白鹤梁题刻《贾思诚题记》和《贾思诚等题记》记载为:"绍兴丁巳季冬十有二日";"绍兴丁巳十二月中休日,左朝散郎、知军州事澶渊贾思诚彦孚题。"

绍兴九年后,贾思诚已不在涪州任上,"(九年)十一月,左朝请郎荆湖北路提举茶盐公事"。①"绍兴十二年四月,左朝□大夫□州路转运判官贾思诚都大主管川陕茶马监牧公事。"②

孙仁宅　　绍兴十年至十二年(1140—1142)

白鹤梁题刻《孙仁宅题记》载:"绍兴庚申首春乙未忽报其出,闻之欣然,庶几有年矣……郡守孙仁宅题。"

孙仁宅,涪州郡守,为晁公武兄弟的姑丈,晁氏兄弟在巴蜀地区可考的最早行迹在涪陵,应该与他们当时在涪州做知州的"孙姑丈"密切相关。《嵩山集》载:"某生十一年而孤,为孙姑丈所教育,已恨不及其存时报之。"③"某生十一年而孤,为孙涪州教育,已恨不及其存,有以报之。"④此"孙姑丈"、"孙涪州"应该就是喻汝

---

① (宋)李心传《建炎以来系年要录》卷一三三,中华书局,1956年,第2135页。
② (宋)李心传《建炎以来系年要录》卷一四五,中华书局,1956年,第2329页。
③ (宋)晁公溯《嵩山集》卷三四《上张待制札子》,景印文渊阁四库全书,第1139册,台湾商务印书馆,1986年,第186页。
④ (宋)晁公溯《嵩山集》卷三七《上查运使札子》,景印文渊阁四库全书,第1139册,台湾商务印书馆,1986年,第202页。

砺在为晁冲之诗集作序时提到的"涪陵太守孙仁宅"。① 在晁冲之罹难之后，尚未成年的晁公溯兄弟得到姑父孙仁宅的呵护和教育，在涪州安身，故而白鹤梁题刻中多次见到晁氏兄弟与孙仁宅及其子弟同观石鱼之事。

何　宪　　绍兴十八年（1148）

何宪，字子应，知涪州军州事。白鹤梁题刻《何宪、盛辛唱和诗并序》载："知涪州军州事何宪。"

冯　檝　　绍兴二十二年（1152）前

冯檝（1074—1152），字济川，遂宁人，自号不动居士，政和八年举八行。徽宗大观中（1107—1110），诏天下诸郡县，保举有八行者，贡入大学，关于八行，《宋史·选举志》记载："孝、悌、睦、姻、任、恤、忠、和为八行。"政和八年（1118），四十四岁的冯檝学行、品德皆已成熟，因而举八行出仕。②

"绍兴中，知涪州，奏免泸叙长宁招兵之扰，仕至敷文阁直学士，左中奉大夫。"冯檝卒于绍兴二十二年，其任涪州知州当在绍兴二十二年之前，史载"绍兴二十二年六月，敷文阁直学士、知泸州冯檝卒，檝素佞佛，晚岁尤甚，以傅会和议故，为秦桧所厚，帅本

---

① （宋）喻汝砺《晁具茨先生诗集序》，《续修四库全书》第 1317 册，上海古籍出版社，2011 年，第 1 页。

② 陈典《冯檝考》，中国西南文献丛书编委会《中国西南文献丛书》第八辑《西南石窟文献（第四卷）》，兰州大学出版社，2003 年，第 582 页。

路者凡八年。"①

程敦书　　绍兴二十八年(1158)

程敦书(1101—1167),字通叟,其先为武昌人,五世祖程琦随唐僖宗入蜀,遂家眉州。绍兴年间,两度出任涪州知州。据墓志所记,其先后知涪州、普州、涪州、雅州、卭州,于乾道三年(1167)正月十六日卒,年六十七。②

绍兴二十八年(1158)九月二十五日,给事中杨桩等言:"知涪州程敦书奏:县无丞者,簿得以贰令,今有任簿之职者,往往常求差出,簿失于销注,乡司得以作过。……遵依县丞法施行。"《嵩山集》载程敦书于涪州建"经史阁"事,"程公筑阁于其所居,以聚四库书而贻其子孙"。③

赵不倚　　绍兴三十一年(1161)

绍兴三十一年(1161)四月十九日,知涪州赵不倚言:"契勘人户陈诉……虽各有定制,而所在理断,间或偏于一端,是致词讼繁剧。"④

---

① (宋)李心传《建炎以来系年要录》卷一六三,中华书局,1956年,第2661页。
② (宋)晁公溯《嵩山集》卷五二《程卭州墓志铭》,景印文渊阁四库全书,第1139册,台湾商务印书馆,1986年,第288页。
③ (宋)晁公溯《嵩山集》卷四九《程氏经史阁记》,景印文渊阁四库全书,第1139册,台湾商务印书馆,1986年,第274页。
④ (清)徐松辑《宋会要辑稿》卷一七五三九《食货》六一之三六,中华书局,1957年,第5904页。

任　续　　　乾道二年(1166)

任续,字似之,潼川郪县(今四川省三台县)人。擢守涪州,易恭州。①

赵彦球　　　乾道三年(1167)

白鹤梁题刻《赵彦球等题记》载:"石鱼不出十有八年矣,乾道丁亥玉牒赵彦球摄守是邦,鱼复出。"

卢　棠　　　乾道七年(1171)

卢棠,古汴(今河南开封)人。白鹤梁题刻《卢棠题记》载:"干道辛卯元日,摄涪陵古汴卢棠,拉学官忠南谭深之……"

任俊臣　　　淳熙三年(1176)前

汪应辰《文定集》载《成都府通判任俊臣准敕差知涪州》,言:"右朝奉郎成都府通判任俊臣,名臣之后,好学有立,忠信洁廉,表里如一,详练世务,尽心职事,可以为循良之吏。"②《文定集》汪应

---

① (宋)欧阳修撰,周必大编《文忠集》卷三三《恭州太守任君续墓志铭》,景印文渊阁四库全书,第1103册,台湾商务印书馆,1986年,第266页。

② (宋)汪应辰《文定集》卷八,景印文渊阁四库全书,第1138册,台湾商务印书馆,1986年,653页。

辰卒于淳熙三年(1176),所以任俊臣出知涪州,当在此之前。

冯和叔　　淳熙五年至六年(1178—1179)

冯和叔,字季成,剑浦(今福建南平)人。白鹤梁题刻《冯和叔等题记》载:"淳熙戊戌人日,郡守剑浦冯和叔季成……"另《景定建康志》载,绍兴二十年(1150)二月至二十三年(1153)五月任上元县令、右承事郎。①

朱永裔　　淳熙七年(1180)

朱永裔,字光叔,阆州阆中县新安乡人,"绍兴十八年第五甲第六十四名进士……小名信哥,小字冠先,年二十二,六月十六日生"。②

白鹤梁题刻《朱永裔题记》载:"是岁淳熙乙亥,假守阆中朱永裔书。"淳熙乙亥,即七年。绍兴十八年(1148)中进士时,朱永裔22岁,则此时代理涪州知州时,他已经54岁。

夏　敏　　淳熙十一年(1184)

夏敏,字彦博,眉山人。白鹤梁题刻《夏敏等题记》载:"郡守

---

① (宋)周应合《景定建康志》卷二七《官守志》,成文出版社有限公司,1983年,第993页。

② (宋)不著编人《绍兴十八年同年小录》,景印文渊阁四库全书,第448册,台湾商务印书馆,1986年,第392页。

眉山夏敏彦博,文学掾荆州董天常可久,以人日□民因观石鱼……"夏敏,前贤多将题刻文字标点为"郡守眉山夏敏彦博文,学掾荆州董天常可久"而将其称为夏敏彦,字博文,实是对"文学掾"理解的失误而造成。在白鹤梁题刻中,多见"文学掾"名称,其主要职责是管理学校,教授弟子,也兼管郡内教化、礼仪之事。

文　梓　　　开禧三年(1207)

开禧三年三月二十日,"知涪州文梓降两官,放罢。以四川宣抚使程松言其任吏刻剥,救荒蔑裂"。①

范仲武　　　嘉定元年(1208)

范仲武,初字仲烈,后改字季克,隆兴府丰城(今江西宜春丰城市)人。嘉定元年知涪州,塑程伊川像于钩深堂以祀之,并建致远、碧云二亭。②《昌谷集》亦记载:"季克姓范氏,讳仲武,初字仲烈,后乃改今字,家世隆兴府之丰城。改守涪州,仅八阅月,亦不遗余力,宽盐课,以优井户,尊贤士,以劝学者。改知嘉定府,值关外用兵,总饷者,袭开禧下策,敛四路免夫钱,期限峻急,一时妄庸,欲贪缘趣办求之民不堪。命季克取办公帑不赋于民,时事益急。在蜀八年,朝家倚重。生于隆兴甲申,终于宝庆改元正月乙

---

① (清)徐松辑《宋会要辑稿》卷三八九四《职官》七四之二四,中华书局,1957年,第4062页。

② (清)吕绍衣等修,王应元、傅炳墀等纂《同治重修涪州志》卷四,《中国地方志集成·四川府县志辑(第46辑)》,巴蜀书社,1992年,第500页。

酉,享年六十有二。"①

谢兴甫　　嘉定二年至三年(1209—1210)

谢兴甫,字起□,长沙人。"博士谢侯兴甫来为守,慨然曰:'事有大于此乎。'度郡之东为坛。三成者。二坛各有壝,为斋庐,三楹于北墉下。"②陈荨由"升从政郎再调涪州教授。知州事谢侯,艮好善不倦,每闻其讲说,深用叹赏,举之曰:'学有源流,行无瑕玷,人谓此语,惟荨由可以当之无愧。'"③

陈荨由　　嘉定二年(1209)

陈荨由为涪州教授,嘉定二年曾短期摄涪州知州。见《涪州教授陈荨由墓志铭》载:"升从政郎再调涪州教授……尝摄郡,倅会岁旱,被台檄虑囚属邑,冒大暑往来,涨江感疾,遂不起。实嘉定二年六月十九日也。"④

杨炎震　　嘉定九年(1216)

---

① (宋)曹彦约《昌谷集》卷一九《朝议大夫直焕章阁范季克墓志铭》,景印文渊阁四库全书,第1167册,台湾商务印书馆,1986年,第234页。

② (宋)魏了翁《鹤山集》卷四八《涪州社稷坛记》,景印文渊阁四库全书,第1172册,台湾商务印书馆,1986年,第541页。

③ (宋)度正《性善堂稿》卷一三《涪州教授陈荨由墓志铭》,景印文渊阁四库全书,第1170册,台湾商务印书馆,1986年,第258页。

④ (宋)度正《性善堂稿》卷一三《涪州教授陈荨由墓志铭》,景印文渊阁四库全书,第1170册,台湾商务印书馆,1986年,第258页。

史载:"嘉定九年(1216)四月二十八日,知涪州杨炎震放罢。以殿中侍御史黄序言其内亏孝行,外着贪声。"①

范仲武　　嘉定十年(1217)

范仲武,嘉定十年再任涪州知州。"钩深堂……嘉定丁丑范仲武请为北岩书院,正堂奉安伊川先生塑像,其左待制尹公祠,其右为直阁谯公祠。"②

胡酉仲　　嘉定十五年(1222)

胡酉仲,顺庆府人,庆元间(1195—1200)进士。③《宋会要辑稿》载:"嘉定十五年二月二十八日,知石泉军刘参、知涪州胡酉仲并放罢,新知合州安伯恕罢新任。以四川宣抚崔与之言:参贪婪深刻,济以驵侩;酉仲凶很贪残,勇为不义;伯恕轻浮躁竞,济以奸险。"④"嘉定十五年八月十日,权知涪州胡酉仲、新差知南平军杜简各降一官,前南平军教授勾子甲降一资……先是,四川制置使

---

① (清)徐松辑《宋会要辑稿》卷三八九四《职官》七四之二四,中华书局,1957年,第4068页。

② (宋)祝穆编,祝洙补订《方舆胜览》卷六一,上海古籍出版社,1986年,第525页。

③ (清)黄廷桂监修、张晋生编纂(雍正)《四川通志》卷三三《选举》,景印文渊阁四库全书,第561册,台湾商务印书馆,1988年,第674页。

④ (清)徐松辑《宋会要辑稿》卷三八九四《职官》七四之四八,中华书局,1957年,第4080页。

崔与之言酉仲贪酷不法,乞将罢黜,诏从之。"①

李　瑀　　宝庆二年(1226)

李瑀,字公玉,其先为赵郡李氏,后迁南郑,遂以蜀为郡望。②《同治重修涪州志》有"李瑀,字玉新,宝庆二年太守"③的记载,其实是对题刻中"郡守李瑀公玉新潼川守……"断句失误造成的,新据对两段题刻的重新认识和分析,结合《朝奉大夫太府卿四川总领财赋累赠通议大夫李公墓志铭》的记载,应为:"李瑀,字公玉。"

谢兴甫　　绍定三年(1230)

谢兴甫,绍定三年(1230),再知涪州军州事。白鹤梁题刻《谢兴甫题记》载:"长沙谢兴甫起□……绍定庚寅上元后一日来观石

---

① （清）徐松辑《宋会要辑稿》卷三八九四《职官》七四之六六,中华书局,1957年,第4089页。

② 李瑀之父李清叔墓志铭载:曰公字清叔,系出赵郡,赵郡始于秦,司徒昙,昙生玑,玑生牧,牧相赵因家焉。牧之孙,曰左车,左车之曾孙曰秉,徙颍川,秉之六世孙就徙江夏,秉之七世孙颉徙南郑,颉生合,合生固,皆汉三公,繇是李氏为蜀望。公未冠,以词赋再举于乡,寻以春秋首选,擢绍兴十八年进士第,授左迪功郎,卭州安仁县主簿,石泉军教授,用荐者改左宣教郎,丁母忧,服除,知眉山县签书,隆州军事判官,转运司橄兼权通判彭州,制置司橄兼权绵州及解州事,会通判。四子,重祖、文老皆早卒;璟,用荐者改宣教郎,寻以通直郎致仕;瑀,朝奉大夫,知涪州。(宋)魏了翁《鹤山集》卷七八《朝奉大夫太府卿四川总领财赋累赠通议大夫李公墓志铭》,景印文渊阁四库全书,第1173册,台湾商务印书馆,1986年,第213页。

③ （清）吕绍衣等修,王应元、傅炳墀等纂(同治)《重修涪州志》卷四《秩官志》,《中国地方志集成·四川府县志辑(第46辑)》,巴蜀书社,1992年,第499页。

鱼,子篯侍。"

张　霁　　淳祐三年至四年(1243—1244)

张霁,字季文,山西人。白鹤梁题刻《张霁题记》载:"淳祐癸卯冬,水落而鱼复出,既又三白呈祥,年丰可占。郡太守山西张霁明父率同僚来观……"

邓　刚　　淳祐八年至九年(1248—1249)

邓刚,字季中,庐陵人。嘉定十六年(1223)癸未榜进士。① 白鹤梁题刻《邓刚题记》载:"大宋淳祐戊申正月,石鱼呈祥,郡守庐陵邓刚季中,率通判江阳何行可元达同观,望日谨志。"

赵汝㒥　　淳祐十年至十二年(1250—1252)

赵汝㒥,祖籍开封(今属河南),宋宗室。理宗淳祐庚戌(1250)知涪州,白鹤梁题刻《赵汝㒥观石鱼诗》载:"淳祐庚戌正月八日,郡守开封赵汝㒥观石鱼,赋五十六言。"其在涪州知州任上颇有政声。史载:"赵汝㒥知涪州,劝农兴学,民立生祠于学宫,以配程黄尹谯四贤。"②宝祐元年,赵汝㒥已在绍庆任上,"宝祐元

---

① (清)谢旻监修,陶成编纂《江西通志》卷五〇《选举》,景印文渊阁四库全书,第514册,台湾商务印书馆,1986年,第646页。

② (明)李贤等奉敕撰《明一统志》卷六九《夔州府》.景印文渊阁四库全书,第473册,台湾商务印书馆,1986年,第476—477页。

年癸丑,(阳枋)公年六十七………与绍庆守赵公汝廪论易"。①

李 卓　　宝祐元年(1253)

阳枋《字溪集》记载,在涪州北岩书院,为李震午(李卓)、刘叔子讲《易》,作三陈九卦等义疏,"李侯卓率子弟请问,公一本程朱之学,疏为卦义,曰《易学正说》。"②"候"即是对知州的尊称。

刘叔子　　宝祐二年(1254)

刘君举,字叔子,长宁刘氏。白鹤梁题刻《刘叔子诗并序》《蹇材望和刘叔子诗并序》等对刘氏之涪州事有明确记载。《字溪集》亦载刘叔子于北岩书院向阳枋"尊礼请问"。③

曹□

阳枋《贺赵守札》载:"程、刘闻于前,曹、谢光于后,率皆凌青邀紫,上玉登金。"④可见,曹某与程(敦书)、刘(叔子)、谢(兴甫)

---

① (宋)阳枋《字溪集》卷一二《附录》,景印文渊阁四库全书,第1183册,台湾商务印书馆,1986年,第435页。

② (宋)阳枋《字溪集》卷一二《附录》,景印文渊阁四库全书,第1183册,台湾商务印书馆,1986年,第435页。

③ (宋)阳枋《字溪集》卷一二《附录》,景印文渊阁四库全书,第1183册,台湾商务印书馆,1986年,第435页。

④ (宋)阳枋《字溪集》卷六《贺赵守札》,景印文渊阁四库全书,第1183册,台湾商务印书馆,1986年,第329页。

等并称,足证其曾为涪州知州。

赵 斌　　景定元年(1260)

《宋史》载:"景定元年春正月,壬辰,诏:'知涪州赵斌,聚粮不运饷兵士,遂为北有,已削一秩,罚轻,再削两秩。'"①

阳 立(杨立)　　咸淳二年(1266)

《三台城筑城题记》载:"涪守臣阳(杨)立,奉命相视三台,申阃创筑,咸淳丙寅春季记。"②从碑刻图版看,"阳"字十分模糊,似乎被后人改成了"杨"。

另外,王应麟《四明文献集》中有相关记载,也存在"阳""杨"混用的情况,"赐利西路安抚副使兼知涪州杨立诰"、③"赐利西路安抚副使兼知涪州阳立诰"、④"阳立依前右武大夫特授州观察使,依旧知涪州诰阙"。⑤

王 仙　　祥兴中(1278—1279)

---

① (元)脱脱《宋史》卷四五《理宗本纪五》,中华书局,1985年,第871页。
② 高文、高成刚《四川历代碑刻》,四川大学出版社,1990年,第218页。
③ (宋)王应麟《四明文献集》卷二,中华书局,2010年,第42页。
④ (宋)王应麟《四明文献集》卷二,中华书局,2010年,第42页。
⑤ (宋)王应麟《四明文献集》卷五,中华书局,2010年,第137页。

王仙，祥兴中守涪州。① "以蜀都统守涪州，元兵攻围无虚日，势孤援绝。宋亡之二年，城始破，仙自刎断其吭，不殊，以两手自摘其首，坠死。"②

程　顺　　　宋末

　　程顺，宋末合州有程顺为石照令，有能声，其母王氏婴疾危迫，顺刲胁取肝，和药以进，母疾寻愈，事闻，迁知涪州。③

　　此外，在吕绍衣等修，王应元、傅炳墀等纂的《同治重修涪州志》卷四《秩官志》中，还有以下记载：④

徐兴卿　　　建炎三年(1129)

　　建炎三年(1129)太守。

---

①　(清)吕绍衣等修，王应元、傅炳墀等纂《重修涪州志》卷四《秩官志》，《中国地方志集成·四川府县志辑(第46辑)》，巴蜀书社，1992年，第500页。

②　(明)李贤等奉敕撰《明一统志》卷六九《夔州府》，景印文渊阁四库全书，第473册，台湾商务印书馆，1986年，第483页。

③　(明)曹学佺著《蜀中广记》卷四五《人物记五》，景印文渊阁四库全书，第591册，台湾商务印书馆，1986年，第625页。

④　以下五人相关记载见吕绍衣等修、王应元、傅炳墀等纂《重修涪州志》卷四《秩官志》(《中国地方志集成·四川府县志辑(第46辑)》，巴蜀书社，1992年，496—500页)。在对其他文献记载的梳理中，就目力所及，尚未再见到以下五人出任涪州知州的记载，对比白鹤梁题刻，以下五人是相关题刻中的主要人物或者活动的主持者，但是并未明确指出为涪州知州，因此《涪州志》将其列为知州，或许为主观判断，或许有其他依据，笔者尚难断定，姑将其列出。

刘　意

字彦至,绍兴中涪州郡守。

杜　肇

绍兴十四年(1144)涪州太守。

盛　芹

字景献,襄阳人。绍兴二十六年(1156)、二十九年(1159)为郡守。

冯　愉

庆元二年(1196)郡守,字端和。

南宋前期中期,巴蜀地区经济社会逐渐发展,偏安的南宋王朝积极经营巴蜀地区。从题刻可以看到,这一时期,涪州知州及其他涪州官吏登临白鹤梁的频率极高,观景吟诗、观水刻石,体察民情、与民同乐,祥和之气跃然石上。

南宋后期,蒙古南下,巴蜀地区形势为之一变。为抵抗蒙古军东下,从蒙宋战争全面爆发的第二年,即端平三年(1236),宋将孟珙开始在涪州布防,淳祐二年(1242)开始在涪州屯兵。淳祐五年(1245)蒙古军骚扰涪州,不久离去。咸淳二年(1266),为了有效抗击蒙古军队的征讨,涪州州治移至三台山(今李渡镇玉屏村长江边)。因此,自宝祐二年(1254)《刘叔子诗并序》之后,再看不到涪州知州登临白鹤梁,观鱼留题的记录了。

二、南宋涪州知州任职考察

1. 任职年限

南宋时,由于北方大部被金占领,宋廷治下的区域地少官多,于是,宋廷只好将京朝官任知州、通判、签判、知县等职者的任期做出新的规定,"惟选人得终三考,京朝官以上,率二年成资即替"。① 此后,京朝官任知县、常调京朝官任通判者,往往能任满三年,但是,担任知州、监司以及出常调官任通判者,皆以二年为一任,这在南宋灭亡之前再未改动。尽管对南宋涪州知州不能全面系统的梳理清楚,但从以上对涪州知州任职情况的可见数据中,我们也看到,几乎很少有人在一任中超过两年。

对涪州乃至整个巴蜀地区来说,早在北宋建立之初,做官的除代年限是四年,而内地为三年,如太平兴国六年(981),发布诏书,"诸道知州,通判,知军监县及监物务官,任内地满三年,川、广、福建满四年者,并与除代"。② 在这些官员任职期满后,就按磨堪的规定,该转员的就转员,该调离的就调离,由中央政府进行统筹安排。朝廷的这种规定,对于在巴蜀地区任职的官员们很不利,意味着他们在仕途上的升迁会比内地官员延后。

---

① (元)脱脱《宋史》卷一五八《选举志四》,中华书局,1985年,第3711页。
② (宋)李焘《续资治通鉴长编》卷二二,中华书局,1995年,第494页。

太平兴国八年(983)十一月,宋朝对官员任职年限进行调整,"河东、江、浙、川、峡、广南官自今满三考,并与除代",①考课三次就可除代了,在任职年限上缩小了巴蜀官员和内地官员的差距。

　　咸平三年(1000),政策再一次向巴蜀地区倾斜,"诏川峡幕职州县官并二年注替",②明文规定川峡四路的幕职州县官可以两年注替了,这是对除代年限的进一步缩短,有利于巴蜀官员的发展。可见政府对巴蜀官员倾注了更多的人文关怀,从政策上让他们感觉到政府的关爱。

　　当然,两宋时期,政府对入蜀官员的任职年限做出明确的规定,尤其是南宋时期基本上一任不超过两年的情况,也不完全是地少官多的原因,其中为了防范官员任职太久形成私人势力的原因也是重要的,所以就出现"居官既不久,又不究知其俗,常不暇抉剔已辄易去"的现象。③

　　官员的调动很是频繁,这种情况有它的好处,对防止官员培植自己的私人势力效果明显,但它的弊端也是不言而喻的,任职时间短,不能充分地了解当地的民风民情,很多时候不得不依赖当地的地方势力,"而县之大吏皆宿老,其事根坚穴深,为其长者非甚明锐,难卒攻破,故一县之政,吏常把持,而上下之然"。④ 本地官员掌握了实权,对政治可能会造成伤害,所以官吏的腐败会随之产生。

---

①　(宋)李焘《续资治通鉴长编》卷二四,中华书局,1995年,第559页。
②　(宋)李焘《续资治通鉴长编》卷四七,中华书局,1995年,第1015页。
③　(宋)欧阳修撰,周必大编《文忠集》卷六三《陈氏荣乡亭记》,景印文渊阁四库全书,第1102册,台湾商务印书馆,1986年,第494页。
④　(宋)欧阳修撰,周必大编《文忠集》卷六三《陈氏荣乡亭记》,景印文渊阁四库全书,第1102册,台湾商务印书馆,1986年,第494页。

在南宋中后期,为了加强西部四川地区的防卫和统治,在蜀地职官的设置上更体现出很大的能动性,制度"轻言而遽改,忽行而骤废","如宣抚司则再置而再罢",①目的都是为了便宜行事,涪州知州也在两年一任的普遍情况下,有了任一年、几个月、或者几年中一人多次出任的复杂情况。

2. 贤官与庸吏

自汉代罢黜百家、独尊儒术后,儒家思想一直是中国古代的统治思想。在治理国家上,儒家一直以为风俗的善恶关乎国家的治乱兴衰。为了保持风俗的良善,就必须教化百姓人心。而对百姓的教化则依赖于地方官的个人素质,尤其是德行,地方官员的个人操守德行在其所任职的地方会起到一种示范作用。宋代以文治国,对于地方官员的选拔、考课极其重视,但是由于时势的变化,个人的素养,从史料可以看出,南宋时期,涪州知州既有贤能之士、亦有庸贪之员。

首先,一些贤能的官员在涪州知州任上,劝农兴学、救荒济民、廉洁自律、尽心职事,颇有政声。南宋宗室赵汝㵯知涪州,歉岁则贷公庾,丰年则贮义仓,公庾即储存水路转运粮食的仓库,义仓则是由国家组织、以赈灾自助为目的的民间储备。歉岁以公庾之粮向民间借贷,有助于人民渡过难关,利于社会稳定;丰年则将余粮贮于义仓,使农民不因粮价过低而承受巨大损失,亦可有效的提高社会救助能力。赵汝㵯在涪州的劝农兴学,使涪州地区经济发展、社会稳定,当地百姓十分感谢这位知州,于是"民立生祠

---

① (宋)赵善括撰《应斋杂著》卷一《建明奏议》,景印文渊阁四库全书,第1159册,台湾商务印书馆,1986年,第3页。

于学宫,以配程黄尹谯四贤"。①

两宋时期,四川地区为产盐的重要地区,盐课已经是四川的重要财源之一。南宋以来,由于军事上的需要,四川地区开支大增,财用缺乏。政府官员谋求解决地方财政困难,增取盐利就成为许多生财方法之一。在这种情况下,政府在四川的榷盐量大为增加,榷盐收入也随之增加,盐课成为四川各地产盐区民户、尤其是井户的沉重负担。范仲武知涪州,面对这种情况,尽力宽盐课,以优井户,力求落实推排,覆除盐井虚额,同时鼓励生产,发展和改善民生。此外,尽管其任涪州知州不到一年,仍然礼尊贤士,以劝学者。

程敦书守涪州,涪州"民旧出地租为公使钱者,悉除之"。因而,数年后当程敦书再至涪州出任知州一职,州人奔走相告,十分欢喜。

其次,士大夫政治本来就是一把双刃剑,宋代士大夫在推动社会经济发展和地方建设中的作用比较突出,但由于阶级和时代的局限性,他们又在一定程度上表现出落后与腐败。因此,与上述勤政爱民的知州形成鲜明对比,一些在涪州知州任上的官员,才能平庸,荒废民事。

《宋史》记载:开禧元年(1205)夏,浙东、西不雨百余日,衢、婺、严、越、鼎、沣、忠、涪州大旱。开禧二年(1206),绍兴府、衢、婺州亡麦。湖北、京西、淮东西郡国饥,民聚为剽盗。南康军、忠、涪州皆饥。② 连年严重的灾荒,使涪州地区灾民遍野,或流离失所,

---

① (清)黄廷桂监修,张晋生编纂(雍正)《四川通志》卷三三《选举》,景印文渊阁四库全书,第561册,台湾商务印书馆,1988年,第677页。

② (元)脱脱《宋史》卷六六《五行志四》,中华书局,1985年,第1445页。

或啸聚山林,严重影响朝廷的统治,作为涪州知州的文梓,却不能积极救灾,以安定民心,为朝廷解忧,于是四川宣抚使程松上书,"言其任吏刻剥,救荒灭裂"。开禧三年三月二十日,"知涪州文梓降两官,放罢"。①

嘉定九年(1216)四月,知涪州杨炎震放罢,"以殿中侍御史黄序言其内亏孝行,外着贪声"。②

《宋会要辑稿》亦载:"嘉定十五年二月二十八日,知石泉军刘参、知涪州胡酉仲并放罢,新知合州安伯恕罢新任。以四川宣抚崔与之言:参贪婪深刻,济以驵侩;酉仲凶狠贪残,勇为不义;伯恕轻浮躁竞,济以奸险。"③此次对涪州知州胡酉仲的处理较轻,并未将其从知州任上调离,而是降一官,改其为"权知涪州",即代理知州,半年之后的八月十日,胡酉仲终因"任根括之事,刷钱入己"④而被朝廷罢黜。

景定元年(1260),正值宋、蒙战事吃紧,涪州知州赵𪟝,疏于职事,畏首畏尾,致使"聚粮不运饷兵士,遂为北有",因此,朝廷下诏"已削一秩,罚轻,再削两秩"。⑤

---

① (清)徐松辑《宋会要辑稿》卷三八九四《职官》七四之二四,中华书局,1957年,第4068页。

② (清)徐松辑《宋会要辑稿》卷三八九四《职官》七四之四八,中华书局,1957年,第4080页。

③ (清)徐松辑《宋会要辑稿》卷三八九四《职官》七四之六六,中华书局,1957年,第4089页。

④ (清)徐松辑《宋会要辑稿》卷三八九四《职官》七四之六八,中华书局,1957年,第4090页。

⑤ (元)脱脱《宋史》卷四五《理宗本纪五》,中华书局,1985年,第871页。

三、涪州知州与涪州文化教育事业

巴地历来文化教育事业不发达,早在汉晋时期,就全国而言,西南地区的文化教育事业就比较落后,就涪陵郡来看,也是"少文学"。① 唐代,随着玄宗、僖宗皇帝入蜀,带动了以成都平原为中心的蜀地文化教育事业的发展,两蜀时期统治者的重视加快了蜀地发展。宋代,随着政治形势的变化和蜀地社会经济的发展,蜀地人才辈出、蜀学兴盛。相比之下,地处古代巴地、宋代属夔州路的涪州在宋代以前仍然是教育、文化落后的地区。

在这种环境中,北宋时期涪州易学的繁盛对文化发展产生了一定的作用,到了南宋,几任涪州知州筑阁刊书,积极推动了涪州文化教育事业的进步。

自北宋程颐在涪州长江北岸注《易》讲学,弟子遍布,涪州逐渐成为著名的易学中心。绍兴五年(1135),涪州知州李瞻于普净院建"伊川先生祠堂"。嘉定元年(1208),知州范仲武又添塑程颐像供祀,并建造致远亭、碧云亭;嘉定十年(1217)又请建为北岩书院,又有四贤楼、三畏斋和三仙楼等建筑的兴建。书院成为涪州乃至川东、黔北等地区重要的学术聚集之地、人才培养之所。此后,各地学者名流,频来此处瞻吊,感慨之余,纷纷在岩壁题咏,历经宋、元、明、清几代的经营,涪州北岩书院成了川东圣地、涪陵第一名胜。

绍兴年间,眉州人程敦书两度出任涪州知州,眉州为巴蜀地

---

① (晋)常璩撰,刘琳校注《华阳国志校注》卷一,成都时代出版社,2007年,第6页。

区文化教育事业非常发达的地区,程氏以进士起家,十分重视文化教育。因此,在涪州任上,程敦书创筑涪州经史阁,收藏典籍,供学子学习。

淳祐年末,在涪州颇有政声的知州赵汝廪,刊《易学启蒙》于涪州。《易学启蒙》,由朱熹、蔡元定师生合撰,该书与《周易本义》互为表里,成于淳熙十三年(1186)。该书围绕《周易本义》卷首九图作论,虽名为"启蒙",却并不是仅给初学者开蒙之用,更多地是为了阐发九图的哲学意义,系统发挥了朱熹的象数之学。赵汝廪知涪州,感怀涪州突出的易理文化,"贤而乐道,常遣其子今重庆节判(赵)崇权,从某(阳枋)问启蒙,而乐其说……祠莲荡于北岩。"[①]莲荡,即莲荡先生晏渊,理学大师谯定的三传弟子,更是史学大家李焘和理学大师朱熹的嫡传弟子,是享誉巴蜀的理学家、教育家。晏渊出任涪陵北岩书院堂长,传道授业二十余年,淳祐十年(1250)去世,促成了朱熹学说在四川的传播,即所谓闽学入蜀,并且使此时的北岩书院,与著名的东湖、濂溪、象山等书院并闻于朝野,过往达官显宦、名流学者无不频来瞻吊,盛极一时。晏渊逝世后,其弟子阳枋绍师遗德,以古稀高龄主讲北岩书院达五年,并与涪州知州赵汝廪讲学论道,过从甚密。赵氏在涪州刊刻《易学启蒙》,即由阳枋为之做跋。该书的刊刻,促进了涪州易学的进一步发展,也推动了教育文化事业的进步。

南宋末年,涪州地方文化事业有了一定的发展,在夔州路诸州中尤为突出。阳枋云:"某壮岁盘桓北岩,观书匮蠹涪之北,程、谯、尹三先生此焉阐明神《易》,太史扬之,莲荡续之,而涪以《易》

[①] (宋)阳枋《字溪集》卷八《赵使君汝廪刊易学启蒙于涪属予为跋》,景印文渊阁四库全书,第1183册,台湾商务印书馆,1986年,第367页。

重。清江出涪之东,尔朱白石,此焉羽化,帽仙踵之,郑仙继之,而涪以仙显。由是仕于峡者,咸以涪为荣。"①

总之,利用白鹤梁题刻文献与传世文献相互参校、相互补充,不仅可以对南宋涪州知州进行编年考察,还可以对其相关政治、经济、文化活动、社会发展意识等进行有益的探讨。

原载《长江师范学院学报》2014 年第 6 期

---

① (宋)阳枋《字溪集》卷六《贺赵守札》,景印文渊阁四库全书,第 1183 册,台湾商务印书馆,1986 年,第 329 页。

附录三

白鹤梁题刻所见北宋涪州知州吴革考辨

白鹤梁题刻中,有留题姓名者将近五百人。考明这些题名人的生平情况以及在涪州任职等事宜,将有助于对石鱼文字的正确解读,促进相关研究的进一步深入,扩大学术领域,同时也将对白鹤梁丰富的历史文化内涵做出有益的挖掘。自唐代以来,虽然历代在白鹤梁上留名的人不少,但由于时逾千载,加之题名人中绝大多数因为官职较低或为偏处一方人士而在史书中难觅其踪,因此,对这些人物的考订研究非常困难。本文将通过对各种资料的爬梳整理,对北宋宣和年间在白鹤梁题名的涪州知州吴革进行考辨。不当之处,敬请方家指正。

一、对吴革的相关记载与研究

吴革之名,仅见于白鹤梁题刻中的《吴革题记》:

> 易以包无鱼为远民,民固可近不可远。余牧是邦久矣,今岁鱼石呈祥,得以见丰年,而知民之不远也。即尘显妙,有开必先,余乐斯二者。遂率宾僚共为之游,时宣和四年十二月十三日。朝散大夫、通判军州事常彦,奉议郎、前通判达州权司录事李全,修武郎、兵马都监曹绾,宣教郎、权司士曹事

> 王拱,迪功郎、涪陵县尉张时行。朝奉郎、权知军州事吴革题。①

由此题记看到,宋徽宗宣和四年十二月十三日(1123 年 1 月 24 日),权知涪州军州事吴革与几位官员共游白鹤梁,并且留下题记。关于知州吴革,在宋以后直到现在,有许多提法:

清代姚觐元撰《涪州石鱼文字所见录·吴革题记》按语记载:

> 宋有两吴革。一见宋史《忠义传》,字义夫,华州华阴人。官武功大夫、阁门宣赞舍人,死张邦昌之难,传不言其历文职、典外郡。一见《建炎以来系年要录》,绍兴四年十月,直秘阁吴革为江南西路转运副使,五年三月为两浙转运副使,九年二月升直龙图阁,充京畿都转运使兼开封少尹,不行。与此刻题记相距十余年,或即其人也。

清王应元撰《涪州碑记目》记载与此相同。②

李胜认为:

> 吴革,字义夫,华州华阳(今四川双流)人,一说华阴(今属陕西)人(《涪州石鱼文字所见录·吴革题记》按语)。宋初勋臣吴延祚七世孙。少好学,喜谈兵。再试礼部不中,乃从泾原军镇守西北,以秉义郎干办经略司公事。金人南牧,曾率部解辽州之围。使粘罕军庭,揖而不拜,责其贪利败约,

---

① 碑文录自陈曦震、陈之涵编着《中国长江水下博物馆:白鹤梁题刻》中的图版。其中一句,陈氏、曾超都录作"奉议郎、前通判达州权司录事李全修,武郎、兵马都监曹绾",并解释"武郎"为"武义郎、武经郎"等,此说法有误。应为"修武郎"。

② (清)姚觐元《涪州石鱼文字所见录》,《石刻史料新编》第三辑一五,台北新文丰出版公司印行,1986 年,第 377 页。

词直气劲,坚贞忠烈。后被叛臣党羽抓捕,英勇就义。《宋史》卷四百五十二有传。①

陈曦震主编《水下碑林——白鹤梁》介绍说:吴革(1095—1146)字义夫,华阳(今属四川双流)人。少好学,喜谈兵事。宣和四年为朝奉郎权知军州事。善书,其行楷酣畅浑厚。②

何凤桐介绍为:吴革,字义夫,华州华阳人。北宋宣和年间南下为官,其他事迹史多不见。③

曾超在其著作中介绍了陈曦震和何凤桐的看法,未进行探讨。④

从以上研究所见,对于在白鹤梁留题的涪州知州吴革,长期以来有不同意见和认识。较多的指向是吴延祚七世孙、靖康二年死难的吴革。

笔者以为,在《宋史·忠义传》里对吴革之事的记载没有丝毫提到吴革任涪州知州之事是准确的,此人并未在宣和年间南下为官,也未出任过涪州知州。宣和四年出任涪州知州的吴革另有他人,只是因为名字相同,而且史书中对此人的记载语焉不详,以致今天出现混淆的意见。

---

① 李胜《白鹤梁石刻题名人考按五十六则》,《重庆师范大学学报》,2005年6期。
② 陈曦震《水下碑林——白鹤梁》,四川人民出版社,1995年,第40页。
③ 何凤桐《宋代长江水文题刻实录》,《贵州文史丛刊》,2002年1期。
④ 曾超《三峡国宝——白鹤梁题刻汇录与考索》,中国文史出版社,2005年,第59页。

二、关于历史记载中吴革之探讨

通过对各种历史文献记载的搜集和梳理可知,两宋时期,先后在宋廷任职的官员中至少有四个吴革。其中,在时间上与宣和四年没有关系的有两人,一位是北宋中期的安徽全椒人吴革,另一位是南宋中后期的江西九江人吴革。还有两位则在时间上与宣和四年有较为密切的关系,长期以来的研究也较多地集中在这两个人身上。以下对宋代四位吴革的情况逐一进行考察,并最终确定宣和年间在涪州出任知州并留下题刻的吴革。

1. 全椒吴革(1035—1088)

安徽全椒吴革,字孚道。熙宁四年(1071)进士。卒于元祐三年(1088)。在《全椒县志》有较为详细的记载:

> 吴革,字孚道,蔚之弟。少治经术,能文,举熙宁进士。为襄州司户参军,以忧去。调扬子主簿,迁贵池令。精于吏职,令行禁止。鞫巨盗黠甚。有兄弟相与讼田者,至革,为垂涕譬喻,俱感泣去。巨盗闻之,旋悚服。改秘书省著作郎,知广德军,值建平岁祲,陈荒政十事,不待命发,廪账全活以数万计。通判韶州,就移知南雄州。课为广东第一。有胥吏蠹狱,闻革严能,乃匿去,为外台吏,革下车,尽得其奸状,捕取伏法,郡内肃清。擢知吉州,课又为江西第一,时吉州盐课,自塞周辅增至二百万,民已失生理。而魏伦上诸县增课九十五万,革至则上书言各属勿以增盐为课,优诏允之。累进宝文阁直学士。元丰末,大蝗,行江南安抚司事,章奏悉关军国大计。元祐间,除江西运判,徙湖南,其时按察御史暨近臣交

荐革才任监司。惜以积劳卒,年五十有三。追赠少傅,卫国公。入贵池、广德、吉等处名宦,祀乡贤。子六人,朋、珏自有传。①

元丰三年至五年(1080—1082),吴革知南雄州,史载:"吴革,承议郎,元丰三年六月到任,元丰五年十二月替。"②

元祐元年(1086),吴革出任广西转运副使,见《苏轼集》载《李杲卿可京西转运副使张公庠可广东转运副使楚潜可广西转运副使吴革可广东转运判官制》,③据《续资治通鉴长编》元祐二年(1087)五月记载:"去岁张公庠除广南转运使,辞不赴任,朝旨送吏部别与差遣。"④张公庠除广南转运使在元祐元年(1086),那么,吴革在这一年就先任命为广南东路转运判官。随后,又出任江西转运判官,这一点,县志有记载吴革于元祐年间(1086—1094)除江西转运判官,《苏辙集》也记载有《吴革江西运判告词》⑤。

元祐三年(1088),吴革卒。据《全椒县志》记载,全椒县西南十里辑瑞冈吴山寺有"宋赠少傅吴革墓",其上有黄庭坚所撰墓志。《山谷集》也载:"公讳革,字孚道,除江西转运判官,徙湖南,

---

① 张其浚修,江克让纂(民国)《全椒县志》卷一〇《人物志》,《中国地方志集成·安徽府县志辑(第35辑)》,江苏古籍出版社,1998年,第142页。

② (清)梁弘勋等修,胡定纂《南雄府志》卷八《职官》,《故宫珍本丛刊》,第169册,海南出版社,2001年,第227页。

③ 曾枣庄、刘琳主编《全宋文》卷一八五二,第八五册,上海辞书出版社,2006年,第208页。

④ (宋)李焘《续资治通鉴长编》卷四〇一,中华书局,2008年,第9766页。

⑤ 曾枣庄、刘琳主编《全宋文》卷二〇四〇,第九四册,上海辞书出版社,2006年,第25页。

居数月,寝疾,殁于官,享年五十有三,元祐三年四月某甲子也。"①

通过对史料的检索与探讨,安徽全椒吴革的生平情况比较清楚,元祐三年(1088)卒于湖南任上。由此可见,宣和二年(1123)在涪州出任知州的吴革并非此人。

2. 九江吴革

此吴革主要活动在南宋中后期,根据对史书的整理,将按照年代顺序将其活动依次排列。

据《嘉靖九江志》记载:

> 吴革,字时夫,(吴)元之子也,三领举于漕,肄业南康白鹿书院。理宗朝筮,任抚州之崇仁尉。三历库官,宰钱塘,倅杭,历至文华阁学士、刑部尚书、沿江制置使、江东安抚、行宫留守、知建康府兼淮西总领。赠光禄大夫,谥清惠。公每以崇正学,基化本,宣德达情为己任。②

在宋代重要的法律文献《名公书判清明集》中,也明确记载:"吴革,号恕斋,庐山人。"③

由以上记载可以看到,吴革,字时夫,号恕斋,庐山人。南宋时期官员。"淳祐中为钱塘令,中兴以来,钱塘地段多为王宫公

---

① (宋)黄庭坚《山谷集》卷二二《朝请郎湖南转运判官吴君墓志铭》,景印文渊阁四库全书,第1113册,台湾商务印书馆,1983年,第221页。
② 天一阁藏明代方志选刊《九江府志》,上海古籍书店,1962年,第740页。
③ 陈智超《宋史研究的珍贵史料——明刻本名公书判清明集介绍》,《中国史研究》,1984年4期。

府,而税赋尚存,民以为病,革申请于府为之奏免。九年通判临安府。"①在出任钱塘县令几年后,于淳祐九年(1249)出任临安通判,在此任上,参与《淳祐临安志》的修撰。《淳祐临安志》由赵与(赵与,1179—1260,字德渊,号节斋)主持修纂,纂著者为陈仁玉、吴革、王亚夫等。吴革初以通判参与纂著,一年以后迁官,由通判王亚夫及陈仁玉继之。②

淳祐十年(1250),吴革迁司农丞,不久,迁南安军知军。这在《齐东野语》中记载颇为详细。③

吴革在南安军任知军一直到宝祐二年(1254)七月。江西大余有道源书院,其源于宋淳祐二年(1242)知州林寿公所创建的周程书院,以祀周敦颐、程颢、程颐。宝祐二年(1254),时任知军的吴革准前教授赵希哲状请敕额,宝祐五年(1257)知军郭廷坚又状请敕额,诏下,改名"道源",并令郭廷坚兼山长教授其中。

宝祐二年(1254)八月,吴革任提举常平仓事到绍兴,史载:"宝祐二年,以朝奉郎,八月十三日到任。"吴革到任后,因见有马天骥所建的朱熹祠,因此而"请为稽山书院"。稽山书院是因为吴革之请而建立的。④

景定四年(1260)四月,吴革以权发遣判官兼知临安。⑤ 十二

---

① (清)魏原修,袭珽等纂(康熙)《钱塘县志》卷一六《人物》,《中国地方志集成·浙江府县志辑(第4辑)》,上海书店,1993年,第356页。

② (宋)施谔等纂《淳祐临安志》序,中华书局,1990年,第3页。

③ (宋)周密《齐东野语》卷五《赵伯美》载"……有旨吴革知南安军",中华书局,1983年,第89页。

④ (清)李亨特、平恕等修纂(乾隆)《绍兴府志》卷二〇《学校志二》,《中国地方志集成·浙江府县志辑(第39辑)》,上海书店,1993年,第516页。

⑤ 吴廷燮《北宋经抚年表·南宋制抚年表》,中华书局,1984年,第418页。

月,"临安府帅臣吴革奏狱空,诏奖之"。① 五年,七月二十九日,革罢。② 吴革在临安任上的事宜,《咸淳临安志》中还有详细的记载:"吴革,江州人,是月(景定四年秋九月)以权发遣户部判官兼知。六月转朝奉大夫。九月二十二日除司农少卿兼户部判官依旧兼知。十一月十二日兼敕令所删修官。五年四月三日除司农卿依旧兼。七月二十九日革罢。"③

《名公书判清明集》中,书判有昌化、富阳的,均属临安府。明张九德辑评的《折狱要编》卷二有《吴恕斋》条,记他于理宗时任江南西路提刑,平反赣州雩都县一件冤案的经过。④ 应是在景定五年七月以后至次年知福州之前的事。

咸淳元年(1265),吴革知福州。在福州任上,吴革主持刊刻朱熹所撰的《周易本义》十二卷、《易图》一卷、《五赞》一卷,后代称之为吴革建宁府刻本。⑤《福州府志》也记载"吴革,咸淳初,知州事,雅重风化,尝创道立堂,祠濂溪以下诸贤,附以贤牧,又创经史阁。官至户部尚书"⑥。

咸淳二年(1266)继续在福州任知州。史载:"三月二十四日,

---

① (元)佚名,李之亮校点《宋史全文》,黑龙江人民出版社,2004年,第2251页。
② 吴廷燮《北宋经抚年表·南宋制抚年表》,中华书局,1984年,第418页。
③ (宋)潜说友《咸淳临安志》卷四九《秩官七》,中华书局影印本《宋元方志丛刊》,中华书局,1990年,第3789页。
④ 中国社会科学院历史研究所宋辽金元史研究室《名公书判清明集》,中华书局,1987年,第167页。
⑤ 李致忠《宋版书叙录》,北京图书馆出版社,1997年,第132页。
⑥ (清)徐景熹主修,福州市地方志编纂委员会整理《福州府志》卷三四,海风出版社,2001年,第633页。

革除宝章直学士,沿江制置使,江东安抚使。"①

咸淳六年(1270年)五月,辛丑,革加宣抚使。②

至此以后,吴革任官及其他事迹不见史载。

3. 华州吴革(？—1127年)

这个吴革,《宋史》卷451《忠义七》当中有记载。这也是四个吴革当中唯一在《宋史》中立传的。

> 吴革,字义夫,华州华阳人,国初勋臣廷祚七世孙也。少好学,喜谈兵。再试礼部不中,乃从泾原军,以秉义郎干办经略司公事。
>
> 金人南牧,帅兵解辽州之围。使粘罕军,见之庭,揖不拜,责其贪利败约,词直气劲。粘罕少屈,为追回威胜诸屯兵,授书使归。③

从以上记载显见:金人南牧之前,吴革一直在泾原军任职。由于金国军队南下攻宋,徽宗、钦宗先后发布诏书,西北各地军队前往河南、山西一带勤王,吴革始随军前往。

近年来,不少地方相继发现《吴氏族谱》,其中有《宋徽宗御制吴氏族谱序》,记载道:"……秉义郎干办经略公事吴革,捧其宗谱进呈,朕万几余暇,披览一通,嘉其膴仕,历泰山、濮阳、西河、太原、渤海诸郡,由汉唐迄今,清流美谱犹存。"尾题为"北宋宣和六

---

① (明)黄仲昭修纂《八闽通志》卷三六《秩官》,福建人民出版社,1991年,第783页。

② (明)黄仲昭修纂《八闽通志》卷三六《秩官》,福建人民出版社,1991年,第783页。

③ (元)脱脱《宋史》卷四五二《忠义七》,中华书局,1985年,第13452页。

年二月初三日宋徽宗赵佶赐撰"。① 宣和六年(1124年)吴革为"秉义郎干办经略公事"。

对以上记载,合理的解释是,由于金人南侵,陕西、甘肃一带宋军前往河南、山西勤王,吴革以"秉义郎干办经略公事"身份前往,在徽宗召见之时,呈上宗谱请皇帝赐序,所以宣和六年二月徽宗皇帝所赐的序中,仍然称为"秉义郎干办经略公事",随后,"十月,钦宗问割地与不割地利害,对曰:'金人有吞噬之意,愿悉起关中士马赴都为备。'诏以为武功大夫、阁门宣赞舍人,持节谕陕西。行至朱仙,闻金人犯京师,复还"。②

靖康元年(1126),河北、河东宣抚判官折彦质发文书,对象是当时率兵攻宋的金国统帅之一的国相元帅粘罕,借宋金议和请求金人不要再发动攻势。在遣使名单中,有修武郎吴革,③这与《宋史》本传中的记载"使粘罕军,见之庭,揖不拜,责其贪利败约,词直气劲。粘罕少屈,为追回威胜诸屯兵,授书使归"相互吻合,本条记载当可补《宋史》之遗。

靖康二年(1127),由于"有立张邦昌之议,革谋先诛范琼辈,以三月八日起兵。谋既定,前期二日,有班直甲士数百人排闼入言:'邦昌以七日受册,请亟起事。'革乃被甲上马,至咸丰门,四面皆琼党,绐革入账,即执之,胁以从逆。革骂之极口,引颈受刃,颜色不变。其麾下百人皆同"。④

---

① 郝巨杰、陈道久《商山四皓研究》,作家出版社,2007年,第248页。另,四川省安县档案馆发现《吴氏族谱》,其中记载相同。

② (元)脱脱《宋史》卷四五二《忠义七》,中华书局,1985年,第13452页。

③ (金)佚名,金少英校补,李庆善整理《大金吊伐录校补》,中华书局,2001年,第258页。

④ (元)脱脱《宋史》卷四五二《忠义七》,中华书局,1985年,第13452页。

吴革三月初六死难之事,史书多有记载,事实基本相同,如《靖康纪闻》①《三朝北盟会编》②《建炎以来系年要录》③等。

另外,从吴革官秩的情况看,华州吴革在宣和四年知涪州也是不可能的。宣和六年(1124),吴革为"秉义郎",为从八品。宣和七年至靖康元年(1125—1126),官秩为"武功大夫(正七品)、阁门宣赞舍人(从七品)、修武郎(正八品)"。而宣和四年(1123)"朝奉郎(从六品)、涪州知州(正六品)"的官秩明显要高出不少。吴革作为抗金主要将领,不会做官越做越小。

从以上分析可以看到,作为宋初勋臣吴廷祚七世孙的吴革,在宣和六年二月之前,还是"秉义郎干办经略司公事",那么,在宋徽宗宣和四年十二月十三日(1123年1月24日)与同僚登上涪州白鹤梁并留下题记的就不是这个吴革了,陈曦震、何凤桐、李胜的论著当中所指的吴革为此人就不能成立了。由此可见,吴革另有其人。

4. 白鹤梁题刻所见吴革

在南宋绍兴年间,官员吴革多次出现在史籍的记载中,其经历主要为:

绍兴元年(1131)秋,七月,庚子,朝议大夫、新知澧州吴革为潼川府路转运副使。自置宣抚司后,四川监司以敕除者始此。④

---

① (宋)丁特起《靖康纪闻》,中华书局,1985年。
② (宋)徐梦莘《三朝北盟会编》,上海古籍出版社,2008年。
③ (宋)李心传《建炎以来系年要录》,中华书局,1988年。
④ (宋)李心传《建炎以来系年要录》卷四六,中华书局,1956年,第822页。

绍兴二年(1132),任江西转运副使。①

绍兴三年(1133)三月,"甲子……于是江西转运副使吴革、韩琼并罢,而澡勒停。……九月甲戌,右朝奉郎、新通判宣州楚执柔并放,罢取勘内公辄达停官,又李回、韩璆、吴革、李澡别见。"②十二月,庚戌,淮西宣抚使刘光世遣参谋官右中奉大夫吴革以机速事入奏。上召对后,十三日加直秘阁遣还。③

绍兴四年(1134),两浙转运副使。"十月,己卯……时左朝奉郎王俣直秘阁,吴革并为副使,户部侍郎梁汝嘉面奏,乞用谟,故有是命……从两浙转运副使吴革请也。"④

绍兴五年(1135),两浙转运副使。吴革言:"在法,田宅契书,县以厚纸印造,遇人户有典卖,纳纸墨本钱买契书填。缘印板系是县典自掌,往往多数空印,私自出卖,将纳到税钱上下通同盗用,是致每有论诉……"从之。⑤

绍兴六年(1136)五月,"右司谏王缙请令浙西漕司……所谓前任漕臣乃王俣、李谟、吴革,而缙亦其一也。己丑……直徽猷阁知衢州吴革各进一官,以三省言丕问等,究心郡政吏,戢民安故

---

① (宋)李纲《梁溪集》卷七六《乞专责江西漕臣吴革应副钱粮奏状》,景印文渊阁四库全书,第1126册,台湾商务印书馆,1983年,第95页。

② (宋)李心传《建炎以来系年要录》卷六三,中华书局,1956年,第1079页。

③ (宋)李心传《建炎以来系年要录》卷七一,中华书局,1956年,第1201页。

④ (宋)确庵、耐庵编,崔文印笺证《靖康稗史笺证》卷八一,中华书局,1956年,第233页。

⑤ (清)徐松辑《宋会要辑稿》卷四六八八《食货》三五之三三,中华书局,1957年,第5429页。

也"。① 《衢州府志》"宋刺史"亦记载:"吴革,右中奉大夫,直徽猷阁。"②

绍兴八年(1138),两浙转运副使。③

绍兴九年(1139)二月丁巳,直显谟阁、两浙转运副使吴革升直龙图阁,充京畿都转运使兼开封少尹。④

绍兴九年(1139)二月甲子,宝文阁直学士、知西外宗正事赵子渧为京畿都转运使,代吴革也。⑤

绍兴九年(1139年)五月,丁亥,龙图阁直学士、提举江州太平观李迨为京畿都转运使,初命吴革为畿漕。⑥

自绍兴九年以后,这个吴革的记载在史籍当中就没有了。

在白鹤梁题刻中记载有"余牧是邦久矣",可见吴革在涪州出任知州有不少年头了,华州吴革出任涪州知州就变得很不可能。而从以上任官经历和任官时间又看到,绍兴元年(1131年),吴革以朝议大夫、新知澧州的身份为潼川府路转运副使。南宋建立之初,新政权选拔一批官员,早在宣和年间就出任涪州知州的吴革,因为对川渝地区的情况相对熟悉,在绍兴年间终出任潼川府路转运副使一职。在宣和年间于白鹤梁上留下题刻的涪州知州应该

---

① (宋)李心传《建炎以来系年要录》卷一〇一,中华书局,1956年,第1659页。

② (明)林应翔等修,叶秉敬等纂(天启)《衢州府志》卷二《职官》,成文出版社有限公司,1983年,第280页。

③ (宋)潜说友《咸淳临安志》卷四九《秩官八》,中华书局影印本《宋元方志丛刊》,中华书局,1990年,第3793页。

④ (宋)李心传《建炎以来系年要录》卷一二六,中华书局,1956年,第2050页。

⑤ (宋)李心传《建炎以来系年要录》卷一二六,中华书局,1956年,第2053页。

⑥ (宋)李心传《建炎以来系年要录》卷一二八,中华书局,1956年,第2075页。

就是这个吴革。只是从目前对资料的占有情况来看,还不能确定他的籍贯,实在是一件憾事。

原载《三峡大学学报》(人文社会科学版)2014 年第 1 期

参考文献

一、主要题刻文献

（清）姚觐元、钱保塘《涪州石鱼文字所见录》，《石刻史料新编》（第三辑一五），台北新文丰出版公司印行，1986年。

（清）吕绍衣、王应元等修纂（同治）《重修涪州志》，《中国地方志集成·四川府县志辑（第46辑）》影印同治九年刻本，巴蜀书社，1992年。

（清）钱保塘《涪州石鱼题刻》，《石刻史料新编》（第三辑一五），台北新文丰出版公司印行，1986年。

（清）陆增祥《八琼室金石补正》，中华书局影印吴兴刘氏希古楼刊本。

陈曦震、陈之涵《中国长江水下博物馆：白鹤梁题刻》，重庆出版社，2003年。

陈曦震主编《水下碑林——白鹤梁》，四川人民出版社，1995年。

政协四川工委编《世界第一古代水文站——白鹤梁》，中国三峡出版社，1995年。

水利部长江水利委员会《长江三峡工程水库水文题刻文物图

集》,科学出版社,1996年。

曾超《三峡国宝——白鹤梁题刻汇录与考索》,中国文史出版社,2005年。

重庆市博物馆编《中国西南地区历代石刻汇编·四川重庆卷》,天津古籍出版社,1998年。

何凤桐《宋代长江水文题刻实录》,《贵州文史丛刊》,2002年第1期。

重庆市第三次文物普查领导小组办公室编《重庆文物总目续编》,2008年。

王晓晖《白鹤梁题刻文献汇集校注》,天津古籍出版社,2015年。

黄海《白鹤梁题刻辑录》,中国戏剧出版社,2014年。

二、基本典籍

(汉)班固《汉书》,中华书局,1962年。

(唐)魏徵等《隋书》,中华书局,1997年。

(唐)房玄龄等《晋书》,中华书局,1974年。

(宋)尹焞《和靖集》,景印文渊阁四库全书,台湾商务印书馆,1986年。

(宋)晁补之《鸡肋集》,景印文渊阁四库全书,台湾商务印书馆,1986年。

(宋)晁公武撰,孙猛校证《郡斋读书志校证》,上海古籍出版社,1990年。

(宋)陈思《宝刻丛编》,《历代碑志丛书》第一册,江苏古籍出版社,1998年。

（宋）乐史《宋本太平寰宇记》，中华书局，2000年。

（宋）陈振孙著，徐小蛮、顾美华点校《直斋书录解题》，上海古籍出版社，1987年。

（宋）度正《性善堂稿》，景印文渊阁四库全书，台湾商务印书馆，1986年。

（宋）冯时行《缙云集》，景印文渊阁四库全书，台湾商务印书馆，1986年。

（宋）韩驹《陵阳集》，景印文渊阁四库全书，台湾商务印书馆，1986年。

（宋）洪迈撰，何卓点校《夷坚志》，中华书局，1981年，128页。

（宋）黄庭坚《豫章黄先生文集》，《四部丛刊初编》163—164，上海书店，1989年。

（宋）黄庭坚撰，任渊注《山谷内集诗注》，景印文渊阁四库全书，台湾商务印书馆，1986年。

（宋）黄岩孙编，（元）黄真仲重订《仙溪志》，《宋元方志丛刊》，中华书局，1990年。

（宋）李流谦《澹斋集》，景印文渊阁四库全书，台湾商务印书馆，1986年。

（宋）李焘《续资治通鉴长编》，中华书局，1995年。

（宋）李心传《建炎以来朝野杂记》，中华书局，1983年。

（宋）李心传《建炎以来系年要录》卷133，中华书局，1956年。

（宋）吕本中《东莱紫微师友杂志》，光绪二年陆氏十万卷楼刻本。

（宋）吕陶《净德集》，《丛书集成初编本》，商务印书馆，1935年。

（宋）吕祖谦《东莱集》，景印文渊阁四库全书，台湾商务印书馆,1986年。

(宋)欧阳忞著,李勇先、王小红校注《舆地广记》,四川大学出版社,2003年。

(宋)欧阳修撰,李之亮笺注《欧阳修集编年笺注》,巴蜀书社,2007年。

(宋)欧阳修撰,周必大编《文忠集》,景印文渊阁四库全书,台湾商务印书馆,1986年。

(宋)彭百川撰《太平治迹统类》,江苏广陵古籍刻印社,1990年。

(宋)潜说友《咸淳临安志》,中华书局影印本《宋元方志丛刊》,中华书局,1990年。

(宋)司马光《资治通鉴》,中华书局,1956年。

(宋)苏辙《栾城集》,景印文渊阁四库全书,台湾商务印书馆,1986年。

(宋)谈钥《嘉泰吴兴志》,中华书局影印本《宋元方志丛刊》,中华书局,1990年。

(宋)汪应辰《文定集》,景印文渊阁四库全书,台湾商务印书馆,1986年。

(宋)王存《元丰九域志》,中华书局,1984年。

(宋)王象之《舆地纪胜》,江苏广陵古籍刻印社,1991年。

(宋)王应麟《玉海》,广陵书社,2003年。

(宋)魏了翁《鹤山集》,景印文渊阁四库全书,台湾商务印书馆,1986年。

(宋)吴处厚撰,李裕民批注《青箱杂记》,中华书局,1985年。

(宋)阳枋《字溪集》,景印文渊阁四库全书,台湾商务印书馆,1986年。

(宋)郑獬《郧溪集》,景印文渊阁四库全书,台湾商务印书馆,1986年。

(宋)周应合撰《景定建康志》卷27,《四库全书》本。

(宋)黄庶《伐檀集》,景印文渊阁四库全书,第1092册,台湾商务印书馆,1986年,第767页。

(宋)黄庭坚《山谷别集》卷5《定石氏书》,景印文渊阁四库全书,台湾商务印书馆,1986年。

(宋)黄庭坚撰,任渊注《山谷内集诗注》,景印文渊阁四库全书,台湾商务印书馆,1986年。

(宋)张商英等撰,陈扬炯、冯巧英校注《续清凉传》,山西人民出版社,2013年。

(宋)周密撰,吴企明点校《癸辛杂识》,《唐宋史料笔记丛刊》,中华书局,1988年。

(元)马端临《文献通考》,中华书局,1986年。

(元)脱脱等《宋史》中华书局,1985年。

(明)吴潜修,傅汝舟纂(正德)《夔州府志》,上海古籍书店影印天一阁藏书,1961年。

(明)曹学佺著,刘知渐点校《蜀中名胜记》,重庆出版社,1984年。

(明)曹学佺《蜀中广记》,景印文渊阁四库全书,台湾商务印书馆,1986年。

(明)林应翔等修,叶秉敬等纂(天启)《衢州府志》,成文出版社有限公司,1983年。

(明)罗青霄修、谢彬纂《漳州府志》,台湾学生书局,1965年。

(明)杨慎编,刘琳、王晓波点校《全蜀艺文志》,线装书局,2003年。

《清实录》,中华书局,1987年。

(清)纪昀总纂《四库全书总目提要》,河北人民出版社,2000年。

(清)毕沅《关中金石记》,《续修四库全书》,上海古籍出版社,2002年。

(清)温道均修,熊毓藩等纂(同治)《营山县志》,《中国地方志集成·四川府县志辑(第58辑)》,巴蜀书社,1992年。

(清)陈宝箴《陈宝箴集》,中华书局,2005年,1000页。

(清)濮文昶修,张行简纂(光绪)《汉阳县识》,《中国地方志集成·湖北府县志辑(第5辑)》,江苏古籍出版社,2001年。

(清)濮文昶《味雪龛词钞》,《清词珍本丛刊》,凤凰出版社,2007年。

(清)傅春官辑《江西农工商矿纪略》,光绪三十四年石印本。

《大清一统志》,景印文渊阁四库全书,台湾商务印书馆,1986年。

(清)毕沅《续资治通鉴》,上海古籍出版社,1986年。

(清)毕沅《中州金石记》,《丛书集成初编》,商务印书馆,1936年,100页。

(清)常明修,杨芳灿等纂《四川通志》,巴蜀书社,1984年。

(清)德恩修,石彦恬等纂《涪州志》,国家图书馆藏道光二十五年涪州州署原刻本。

(清)董维祺主修,冯懋桂等纂《重庆府涪州志》,《日本藏中国罕见地方志丛刊》,书目文献出版社,1992年。

(清)多泽厚修,陈于宣等纂《涪州志》,姚乐野、王晓波主编《四川大学图书馆馆藏珍稀四川地方志丛刊》第二部,巴蜀书社,2009年。

（清）冯世瀛、冉崇文等编纂，酉阳自治县档案局整理《酉阳直隶州总志》，巴蜀书社，2009年。

（清）顾祖禹撰，贺次君、施和金点校《读史方舆纪要》，中华书局，2005年。

（清）郝玉麟等监修，谢道承等编纂《福建通志》，景印文渊阁四库全书，台湾商务印书馆，1986年。

（清）和珅等奉敕撰《大清一统志》，景印文渊阁四库全书，台湾商务印书馆，1986年。

（清）赵弘恩等监修，黄之雋等编纂《江南通志》，景印文渊阁四库全书，台湾商务印书馆，1986年。

（清）侯若源、庆徵修，柳福培纂《忠州直隶州志》，《中国地方志集成·四川府县志辑（第53辑）》，巴蜀书社，1992年。

（清）胡聘之《山右石刻丛编》，山西人民出版社，1988年。

（清）黄廷桂、张晋生等纂修《四川通志》，景印文渊阁四库全书，台湾商务印书馆，1986年。

（清）黄宗羲原著、全祖望补修，陈金生、梁运华点校《宋元学案》，中华书局，1986年。

（清）蒋启勋、赵佑宸修，汪士铎等纂（同治）《续纂江宁府志》，《中国地方志集成·江苏府县志辑（第2辑）》，江苏古籍出版社，1991年。

（清）金鋐修，郑开极、陈轼纂（康熙）《福建通志》，《中国地方志集成·省志辑·福建1》，凤凰出版社，2011年。

（清）李瀚章等修，曾国荃、郭嵩焘等纂（光绪）《湖南通志》，《续修四库全书》，上海古籍出版社，2011年。

（清）李鸿章修，黄彭年纂《畿辅通志》，《续修四库全书》，上海古籍出版社，2002年。

（清）李敬修《费县志》，巴蜀书社，1992 年。

（清）李清馥、徐公喜编，管正平、周明华校《闽中理学渊源考》，凤凰出版社，2011 年。

（清）刘喜海辑《金石苑》，道光二十六年东武刘氏来凤堂印本。

（清）迈柱监修，夏力恕编纂（雍正）《湖广通志》，景印文渊阁四库全书，台湾商务印书馆，1986 年。

（清）明谊修（道光）《琼州府志》，海南出版社，2006 年，第 87 页。

（清）平翰修，郑珍、莫友芝纂《遵义府志》，光绪十八年（1892）刻本。

（清）濮文暹撰《见在龛集》，国家清史编纂委员会编《清代诗文集汇编》，上海古籍出版社，2011 年。

（清）濮瑗修，陈治安、黄朴等纂（咸丰）《简州志》，咸丰三年凤山书院版藏本。

（清）乾隆十二年敕撰《钦定皇朝文献通考》，景印文渊阁四库全书，台湾商务印书馆，1986 年。

（清）乾隆十二年奉敕撰《钦定大清会典则例》，景印文渊阁四库全书，台湾商务印书馆，1986 年。

（清）邵陆编纂，酉阳自治县档案局整理《酉阳州志》，巴蜀书社，2010 年。

（清）沈定均续修，吴联薰增纂（光绪）《漳州府志》，《中国地方志集成·福建府县志辑（第 29 辑）》，上海书店，2000 年。

（清）孙海修，李星根纂《遂宁县志》，光绪五年（1879）刻本。

（清）王德嘉《大足县志》，光绪三年刻本。

（清）王梦庚修，寇宗纂（道光）《重庆府志》，重庆三峡博物馆道光版藏本影印,2011年。

（清）文启修,伍肇龄等纂（同治）《直隶绵州志》,《中国地方志集成·四川府县志辑（第16辑）》,巴蜀书社,1992年。

（清）徐景熹主修《福州府志》,福州市地方志编纂委员会整理,海风出版社,2001年。

（清）徐松辑《宋会要辑稿》,中华书局,1957年。

（清）岳濬等监修《山东通志》,《中国地方志集成·省志辑·山东1》,凤凰出版社,2011年。

（清）张廷玉等《明史》,中华书局,1974年。

（清）张仲炘撰《湖北金石志》,江苏古籍出版社,1998年。

（清）周学曾等修纂《晋江县志》,福建人民出版社,1990年。

王鉴清、施纪云等修纂（民国）《涪陵县续修涪州志》,民国十七年铅印本。

吴廷燮撰,张忱石点校《北宋经抚年表·南宋制抚年表》,中华书局,1984年。

徐世昌编《晚晴簃诗汇》,中华书局,1990年。

赵尔巽等《清史稿》,中华书局,1977年。

郭则沄著,屈兴国点校《清词玉屑》,浙江古籍出版社,2014年

蒋师辙《台游日记》,《丛书集成续编》上海书店出版社,1994年。

李钟岳等修,孙寿芝纂《丽水县志》,《中国方志丛书》,成文出版社有限公司,1975年。

余晋芳纂《麻城县志前编（民国）》,《中国地方志集成·湖北府县志辑（第5辑）》,江苏古籍出版社,2001年。

陈步武、江三乘纂,郑国翰、曾瀛藻修《大竹县志》,《中国方志

丛书》，成文出版社有限公司，1976年。

《溧水濮氏宗谱》，江苏省溧水县档案馆藏。

成都市地方志编纂委员会，四川大学历史地理研究所整理《成都旧志》，成都时代出版社，2007年。

三、今人著作

徐品方、孔国平著《中世纪数学泰斗：秦九韶》，科学出版社，2007年。

赵少伏、蒙育民等编《贵州省文史研究馆志》，贵州人民出版社，2003年。

中国文物研究所、重庆市博物馆编《新中国出土墓志·重庆》，文物出版社，2002年。

曾枣庄、刘琳主编《全宋文》，上海辞书出版社，2006年。

《涪陵辞典》编纂委员会编《涪陵辞典》，重庆出版社，2003年。

《涪陵市志》编纂委员会编《涪陵市志》，四川人民出版社，1995年。

龚延明《宋代官职辞典》，中华书局，1997年。

李龙文主编《兰州碑林藏甘肃古代碑刻拓片精华》，甘肃人民美术出版社，2010年。

秦国经《清代官员履历档案全编》，华东师范大学出版社，1997年。

任乃强《华阳国志校补图注》，上海古籍出版社，1987年。

王久渊等《乌江经济文化研究》（第一辑），重庆出版社，2004年。

吴廷燮《北宋经抚年表南宋制抚年表》，中华书局1984年。

郑敬东主编《中国三峡文化概论》，中国三峡出版社，1995年。

四、今人论文

袁美丽《清代金陵词坛研究》，南京师范大学2012年博士论文。

曾超、彭丹凤、王明月《白鹤梁题刻〈晁公溯题记〉价值小议》，《三峡大学学报》2007年3期。

曾超、张正武《西南地区白鹤梁题刻唐宋涪州牧考释》，《长江师范学院学报》2013年1期。

陈相因、刘汉忠《广西刻书考略（下）》，《广西地方志》2000年5期。

陈燕《〈字通〉部首检索系统研究》，《辞书研究》2007年5期。

丁祖春、王熙祥《涪陵白鹤梁石鱼和题刻研究》，《四川文物》，1985年2期。

龚廷万《四川涪陵"石鱼"题刻文字的调查》，《文物》1963年7期。

郝国胜《白鹤梁水文题刻及其保护》，《中国历史文物》2003年3期。

胡昌健《涪陵白鹤梁"元符庚辰涪翁来"题刻考》，《四川文物》2003年第1期。

黄秀陵《涪陵白鹤梁唐代石鱼与周易文化》，《四川文物》2004年2期。

黄真理《白鹤梁题刻保护问题及其与水域环境的关系》，《文物保护与环境科学》,2001年1期。

李朝军《晁公武兄弟在渝事迹考》,《中华文化论坛》2007年3期。

李金荣《涪陵白鹤梁题"元符庚辰涪翁来"考辨》,《重庆社会科学》2006年第5期。

李胜《〈水下碑林白鹤梁〉题刻释文校读记》,《重庆社会科学》2005年10期。

李胜《白鹤梁石刻题名人考按五十六则》,《三峡大学学报》2006年1期。

刘兴亮《国内白鹤梁题刻研究综述》,《长江师范学院学报》2013年2期。

苗书梅《宋代州级属官体制初探》,《中国史研究》2002年3期。

莫砺锋《论宋人校勘杜诗的成就及影响》,《杜甫研究学刊》2005年3期。

孙华、陈元棪《白鹤梁题刻的历史和价值》,《四川文物》2014年1期。

孙华、陈元棪《涪陵白鹤梁题刻的保护与展示》,《四川文物》2015年6期。

汪孔丰《明末清初松江地区"龙门"弟子考略》,《安庆师范学院学报》2008年7期。

汪耀奉《长江涪陵白鹤梁历史枯水题刻研究应用》,《水文》1999年2期。

王晓晖《白鹤梁题刻所见涪州知州吴革考辨》,《三峡大学学报》2014年1期。

王晓晖《北宋涪州知州考略》,《长江师范学院学报》2012年

9 期。

王晓晖《南宋涪州知州考略》,《长江师范学院学报》2014 年 6 期。

杨冬明《白鹤梁刻石与大足石刻之比较研究》,《重庆教育学院学报》2008 年 5 期。

杨经华《蔡兴宗籍贯、行履小考》,《中国典籍与文化》2009 年 4 期。

张剑《晁公遡诗文简论》,《河南教育学院学报》,2005 年 4 期。

周兴涛《乐山地区两宋间进士略考》,《南通航运职业技术学院学报》,2008 年 2 期。

周晏《白鹤梁晁公朔题记中的宋儒形象》,《重庆三峡学院学报》2007 年 6 期。

周晏《白鹤梁蒙文题刻背景追述》,《三峡大学学报》2007 年 6 期。

邹志勇《"别乘"考辨》,《江海学刊》2004 年 6 期。

赵红娟《姚觐元、姚慰祖父子生平与藏书活动考述》,《中国典籍与文化》,2012 年第 3 期。

后 记

《白鹤梁题刻人物汇考》终于定稿付梓,前后历时数年。在进行《白鹤梁题刻文献汇集校注》的过程中,对人物的考察十分困难,加之格式的限制,许多人物的探讨和考察无法深入,于是萌生出再专门做一个人物汇考的想法。经过深入的资料搜集、分析、比对,白鹤梁题刻中的绝大部分人物都得到基本的考证,从而形成今天的这本小册子,希望能对白鹤梁题刻的深入研究做一点小的贡献。

这项工作的完成,受到长江师范学院科技处的重视和大力支持,2014年,我申报的"白鹤梁石刻文化研究中心"被学校确定为校级科研创新平台,并给予财力、物力的支持。

同时,天津古籍出版社副总编杨莲霞女士对本书内容也提出宝贵的意见。编辑王宇英女士更是不厌其烦地对文稿的字句、注释、年代等问题进行了修订。正是各位师友的无私帮助,工作才得以完成。

最后,也感谢我的妻子李艳和女儿王楚欢,他们的默默支持和在我疲倦时给我的欢声笑语,也是我完成这项工作的极大动力。

由于题刻资料本身的残缺、题刻拓本的不清晰,加之现在白鹤梁题刻已经永沉江底而无法全面考察,人物辑录错误在所难免;也由于有些资料目力尚不能及,人物的考订必有疏漏。所有这些,都有待于在今后的工作中继续努力。

王晓晖
2017 年 5 月 18 日